FRACHTSCHIFFREISEN

als Passagier an Bord

Peer Schmidt-Walther

FRACHTSCHIFFREISEN

als Passagier an Bord

Koehlers Verlagsgesellschaft mbH
Hamburg

Bildnachweis
S. 42: Finnlines
S. 121, S. 132: Reederei NSB
S. 155 (oben): Reederei Laeisz
S. 156–167: Beate u. Dag Richter
S. 174, 175: DGzRS
S. 177–180: WSA Stralsund

alle übrigen Fotos: Autor

Die Karten der Seiten 10/11 und 88/89
wurden erstellt von Konrad Algermissen, Basthorst.

Schutzumschlag
Titelbild: Stockmaritime, Hamburg

Ein Gesamtverzeichnis der lieferbaren Titel der Verlagsgruppe Koehler/Mittler
schicken wir Ihnen gerne zu. Senden Sie eine E-Mail mit Ihrer Adresse an:
vertrieb@koehler-mittler.de
Sie finden uns auch im Internet unter: www.koehler-mittler.de

Bibliografische Information der Deutschen Nationalbibliothek
Die Deutsche Nationalbibliothek verzeichnet diese Publikation in der
Deutschen Nationalbibliografie; detaillierte bibliografische Daten sind
im Internet über http://dnb.d-nb.de abrufbar.

ISBN 978-3-7822-0978-6

Layout und Produktion: Inge Mellenthin
Druck und Bindung: DZA Druckerei zu Altenburg GmbH, Altenburg
Printed in Germany

Inhalt

Allen denjenigen, die Interesse an Frachtschiffreisen haben – »alten Hasen« wie »Frischlingen«. Last but not least auch meiner Frau Rosemarie, die mich so oft entbehren musste.

Danken möchte ich an dieser Stelle ganz besonders den Frachtschiffreise-Veranstaltern, Reedereien und Besatzungen, die meine Reportagen ermöglicht haben.

Vorwort

Dass man Reisen auf einem Frachter unternehmen kann, ist immer noch viel zu wenig bekannt. Auch als Alternative zu herkömmlichen Kreuzfahrten.

Dieses Buch richtet sich an Individualisten, die hautnahe Seefahrt ohne Schlips und Kragen mögen. Geschrieben habe ich die überwiegende Zahl der Geschichten übrigens direkt an Bord. Auf sachliche Richtigkeit sind sie von der jeweiligen Schiffsführung gecheckt worden.

Ein Anstoß für mich war auch die oft gestellte Frage: »Mitfahrt als Passagier auf einem Frachter – geht denn das überhaupt? Und falls ja: wie?«

Dieses Defizit möchte ich beheben und allen Interessierten eine attraktive Seereisen-Nische öffnen. Mit weltweiten Zielen, die zu relativ günstigen Preisen angesteuert werden können. Wobei man sich natürlich auf den Betrieb an Bord einstellen sollte. Aber auch dazu gebe ich Ihnen Hilfestellungen und Hintergrundwissen aus langjähriger Erfahrung. Damit Sie gut informiert und damit unbeschwert auslaufen und zur See fahren können.

Ich möchte Sie mit Berichten und spannenden Reportagen nicht nur unterhalten, sondern Ihnen auch wichtige Hinweise geben für Ihre Orientierung an Land und an Bord. Und natürlich für eine rundum gelungene Reise auf den »Arbeitstieren der Weltmeere«.

Die Kabinen sind oft sogar noch größer und komfortabler als auf Kreuzfahrtschiffen. Früher zählte die Besatzung 35 bis 40 Mann, heute sind es nur noch zwischen 10 und 25. Die Handelsschifffahrt musste sich der Schnelligkeit unseres Zeitalters anpassen. Entsprechend sind die Liegezeiten kürzer geworden. Die Dauer der Zwischenstopps variiert – je nach Ladung und Schiffstyp – von ein paar Stunden bis zu ein bis drei Tagen.

Die Frachtschiffreise ist eine Reise an sich.

Das Wichtigste dabei ist, dass man nicht an Bord geht, um »die Zeit zu verbringen«, sondern im Gegenteil, um »Zeit zu haben«. Mit dem Frachter zu reisen bedeutet, der Hektik und Nachrichtenflut des modernen Lebens zu entgehen und die wahren Werte wiederzufinden, sei es auch nur für wenige Momente. Es ist wie eine Rückkehr zu sich selbst, eine innere Reise, außerhalb von Zeit, Raum und Grenzen.

Raum und Zeit, die sonst kaum noch existieren. Auf eine gewisse Art und Weise gehört dem Frachter-Passagier das Schiff, der Himmel und das Meer. Wer könnte da schon kommen und dieses Gefühl stören?!

Per Frachter zu reisen bedeutet auch, wieder Verbindung zu sich selbst aufzunehmen, zu unseren Träumen, Vorstellungen, unserer Vergangenheit und Zukunft. Die Dauer so einer Reise erlaubt uns, die Dinge aus einem anderen Blickwinkel zu betrachten. Sie haben nur darauf gewartet: Bücher zu lesen, für die man nie die Zeit hatte; zu schreiben, zu malen, zu zeichnen, Fremdsprachenkenntnisse aufzufrischen, zu träumen, zu denken, zu meditieren, aufzutanken, sich der Natur und den Elementen anzunähern, den Himmel zu betrachten, die Sterne zu entdecken, die Farben, die verschiedenen Töne, die unendlich wechselnden Landschaften der See zu betrachten, die Gischt auf der Haut zu spüren, dem Wind zuzuhören, das Murmeln der Wellen zu vernehmen, Delfine, fliegende Fische oder Seevögel zu beobachten, das Dröhnen des Schiffstyphons zu spüren, den Geschichten der Seeleute zuzuhören ... Unendlich viele Möglichkeiten, die man mit wachen Sinnen nutzen kann.

Der Schriftsteller Hans Fallada drückte seine Empfindungen am 21. August 1929 im Neumünsteraner »General-Anzeiger« über einen Sylt-Aufenthalt so aus: »Nun war es da, blaugrün, weißbrandend, ewig sprechend, singend, murmelnd, das zeitlose Meer. Es ist immer ein anderes Gefühl und immer gleich in der Wirkung: beruhigend, über die kleinen und großen Sorgen wegwischend und mit der (unausgesprochenen) Frage: Was bist du?«

Wenn Sie schließlich wieder nach Hause zurückkehren, möchten sie nur eins: noch einmal diese Klammer in der Zeit wiederfinden. Kenneth Grahame schrieb dazu in seinem Buch »The Wind in the Willows«: »Glaube mir, es gibt nichts – das halb so wertvoll ist wie die auf einem Schiff verbrachte Zeit.«

Was bleibt: Suchen Sie sich, entsprechend Ihren Träumen, aus dem großen Angebot einen Frachter und eine Route und stürzen Sie sich in die große Weite.

Ihnen, meinen Leser, wünsche ich, dass die informativen Reportagen und Hinweise – entspannt zu lesen vorab auf dem heimischen Sofa, im Decksstuhl oder in der Kabine – Appetit machen können auf erlebnisreiche Frachtschiffreisen.

im Februar 2008

Ihr Peer Schmidt-Walther

Frachtschiffreisen richtig erleben

Ein paar Tipps für individuelle Seefahrt

Auf einem Frachter als Passagier mitfahren – geht denn das überhaupt? Eine immer wieder gestellte Frage. Ich sage: ja! Wenn man in den Prospekten von Reedereien und Veranstaltern blättert, stellt man erstaunt fest, wie groß die Auswahl an Zielen und Schiffen ist. Und die Gemeinde der Frachtschiffreise-Fans wächst.
Warum? Sie fragen, ich antworte.

Fahren Frachter eigentlich nach einem festen Fahrplan?
Im Prinzip ja. Aber man sollte generell etwas mehr Zeit und Flexibilität mitbringen als für genau terminierte Kreuzfahrten. Trotz nahezu fahrplanmäßiger Containerschifffahrt richtet sich alles nach der Ladung. Manchmal spielen auch Wetter und Gezeiten noch eine gewisse Rolle. Dafür entfallen stressige Massenabfertigungen.

Beim Fliegen hat man oft das Problem mit dem Jetlag.
Wie ist das auf See?
Kein Problem. Seinem Ziel nähert man sich geruhsam im 15- bis 20-Knoten-Tempo oder auch mehr. Größeren Klima- und Zeitzonen-Veränderungen passt sich der Frachterfahrer allmählich an, ohne physisch darunter leiden zu müssen. Bei Nord-, Ostsee- oder Mittelmeerfahrten entfällt das natürlich. Wer zum Beispiel in sieben Tagen über den Atlantik fährt, kann an sechs Tagen je eine Stunde länger schlafen. Der Frachter ist auch eine gute Alternative für Menschen, die unter Flugangst leiden.

Wie ist das mit dem Landgang in den Häfen?
Sehr unterschiedlich. Selten hat man ein paar Tage Zeit. Doch selbst, wenn es nur Stunden sind, lässt sich über den Reederei-Agenten ein Landausflug organisieren. Oder man geht auf eigene Faust los. Abenteuerliche Erlebnisse ganz eigener Art inbegriffen.

Ich interessiere mich für die Technik an Bord.
Gibt es da Beschränkungen?
Eigentlich nicht. Die Kommandoleitstellen an Bord, also Brücke und Maschinenraum (aus Sicherheitsgründen mit Anmeldung beim Chief), stehen dem Passagier jederzeit offen. Nur wenn es für die Crew stressig wird, also bei der Ansteuerung von Häfen, sollte man nicht im Weg stehen oder die Crew mit Fragen löchern. Für sie ist das Manövrieren harte Arbeit. Hinterher hat man mehr Zeit dazu. Wer nicht gerade kontaktarm ist, dürfte da alles aus erster Hand beantwortet bekommen. Seeleute sind oft monatelang nur auf sich selber gestellt, da sind sie froh über jede Abwechslung. Und man wird, sofern man sich nicht aufdrängt, spüren, dass sie ein Redebedürfnis haben. Da kann man so manche Geschichte aus dem Leben hören, aber auch selbst welche erleben.

Geht es bei aller Technik auch ein bisschen romantisch oder abenteuerlich zu?
Wenn man sich auf Himmels-, Licht- und Seegangsspiele einlässt, kann man das rund um die Uhr haben. Die Stimmungen wechseln ständig. Genügend Zeit zum Beobachten hat man ja schließlich. Je nach Seegebiet kann man auch Tiere beobachten: zum Beispiel Seevögel, fliegende Fische, Delfine, Wale.
Auch wenn heutzutage alles an Bord technikdominiert ist, gibt es immer wieder Situationen, die man abenteuerlich nennen könnte. Dazu zählen auch bestimmte Fahrtgebiete wie Westafrika oder Südamerika. Letztlich hängt auch Vieles von den Launen der Natur ab, zum Beispiel schwierige Wetterlagen oder enge und gefährliche Gewässer.

Was wird auf einem Frachter alles so geboten?
Verzichten muss man auf mehrgängige Sterne-Menüs, ebenso auf ständigen Service. Einmal die Woche säubert der Steward die Kabine und wechselt Bettwäsche und Handtücher. Auf Schwimmbad, Fitness-Raum, Sauna, Liegestühle, Bibliothek, Bar, Aufenthaltsraum oder Fernseher/HiFi-Anlage/CD-Player muss man an Bord vieler größerer Frachter heute genauso wenig verzichten wie auf das Captains Dinner. Letzteres, wie auch alle anderen Mahlzeiten, bekommt man täglich in der Offiziersmesse – selbstverständlich ohne Schlips und Kragen.
A propos: Man braucht nur kleines Gepäck, weil es Waschmaschinen und Trockner gibt.
Die Doppel- oder Einzelkabinen sind meistens geräumig und bieten den modernen Komfort eines Hotelzimmers an Land.

Welche Tipps könnten noch wichtig sein?
Auf einem Frachter haben Ladung und Arbeitsabläufe Priorität. Mit ausgefallenen Sonderwünschen sollte man sich möglichst zurückhalten und die allgemeine Hilfsbereitschaft nicht unnötig

strapazieren. Das bedeutet auch, dass man sich selbst beschäftigen kann: zum Bespiel mit Lesen, Musikhören, Schreiben und Fotografieren.
Offene Türen signalisieren übrigens, dass man willkommen ist, geschlossene: Man möchte seine Ruhe haben.
Essenszeiten – mit gewisser »Gleitzeit« – sollten im Interesse der Arbeit von Koch und Steward eingehalten werden.
Auf jeden Fall sollte man für eine Frachtschiffreise einen zeitlichen Spielraum einkalkulieren und daher engen Kontakt zum Reisevermittler/zur Reederei halten.
Bei einigen Reedereien/Veranstaltern gibt es eine Altersbegrenzung; darüber hinaus kann ein ärztliches Attest verlangt werden.

Wie immer zum Schluss die Frage: Was kostet der Spaß?
Pro Tag und Person muss man – je nach Kabine, Schiff und Route – zwischen 70 und 110 € einkalkulieren, Vollpension inklusive. Nicht jedoch Visa und Versicherungen.
Zusätzliche Reisetage werden hinterher abgerechnet.
Getränke und Zigaretten sind an Bord meistens preiswert.
Einwegpassagen sind im Übrigen auch möglich.

Wo man Frachtschiffreisen buchen kann:

- Internationale Frachtschiffreisen, Dipl.-Kfm. Werner Pfeiffer, Friedrich-Storck-Weg 18a, 42107 Wuppertal; Tel.: 0202-452379; Fax: 0202-453909; mail@frachtschiffreisen-pfeiffer.de
- Fachagentur für Frachtschiffreisen, Kapitän Helmut Hoffmann, Seestraße 40, 23677 Scharbeutz; Tel.: 04503-73675; Fax: 04503-74437; b.hinz@frachtschiff-reisen.net
- Frachtschiff-Touristik Kapitän Zylmann GmbH, Exhöft 12, 24404 Maasholm; Tel.: 04642-96550; www.zylmann.de
- Horn-Linie, Sabine Güttel, Süderstraße 75, 20097 Hamburg; Tel.: 040-23677-111; Fax: 040-23677-265; sguettel@hornlinie.com
- F. Laeisz Schiffahrtsgesellschaft. m.b.H. + Co, Frau A. Bartsch, Trostbrücke 1, 20457 Hamburg; Tel.: 040-36808248; Fax: 040-364876; bartsch@laeiszline.de
- Internaves Frachtschiffreisen, Christina Horn, Lichtentaler Str. 14, 76530 Baden-Baden; Tel.: 07221-393837; Fax: 07221-393836; internaves@t-online.de
- NSB Reisebüro GmbH, Frachtschifftouristik, Markus Hüneke, Violenstraße 22, 28195 Bremen; Tel.: 0421-3388020; Fax: 0421-3388090; hueneke@nsb-reisebuero.de
- Reederei Rudolf Schepers, Hermann-Ehlers-Straße 5 b, 26160 Bad Zwischenahn/Ofen; Tel.: 0441-4081033; info@reederei-schepers.de
- Leonhardt & Blumberg, Neumühlen 13, 22763 Hamburg; Frau Seiffert-Behn, Frau Anika Langbehn; Tel.: 040-36146-129; chartering@leonhardt-blumberg.com

Zwei Filme zum Buch – eine DVD-Empfehlung

MS OOCL NEVSKIY:
Kameramann Christoph Mann und ich haben über eine zehntägige Ostsee-Rundreise an Bord des Containerfrachters MS OOCL NEVSKIY (s. S. 22 ff) im Winter 2006 einen Film gedreht. Die Route führte von Hamburg via Nord-Ostsee-Kanal nach Danzig, St. Petersburg und zurück.
Der Film ist rund 25 Minuten lang und schildert sehr anschaulich das Leben von Crew und Passagieren an Bord.

MS LAURA:
Über eine winterliche Frachter-Rundreise werden wir einen weiteren Film drehen. Die Route führt von Hamburg via Nord-Ostsee-Kanal in die nördliche Ostsee am Polarkreis und zurück.
Der Film ist rund 30 Minuten lang. Er informiert über die spannende Eisfahrt mit und ohne Eisbrecherunterstützung. Auch das Leben von Crew und Passagieren kommt dabei nicht zu kurz.

Bestellt werden können die DvDs beim Autor Dr. Peer Schmidt-Walther unter: kontakt@psw-am-sund.de
Gegen Vorkasse (25 €, Verpackung und Porto inklusive) wird die DvD dann umgehend zugeschickt.

USA
Fort Lauderdale
Golf von Mexiko
Atlantischer Ozean
Legende:
= Columbus lässt grüßen ... S. 54
= Cool mach Colombia ... S. 71
Cancun
Mexiko
Belize City
Belize
Puerto Plata
Rio Hair
Karibisches Meer
Aruba
Oranjestad
Santa Marta
Costa Rica
Puerto Limón
Cartagena
Pazifischer Ozean
Kolumbien
Turbo

Wulstbug bei voller Fahrt.

Nordische Kombination mit Eis-Slalom

Maritimes Natur-Technik-Theater im Finnischen Meerbusen

Grüngrau und stürmisch – Ostsee-Szenerie im Winter. Brecher explodieren am Steven. Eisige Gischtkaskaden jagen im Tiefflug über das Containergebirge des 6.550-Tonners Laura. »Nicht ganz ungefährlich«, reibt sich der finnische Kapitän Mikko Aulanko nachdenklich den blonden Dreitagebart.

Der Wulstbug durchpflügt das erste Eisfeld.

Eis, so weit das Auge reicht im Finnischen Meerbusen.

Für die Nacht plant er eine Kursänderung: »Wenn wir aus dem Windschatten von Gotland raus sind, steuern wir entweder nordöstlich oder östlich auf die estnische Küste zu«. Hinter der Nordspitze der größten schwedischen Insel pfeift es mit ruppigen acht Windstärken aus Südost. In der schräg von achtern anlaufenden kurzen, steilen See beginnt der 120 Meter lange Frachter unangenehm zu rollen. Aulanko entscheidet sich für Nordost: »Dann kommt«, begründet er umsichtig, »weniger Spritzwasser über und die Container vereisen nicht so stark.«

Am nächsten Vormittag: gleißende Sonne über dem Finnischen Meerbusen, beißende Minusgrade, aber noch kein Eis. »Das bekommt ihr bald zur Genüge«, grinst Mikko, »das garantiere ich euch.« Unablässig schweift sein Fernglas-Blick über die trügerisch-frühlingshaft glitzernde See. »Schaut mal, da treibt die erste Scholle an Steuerbord – das ist der Anfang! Auf der letzten Reise ab Lübeck war hier schon alles eisbedeckt«, sagt er, »aber jetzt hat der steife Südost alles gegen die finnische Küste gedrückt – mit 1,5 Knoten pro Stunde.«

Der Frachter liegt gestoppt in geschlossenem Festeis.

Das Vorschiff und die Container-Front sind von einem zentimeterdicken Eispanzer überkrustet. »Wie mit Zuckerguss«, romantisiert der Kapitän die ernste Lage. Gischt, Wind und zweistellige Minusgrade haben tonnenschwere skurrile Skulpturen geschaffen. Naturkunst. Mit fast 17 Knoten pflügt LAURA kraftvoll durch stumpfen Eisschlamm – noch. Zum »Auftauen« tauchen wir ab in die 100 Grad heiße finnische »Hölle« im Keller. Plötzlich ein ohrenbetäubendes Hämmern, Schaben, Poltern und Kratzen. Treibeis! Der gepanzerte Rumpf als Resonanzkörper. Nur wenige Zentimeter hinter der hölzernen Saunawand. Ein geradezu teuflisch-unheimliches Kontrastprogramm.

Erfahrene Solidarität

Querab der estnischen Hauptstadt Tallinn ist Schluss damit. LAURA stößt mit ihrer Nase in eine geschlossene Festeisdecke. Das Tempo fällt rapide ab. Auf der Brücke sind wir hautnah dabei. Kapitän Aulanko und Steuerfrau Sari Veneranta suchen nach einer Rinne. »Der Frachter vor uns«, murmelt Mikko, »ist zu weit weg, sonst hätten wir ihm folgen können.« Sechs Meilen an Steuerbord ein Tankerriese. »Der parkt zur Vorsicht im Eis ein, gegen den Wind«, erklärt Mikko, »weil er nicht genügend eisverstärkt ist.« Zwei andere Frachter auf unserem Kurs haben auch schon aufgegeben. Die größte Eiswüste Europas hat sie im Griff. Plötzlich entdeckt Mikko die frisch gebrochene Rinne der vorausfahrenden AKADEMIK ZAVARICKIS. »Ein guter Kumpel«, strahlt Mikko. Hinter uns freut sich ein Dritter und bedankt sich später auch: der Kapitän des Frachters DELTA ROTTERDAM. Er wiederum schwenkt in unsere Rinne. »Wir haben den Vorteil«, so Mikko, »dass wir die Rinne unseres Vorgängers auf der elektronischen Seekarte verfolgen und danach steuern können.« Er hat viel von seinen früheren Kapitänen gelernt: »Dennoch: 50 Prozent sind Glück, 50 Erfahrung. Die haben wir finnischen Seeleute.« Nicht nur das: Für eine Reihe deutscher Reviere ist er, nach diversen Prüfungen, sogar von der Lotsenpflicht befreit. Seine Sprachkenntnisse kommen ihm dabei zugute. Neben seiner Muttersprache beherrscht er auch Deutsch, Schwedisch und Englisch fließend.
Das Eis wird immer dicker. LAURA fängt an, im Rhythmus des Eisaufpralls bis zu 30 Zentimeter in sich zu schwingen und zu hüpfen. Als wollte sie auf dem gefrorenen Sturzacker tanzen.
Genau auf unserer Kurslinie liegt voraus die kleine holländische FLINTERBRISE. Sie steckt fest. Mikko bietet ihr seine Hilfe an. Er manövriert bis auf ein paar Meter vorsichtig an sie

Eisspuren am Rumpf.

heran. Ihre Schraube dreht schon. Von Deck winken die Männer dankbar herüber. Die kräftige LAURA befreit sie mühelos. Solidarität der Eisfahrer. Der Kleine folgt uns wie ein Hund an der Leine. Schon Minuten später muss er jedoch wieder passen. Bis die DELTA ROTTERDAM heran ist und sie noch ein paar Eismeilen mitschleift. Aber ihr schwacher Anhang wird schon Minuten später wieder auf Null gebremst. Da kann nur noch der finnische Eisbrecher SISU helfen, der sich, wie über Funk zu erfahren ist, schon auf den Weg gemacht hat. »Der hat viel zu tun heute Nacht«, weiß Steuerfrau Sari Veneranta. Ihr Mann fährt auf dem Koloss als Erster Steuermann. Gar nicht so weit weg und doch entfernt. »Im Winter sehen wir uns kaum«, lächelt die junge Frau aus einer nordfinnischen Fischerfamilie scheu. Aber gleich konzentriert sie sich wieder auf das Steuern mit dem kleinen Joystick. Wegen ihrer Schwangerschaft mustert sie nach dieser Reise ab. »Aber dann werde ich mal meinen Mann auf der SISU begleiten, um zu sehen, warum er so ein begeisterter Eisbrecherfahrer ist.«

Oben: Kapitän Mikko Aulanko bei der Eisnavigation.

Unten: Durch überkommende Gischt in Eis verwandelte Back.

Kampferprobter Kapitän

Weitab, irgendwo in der scheinbar unendlichen weißen Wüste, liegt der russische Großeisbrecher KAPITAN SOROKIN. »Unsere finnischen Eisbrecher«, kritisiert Kapitän Aulanko, »müssen 24 Stunden vorher kontaktiert werden, von den Russen haben wir nicht mal eine Telefonnummer.« Das Abendessen auf den Knien, ruft er über Funk die SOROKIN an, um den günstigsten Kurs zu erfahren. Von der vorausfahrenden AKADEMIK ZAVARICKIS hat er zuvor eine Abfuhr bekommen. Keine Antwort. KAPITAN SOROKIN gibt dann die günstigsten Wegpunkte durch. Der Kurs führt jetzt weit nach Südosten – durch kleine Inselgruppen hindurch. »Da ist stellenweise nur drei Kabel, rund 550 Meter, Platz«, entnimmt Aulanko der elektronischen Seekarte, »eine Route, die man normalerweise nicht befährt. Öfter mal was Neues.«
Schneetreiben setzt ein. Das bis zu 50 Zentimeter mächtige Eis ist plötzlich wie weggeblasen. »Im wahrsten Sinne des Wortes«, strahlt Aulanko, »unsere geplante Ankunft in Sankt Petersburg dürfte damit kein größeres Problem sein.« Er klopft sich begeistert auf die Schenkel. »Aber«, so ergänzt er, »erstens kommt es anders, du weißt schon ...« Der Kampf bei minus 18 Grad geht unverdrossen weiter.
Die beiden mächtigen Scheinwerferpaare der LAURA bohren sich durch das Schneetreiben in die schwarz-weiße Finsternis. »5.850 kW leisten Schwerstarbeit und verbrauchen dabei rund eine Tonne Sprit pro Stunde«, sagt Chief Jouni Eeronheimo. Ein Funkenregen wie Sternschnuppen erhellt die Nacht. »Die Maschine gehört jetzt mir«, lächelt der Kapitän siegessicher.

Die Eisbrecher KAPITAN MAKAROV und IVAN KRUZENSHTERN.

Laden im vereisten Hafen von Sankt Petersburg.

Windgeformte Eiszapfen.

Die vereiste Schiffsglocke der LAURA.

Matrose an der eisüberkrusteten Ankerwinsch.

Plötzlich Stillstand. LAURA hat sich festgebissen. Volle Kraft zurück! Und dann wieder »voll voraus« in dem frisch gebrochenen Kanal. Der Konvoi-Termin vor Sankt Petersburg scheint zu platzen. KAPITAN SOROKIN kann nicht helfen. »Im nördlichen Teil des Finnischen Meerbusens gibt's gefährliches Presseis«, rechtfertigt Aulanko die Abwesenheit des russischen Helfers. Doch ein anderer kommt entgegen – allein und mitten in der Rinne. Der Stärkere denkt nicht daran, ins Eis auszuweichen, obwohl Mikko ihn darum bittet. LAURA gibt nach, wird an den Rand gedrängt und fängt sich noch eine freche Antwort ein: »Wir denken nicht daran, machen Sie's doch!«

Nach Passage der Engstelle zieht sich Aulanko zurück und überlässt seiner Steuerfrau das Ruder. »Ein Glück, dass ich wie auf Kommando schlafen kann«, sagt er müde. Doch schon zwei Stunden später steht er wieder auf der Brücke, als der russische Lotse vor Kronstadt übersteigt.

Listenreiches Eis-Theater

LENINGRAD prangt in drei Meter hohen Betonbuchstaben weithin sichtbar an der Hafeneinfahrt – immer noch. Überraschung: Zwei Eisbrecher, KARU und ADMIRAL MAKA-

Wind und Wasser haben dem Vormast eine neue Form gegeben.

ROV, liegen beschäftigungslos an einer Pier. Ihr Betrieb kostet Geld, und das fehlt anscheinend. Ein Hafenschlepper dreht am vorgesehenen Liegeplatz der Marine-Werft – im Hintergrund zwei halbfertige Zerstörer – seine Runden und vertreibt störrische Schollenpakete. Das Anlegemanöver ohne das defekte Bugstrahlruder gestaltet sich schwierig. Nach über 24 Stunden Eistanz kann der Kapitän die Maschine endlich ausschalten. »In einer Stunde«, so erfahren wir von ihm, »haben sich Zoll und Immigration angesagt, aber«, grinst er übernächtigt, »das bedeutet hier mindestens noch ein paar Stunden mehr.« Daraus werden sechs Stunden, ohne dass mit dem Löschen begonnen worden ist. Fünf uniformierte Damen und Herren kontrollieren penibel Pässe und Stapel von Listen in zehnfacher Ausfertigung. Mit gut gefüllten Taschen voller Bier, Whisky und Zigaretten verlassen sie das Schiff – aber kein einziger Container. »Undenkbar zum Beispiel in Hamburg«, kommentiert das der Kapitän, »da fangen die an, kaum dass der Dampfer fest ist, und schaffen bis zu 56 Behälter pro Stunde.« Endlich kann er sich schlafen legen. Landseitig gut abgeschirmt von Wachtposten, Hunden und einem hohen Stacheldrahtzaun. Im Zeitlupentempo – gerade mal acht pro Stunde – schweben die Container an Land. Unter maroden Antik-Kränen, einer davon gibt noch seinen Geist auf, mit viel Hand- und Brüllarbeit. Der Verholtermin zu einem anderen zivilen Terminal am nächsten

Der Sonnenball versinkt im Eis.

Morgen verstreicht. Ein weiterer Bummeltag ohne Landgang an der erstarrten Neva. Die Eisdecke um den Frachter hat sich schon längst wieder geschlossen. Dann geht es doch noch los. Eineinhalb Stunden eisbedingte Schleichfahrt durch den Hafen. An der Fahrrinne dick vermummte Russen. Sie haben Löcher ins Eis gebohrt und angeln. Ihre Beute grillen sie über offenem Feuer.

Als die Kurzstrecke endlich mit viel Trickserei geschafft ist, freut sich Mikko auf die Schiffe des nächsten einlaufenden Konvois. »Ihre stundenlangen Anlegemanöver sind für mich spannender als ein Krimi oder die Olympiade.« Mit kritischen Blicken und Kommentaren verfolgt er sie.

Feierabend nach drei Verholmanövern zu anderen Piers. Koch Ari Viertonen serviert ein typisch karelisches Fleischgericht zum Abendessen. Doch die drei Frauen und acht Männer starren zwischen den Bissen wie gebannt auf die beiden Bildschirme. Eistheater steht auf dem russischen Programm. Ob die Finnen gewinnen? Beim Eishockey allemal. Gewonnen hat aber auch ihre LAURA – im Eisslalom der maritimen nordischen Spezialkombination. Als stärkstes Spitzenschiff des auslaufenden Konvois verlässt sie Russland. Mit dem schwächeren Eisbrecher KAPITAN PLAKHIN im Gefolge: noch ein eisiger Sieg!

Der Kapitän der LAURA
bricht die FLINTERBRISE frei.

Der Flusseisbrecher
KAPITAN ZARUBIN.

Neueis durch die Bugklüse gesehen (oben).

Der Kurs wird von Trümmereis gesäumt.

Eisklasse

Was ist eine Eisklasse?

Die LAURA ist mit einer sogenannten Eisklasse ausgerüstet. Darunter versteht man eine Anzahl von schiffbaulichen und maschinenbaulichen Maßnahmen, die es dem Schiff ermöglichen, Eisgebiete zu befahren. Je nach Fahrtgebiet und Schiffstyp gibt es verschiedene Eisklassen. Die LAURA hat die höchste finnisch-schwedische Eisklasse für Frachtschiffe, die Klasse »1 A«, die von der Klassifikationsgesellschaft Germanischer Lloyd (GL) verliehen wurde.

Was sind die Kennzeichen einer Eisklasse?

Der Rumpf des Schiffes ist auf seiner ganzen Länge eisverstärkt, und zwar unterschiedlich stark im Bereich des Vorschiffes, des Mittelschiffes und des Hinterschiffes. Die größten Eisverstärkungen befinden sich aus naheliegenden Gründen im Vorschiffsbereich.

Im Bereich des Eisgürtels (50 cm über der Wasserlinie bis zwei Meter unter Wasser) ist die Außenhaut verstärkt, mit Plattenstärken bis zu 16 mm. Zu den oberen Decks hin nimmt die Plattenstärke bis auf 6 mm ab. Weitere Verstärkungen sind im Bereich des Vorstevens (Bug) angebracht: Der Wulstbug ist innen zusätzlich ausgesteift und hat eine Plattenstärke von 22 mm. Direkt über dem Wulstbug besteht der Steven aus einem Stahlgussteil, das zum »Zerschneiden« einer festen Eisdecke im Bereich der Wasserlinie dient. Dort sind die Außenhautplatten 19 mm stark.

Auf ganzer Schiffslänge sind vom Doppelboden bis einschließlich Deck 2 (ca. sieben Meter über Kiel) Zusatzspanten in einem Abstand von 35 cm eingebaut (normaler Spantabstand 70 cm). Das gibt dem gesamten Schiffskörper mehr Festigkeit.

Auch bei der Antriebsanlage gibt es zahlreiche Maßnahmen, um die Eistauglichkeit des Schiffes zu gewährleisten: Die erforderliche Antriebsleistung ist vorgeschrieben, Propellerwellen, Getriebe und Ruderanlage sind verstärkt. Der Propeller ist aus Edelstahl (statt Bronze) und die Flügelspitzen sind verstärkt. Das Ruder ist durch einen Eissporn bei Rückwärtsfahrt geschützt. Am Bug des Schiffes sind eine Schleppklüse und starke Poller angeordnet, damit es ggf. von einem Eisbrecher geschleppt werden kann.

Ein eisverstärktes Schiff ist schwerer als ein vergleichbares Schiff ohne Eisklasse und verursacht höhere Baukosten.

Welche Eisstärken kann ein Schiff mit Eisklasse bewältigen?

Eine einfache Regel dafür gibt es nicht, es hängt jeweils von den Eigenschaften des Eises ab: von der Dicke der Eisdecke, von der Bedeckung der Meeresoberfläche (ausgedrückt in Zehntel), vom Alter des Eises (einjährig oder mehrjährig) und von der Größe der Eisstücke (Schollen, Bergy Bits, Growlers).

Einige Beispiele:

- Eine Festeisdecke (einjähriges Eis) von 30–50 cm Dicke kann in der Regel mit ca. 5 kn konstanter Geschwindigkeit durchfahren werden. Stärkeres Eis wird gelegentlich durch »Rammen« gebrochen.
- Packeis unterschiedlicher Dicke mit einer Bedeckung bis ca. 8/10 kann durch Beiseiteschieben der Schollen mit 2–3 kn durchfahren werden.
- Packeis mit einer Bedeckung von weniger als 4/10 kann meist ohne Eiskontakt mit einer größeren Geschwindigkeit unter Ausnützung der Lücken durchfahren werden.
- Brash Eis (sehr loses Packeis geringer Dichte) kann ohne Weiteres mit 10–12 kn durchfahren werden.
- Für den Kontakt mit größeren Eisstücken (Growler oder Bergy Bits) ist die Eisverstärkung zwar nicht ausgelegt, bei zufälliger Berührung mit sehr langsamer Fahrt ist ein Schaden allerdings meist gering (»Beule«).

(zusammengestellt nach Angaben von Kapitän Thilo Natke)

Info

MS LAURA
Bauwerft: J.J. Sietas KG, Hamburg
Baujahr: 1996
Typ: Containerfrachter 158
BRZ: 5.239, tdw: 6.500, TEU: 466
Länge: 119,85 m, Breite: 18,14 m, Tiefgang: 6,82 m
Maschine: 5.850 kW MaK
Geschwindigkeit: 17 kn
höchste Eisklasse 1 A
Eigner: Lang Ship, Piikiö, Finnland

Buchung:

Die spannenden Eisreisen (etwa zwischen Dezember und März/April) mit der LAURA und ihren Schwesterschiffen der finnischen Reederei Langh Ship (im Februar/März 2007 werden zwei 11.400-tdw-Neubauten des Sietas-Typs 168 in Dienst gestellt) können zum Preis von 91 € pro Tag/Person (Doppelkabine als Einzel 118 €) gebucht werden bei der Internationalen Frachtschiffreise-Agentur Kapitän Peter Zylmann · Maasholm/Schlei: Tel.: 04642-96550 · E-Mail: info@zylmann.de

Auf dem Nord-Ostsee-Kanal herrscht immer dichter Schiffsverkehr

Via »Hochsee-Autobahn« auf die Ostsee

Ein- und Ausblicke von Bord des Containerfrachters OOCL NEVSKIY

Einlaufend in die Schleuse Brunsbüttel.

Seeleute nennen ihn ganz respektlos nur den »Graben«. Im offiziellen Sprachgebrauch bekannt als Nord-Ostsee- oder schlicht Kiel-Kanal, heißt er in Kurzform nur NOK. Festmacher, ehemalige Seeleute, nehmen die schweren Leinen in Empfang. Rund 20 Minuten dauert die Fahrt im »Wasserfahrstuhl«, bis der Nordseepegel mit dem Kanalniveau übereinstimmt.

Die Zeit nutzt der Vertreter des Schiffsmaklers, um den notwendigen »Papierkram« mit dem Kapitän Mark Drevin zu klarieren. Natürlich geht's ums Geld: Eine Latte von Kanalbenutzungsgebühren ist dann fällig. So mancher Reeder kalkuliert genauer denn je seinen Kosten-Nutzen-Vorteil. Und das wirkt sich natürlich auf die Zahl der Passagen aus. Nicht so bei der OOCL NEVSKIY. Sie passiert fast wöchentlich den NOK.

Das riesige Innentor zum Kanal öffnet sich. »Klar vorn und achtern!« In das internationale Sammelsurium von Schiffen kommt Bewegung. Langsam formiert sich daraus zwischen den Ortsteilen von Brunsbüttel ein Konvoi mit Kurs Ost.

Geblitzt wird auch

Der Wunsch der Seefahrer, den oft sturmgepeitschten Weg um Dänemarks Nordspitze, das Kap Skagen, zu meiden, ist schon sehr alt. Darum reicht die Vorgeschichte des Kanals auch gut tausend Jahre zurück. In der Wikinger-Zeit wurde die Eider befahren. Mit zunehmenden Schiffsgrößen war auch das nicht mehr möglich. Bis 1784 der Schleswig-Holsteinische oder Alte-Eider-Kanal fertiggestellt wurde. Nach der Reichsgründung, als Kiel zum Marinestützpunkt der kaiserlichen Flotte avancierte, brauchte man eine schnelle und leistungsfähige Wasserverbindung für Kriegsschiffe zur Nordsee. Nach einer Reihe unterschiedlichster Trassenplanungen fiel die Entscheidung zugunsten der heutigen Linienführung. Von 1887 bis 1895 wurde die Cimbrische Halbinsel durchschnitten. Inzwischen ist der damals Kaiser-Wilhelm-Kanal getaufte Wasserweg 110 Jahre alt.

Genau 98,7 Kilometer »Hochsee-Autobahn« mit durchschnittlich elf Metern Tiefe liegen vor dem hochmodernen Frachter. Die Maschinen laufen jetzt nur mit langsamer Fahrt. 15 Kilometer pro Stunde sind das erlaubte Maximum, und »geblitzt« wird auch hier schon manchmal aus dem Gebüsch. Auswaschungen durch Wellenschlag und andere Beschädigungen müssen vermieden werden. Die Uferböschungen verlieren jährlich pro laufenden Meter bis zu zehn Kubikmeter Boden. Wer soll das bezahlen? Das sind Kosten, die durch Gebühren allein nicht gedeckt werden können. Experten wollen allerdings wissen, dass es noch einen »Kostensenkungsspielraum« gibt. Zumal die Zahl der Passagen ständig zunimmt und mehr Geld in die Kassen spült.

Verkehrslenkung

Gespart werden soll auch am Lotswesen. Neuordnungen sind in der Diskussion. Eins dürfe jedoch nicht passieren: dass Veränderungen zulasten von Sicherheit gehen. Die Lotsen müssen in dem engen Kanalschlauch mit größter Vor- und Umsicht navigieren. Dennoch kommt es vor, dass ein Schiff – an manchen Stellen genügen Kursabweichungen um nur ein bis zwei Meter – Grundberührung hat und festkommt. Erklärung: Durch Fahrt und Schraube wird Wasser unter dem Kiel weggesogen, es sackt auf den Grund, bleibt für einen Moment stehen, bricht aus und ist nicht steuerbar. Darauf könne man nur schnellstens mit entsprechenden Ruder- und Maschinenmanövern reagieren. Wenn ein Schiff aus dem Ruder läuft, sind, so haben genügend Fälle gezeigt, stunden- oder tagelange Wartezeiten Folge einer solchen unfreiwilligen Blockade. Abgesehen von einem Rattenschwanz an Verlusten.

Die Verkehrslenkung hinter den Kulissen durch erfahrene Nautiker ist deshalb eine organisatorische Meisterleistung. Ein Schiff ist weder ein Auto noch ein Zug, die man ohne Weiteres abbremsen kann. Zusätzlich erschwerend wirken Wind und Wetter wie Nebel, Eis oder Schneetreiben. Zu manchen Zeiten sind über 250 Schiffe pro Tag im Kanal unterwegs gewesen. Eine solche Masse will koordiniert sein!

Bei Breiholz blinkt ein rot-weiß-rotes Lichtsignal. Voraus erweitert sich das bis dahin enge Fahrwasser. OOCL NEVSKIY muss wie schon zwei andere Schiffe in einer Ausweichstelle, kurz Weiche genannt, festmachen. Zwölf gibt es davon im NOK. Wer warten muss, bestimmt der Lenker an Land nach Situation und Reglement. Die Schiffe werden je nach Länge, Breite, Tiefgang und Art der Ladung in sechs Verkehrsgruppen eingeteilt. Es dürfen, wo es eng wird, immer nur Schiffe aneinander vorbeifahren, deren Verkehrsgruppen zusammen sechs ergeben. Ansonsten ist auch die Quersumme acht erlaubt. Der »Gegenkommer« gehört schon der Gruppe sechs an, ist aber ein noch dickerer Brocken. Maximal dürfen 235 Meter Länge, 32,5 Meter Breite und 9,5 Meter Tiefgang nicht überschritten werden.

Unter deutschen Dächern

OOCL NEVSKIY wird mit den anderen an die Pfähle geschickt. Bis der langsame Konvoi durch ist. Von der 22 Meter über dem Wasser liegenden Brückennock schweift der Blick weit übers Land: Felder, Wiesen und Wälder. Keine Zeit für Romantik. Frische Wiesendüfte ziehen in die Nase. Kühe blicken nicht mal mehr auf, wenn ein Dampfer vorbeirauscht. Hinter Büschen und Bäumen ducken sich blitzsaubere Gehöfte. Wie Seefahrt durch den Bauernhof!

Der Lotse steigt in Rüsterbergen bei Rendsburg aus. Kurze Pause in der Station. Vier Stunden konzentrierte Revierfahrt sind stressig genug. Ein anderer Kollege übernimmt den Job bis Holtenau. In der Brüderschaft sind 215 dieser erfahrenen Nautiker als Freiberufler zusammengeschlossen. Die beiden Kanalsteuerer – insgesamt sind es 88 – bleiben an Bord und wechseln sich in halbstündigem Rhythmus ab.

Plötzlich ein Gepolter in der Luft: Über die Rendsburger Hochbrücke kriecht ein endlos langer Güterzug. Die Antennen scheinen die Stahlkonstruktion zu streifen. Generell sind höchstens 39,50 Meter Durchfahrtshöhe erlaubt. Oder es knirscht »im Gebälk«. Zwei norwegische Kreuzfahrtschiffe (NORWEGIAN DREAM und NORWEGIAN DAWN) sind sogar extra deswegen mit einem klappbaren Schornstein ausgerüstet worden.

Der Blick in die Fenster von Einfamilienhäusern längs der Böschung erinnert an den Film »Unter deutschen Dächern«. Da sieht man vieles ...

Knapp siebeneinhalb Stunden hat die Reise über Land auf dem »Silberband« zwischen den Meeren gedauert. Das ist Schleswig-Holstein mit einem »dicken Pott« im Radfahrertempo. In der Kieler Förde liegen die beiden Maschinentelegrafen wieder »auf dem Tisch« – mit voller Fahrt Polen, Lettland, Estland, Russland und Finnland entgegen.

Der Nord-Ostsee-Kanal (früher auch Kaiser-Wilhelm-Kanal genannt) heißt in der internationalen Schifffahrt Kiel-Canal. Er erspart den Umweg um Skagen, eine Wegverkürzung von 250 Seemeilen.
Waren für seinen Bau noch seestrategische Gründe maßgebend, so steht der Kanal heute ausschließlich im Dienst des Warenaustausches der Ostseeländer mit der übrigen Welt.
Er wurde nach achtjähriger Bauzeit am 21. Juni 1895 dem Verkehr übergeben.

Was sich alles hinter der simplen Abkürzung NOK verbirgt, lohnt sich, dass es hier noch einmal im Überblick präsentiert wird.

Einlaufen in die Schleuse Kiel-Holtenau.

Der Nord-Ostsee-Kanal, kurz NOK, verbindet die Elbe bei Brunsbüttel mit der Kieler Förde. Durch Marsch und Geest folgt er bis Rendsburg der Eiderniederung, erreicht dann das holsteinische Hügelland und mündet nach gut 98 km bei Kiel-Holtenau in die Förde.
Eine Fahrt durch den Kanal dauert, je nach Verkehrsdichte und Schiffsgröße, sieben bis neun Stunden.
Schon zehn Jahre nach der Eröffnung genügte der Nord-Ostsee-Kanal den nationalen militärischen Forderungen nicht mehr. Die Erweiterung von 1907 bis 1914 verdoppelte seinen Querschnitt. In diesen Abmessungen erfüllte er bis in die 50er-Jahre alle Ansprüche.

Der Verkehr wird von einer Verkehrslenkungsstelle in Brunsbüttel und Kiel-Holtenau nach einen bestimmten System geregelt.

Kanal-Geschichte

Für den Bau musste eine eigene Behörde gegründet werden: Die »Kaiserliche – Kanal – Commission« mit Sitz in Kiel.
Am 03. Juni 1887 wurde mit großem öffentlichen Aufwand in Kiel-Holtenau die Grundsteinlegung des Kanals gefeiert. Kaiser Wilhelm I. war persönlich anwesend. 1888 war mit den Erdarbeiten begonnen worden. 80 Millionen Kubikmeter Boden mussten bewegt werden, und bis zu 8.000 Menschen waren von Brunsbüttel bis Holtenau beschäftigt. 90 Lokomotiven und 65 Dampfbagger waren im Einsatz.
Am 21. Juni 1895 legte Kaiser Wilhelm II. den Schlussstein in Holtenau. Zu Ehren seines Großvaters Wilhelm I. nannte er die Wasserstraße »Kaiser-Wilhelm-Kanal«. Damit war der Kanal eröffnet.

Arbeiter

Es mussten von vornherein besondere Vorkehrungen für Unterkünfte der vielen Arbeiter getroffen werden.
1888 kamen die ersten Arbeiter aus Polen, Oberschlesien, Italien, Dänemark, Schweden und Russland. Sie wurden in Wohnbaracken für 50 bis 100 Arbeiter untergebracht. Zur Unterbringung wurden an zwölf Orten Baracken aufgestellt. Der Höchststand der Arbeiter lag im Jahr 1892 bei 8.900 Arbeiter.
Für Unterkunft und Verpflegung musste jeder Arbeiter 65 Pfennig bezahlen. Es wurde genau festgesetzt, wie viel Gramm Fleisch jedem Arbeiter zustand (170 g), knochenfrei pro Tag. Ein Arbeiter bekam für einen Zwölfstundentag 2,50 bis 3,00 Mark. Es gab auch Lagerkantinen für Nahrungs- und Genussmittel. Für 250 g Wurst musste man 15 Pfennig, eine 200-g-Semmel 9 Pfennig und 0,75 l Braunbier 8 Pfennig bezahlen.
In Burg und bei Hanerau gab es ein Barackenlazarett mit 20 Betten. Gearbeitet wurde mit Schaufel, Spaten und Schubkarren, mit Tro-

Die Kanalfähre von Sehestedt kreuzt das Fahrwasser.

Lotse und Kanalsteuerer auf der Brücke.

Das Nachbarschiff Genca füllte die Schleusenkammer in Brunsbüttel komplett aus.

Weiter Blick vom Peildeck über das Land.

Die Rendsburger Hochbrücke voraus.

ckenbaggern und Loren. Die zu bewegende Erde betrug 80 Mio. m^3 – für die Schleusen brauchte man 130.000 m^3 Betonmaterial.

Eröffnung

Am 20. Juni 1895 fand die Eröffnungsfeier in Kiel statt. Der erste Schiffskonvoi kam von Brunsbüttel.
Die Menschen, die das Durchfahren sehen wollten, mussten schon nachts um 2 Uhr ihre Plätze einnehmen. Um 3.30 Uhr lief die Kaiserjacht »Hohenzollern« mit dem Monarchen und vier Prinzen an Bord in der Alten Schleuse ein. Nach der Durchschleusung um 4.15 Uhr durchschnitt die »Hohenzollern« eine gespannte Kordel über den Kanal.
Es waren noch 22 andere Paradeschiffe dabei, davon 14 Einheiten anderer Seefahrtnationen.

Nord-Ostsee-Kanal in Zahlen
Länge: 98,673 km;
Breite in der Sohle: 90 m;
Wassertiefe: 11 m;
Tiefgang bis 9,5 m für Schiffe bis zu einer Länge von 235 m;
Höchstgeschwindigkeit: 15 km/h, für größere Schiffe 12 km/h

Schleusen

Brunsbüttel:
Alte Schleuse, 125 m lang, 22 m breit, Füllung durch 2 Seitenkanäle mit 12 Stichkanälen. Schleusenzeit 30 Minuten.
Holtenau: Daten wie oben.

Neue Schleusen Brunsbüttel und Holtenau:
Länge 310 m, Breite 42 m, Schiebetore, je Kammer 3 Tore.
Füllung in Brunsbüttel durch Torumläufe, in Holtenau durch 2 Seitenkanäle mit je 29 Stichkanälen.
Schleusenzeit: 25 Minuten.

Sehenswürdigkeiten

Brunsbüttel
- Blick auf die Schleusen, die den Kanal gegen den wechselnden Wasserstand der Elbe abschließen
- Straßenhochbrücke
- Fähre Hochdonn

Rendsburg – Industrie- und Hafenstadt am Nord-Ostsee-Kanal
- eindrucksvolle Naturlandschaft und beliebtes Ausflugsziel Audorf/Rade mit Autobahnhochbrücke
- Findlingsbauten, Kirchen und Denkmäler speziell bei Sehestedt
- Holtenauer Hochbrücke
- die Mündung des Nord-Ostsee-Kanals in die Kieler Förde durch zwei Schleusenpaare
- einzigartige Naturlandschaft
- verschiedene Straßen- und Eisenbahnhochbrücken
- Lotsenstation Nübbel, wo die Lotsen aus Holtenau und Brunsbüttel einander ablösen
- Eisenbahnhochbrücke mit Schwebefähre bei Rendsburg

Rendsburg kann seinen Gästen noch eine echte Besonderheit bieten.
Am nördlichen Kanalufer befindet sich übrigens die längste Sitzbank der Welt, genau 501,35 Meter. Diese längste Bank der Welt ist im Guinessbuch der Rekorde eingetragen.

Kanalgeburtstag
Am 21. Juni 1895 hatte Kaiser Wilhelm II. den Nord-Ostsee-Kanal in Kiel-Holtenau eröffnet.
Genau 100 Jahre später, zum 100-jährigen Geburtstag 1995, rückte der Kanal wieder ins öffentliche Bewusstsein. Überall in den Gemeinden am Kanal wurde gefeiert. Höhepunkt bildete ein Korso aus 50 Schiffen, an der Spitze das Segelschulschiff der Deutschen Marine »Gorch Fock« mit dem Bundespräsidenten an Bord.

Größtes Schiff
Am 15. Mai 1998 befuhr erstmals die NORWEGIAN DREAM, das bis dahin größte Schiff, den Kanal. Begleitet wurde das Schiff von zahlreichen winkenden »Sehleuten« am Kanalufer. Die NORWEGIAN DREAM muss den Mast und Schornstein kippen, um die Brücken passieren zu können. Mast und Schornstein werden hydraulisch gekippt.
Die Fahrt durch den Kanal ist nicht kostenlos. Die NORWEGIAN DREAM muss für eine Durchfahrt ca. 78.900 € zahlen.
Ein paar Zahlen zum Schiff:

Länge:	232,40 m
Breite:	22,40 m
Tiefgang:	6,60 m
BRZ:	50.760 (größer als die TITANIC)

Brücken

Straßenhochbrücke Brunsbüttel · Kanal-km 6,123 · B 5 · Länge 2.826 m · erbaut 1979/83 · Stahlbau · 5.000 t.
Eisenbahnhochbrücke Hochdonn · Kanal-km 18,778 · Länge 2.218 m · erbaut 1915/20 · Stahlbau · 14.900 t.
Autobahnhochbrücke Hohenhörn · Kanal-km 24,882 · A 23 · Länge 390 m · erbaut 1985/89 · Stahlbau · 4.200 t.
Eisenbahn- und Straßenhochbrücke Grünental · Kanal-km 31,115 · B 204 · Länge 405 m · erbaut 1983/86 · Stahlbau · 3.600 t.

Eisenbahnhochbrücke Rendsburg · Kanal-km 62,664 · Länge 2.486 m · erbaut 1911/13 · Stahlbau · 17.740 t.
Autobahnhochbrücke Rade · Kanal-km 68,114 · A 7 · Länge 1.498 m · erbaut 1969/72 · Stahlbau · 14.000 t.
Straßen- und Eisenbahnhochbrücken Levensau · Kanal-km 93,581 · B 76 · Länge 365 m · erbaut und erneuert 1893/1980/83 · Stahlbau · 4.310 t.
Straßenhochbrücke Holtenau · Kanal-km 93,589 · B 503 · Länge 445 m · erbaut 1992/95 · Stahlbau · 3.659 t.
Straßenhochbrücke Holtenau · Kanal-km 96,623 · B 503 · Länge 518 m · erbaut 1969/72 · Stahlbau · 3.380 t.

Alte Hochbrücke Levensau

Am 24. Juni 1893 war die Grundsteinlegung für die Levensauer Hochbrücke, dem Lieblingskind des Kaisers. Auf seinen Wunsch wurde die Levensauer Hochbrücke gebaut. Die Grundsteinlegung nahm Kaiser Wilhelm II. selbst vor.
Die Brücke wird auf der West- und Ostseite durch ein Wappenschild geschmückt, die aus einem Relief in Sandstein gearbeiteten Reichsadlern bestehen.
Das Wappen ist jetzt in der Alten Schleuse in Brunsbüttel aufgestellt.
In der Kanalhochbrücke Levensau halten mehrere tausend Abendsegler, eine seltene Fledermausart, ihren Winterschlaf. Die Dehnungsfugen der Levensauer Hochbrücke sind bis zu einen Meter tief. Es ist somit das größte bekannte Fledermausquartier in Mitteleuropa.

Eisenbahnhochbrücke Rendsburg

Erbaut wurde die Hochbrücke 1911–1913 von Dr. h.c. Friedrich Voß, der auch weitere Kanalbrücken baute. Sie war zur Zeit der Fertigstellung ein bautechnisches Wunderwerk und ist heute ein technisches Denkmal.

Baukosten: 13,4 Millionen Goldmark · Länge: 2.487 m, eigentliche Kanalbrücke 317 m · Höhe gesamt: 68 m, lichte Höhe: 42 m · Gewicht: 17.740 t Stahl · 3,2 Millionen Nieten und ca. 100.000 kg Farbe wurden verarbeitet.

Straßentunnel Rendsburg

Bei Kanal-Kilometer 60 gibt es noch eine Besonderheit, die man allerdings vom Schiff aus kaum sieht.
Hier unterquert die B 503 den NOK.
Seine Länge beträgt insgesamt 1.278 m, die geschlossene Tunnelstrecke 640 m. Erbaut wurde der Tunnel zwischen 1957 und 1961. Er liegt zwischen 14,55 m und 20,15 m unter dem Wasserspiegel.
Der Fußgängertunnel wurde 1962 bis 1965 erbaut. In einer Röhre von 130 m Länge und einem Durchmesser von 4,50 m können Fußgänger und Radfahrer kreuzungsfrei queren.

Fähren

Der Nord-Ostsee-Kanal ist eine künstliche Wasserstraße, durch ihren Bau wurden Dörfer und Landstraßen getrennt. Die großen

Die Fähre von Sehestedt verbindet Schleswig und Holstein..

Straßen- und Schienenwege werden durch Brücken, die kleineren Straßen und Wege mit Fähren verbunden. So sind 14 Fähren im Einsatz, die Tag und Nacht Autos, Fahrräder und Fußgänger, aufgrund einer kaiserlichen Verordnung kostenlos, von einem zum anderen Ufer befördern. Eine Fähre hat eine Ladekapazität von 45 t und befördert acht Pkws oder zwei große Lkws sowie Fußgänger und Radfahrer.
Die Fähre MEMEL kann im Bedarfsfall auch als Feuerlöschboot eingesetzt werden.

Fähren	*Kanal-km*	*Straßen-Nr.*
Brunsbüttel	2,100	–
Ostermoor	4,365	L 138
Kudensee	7,404	L 276
Burg	14,847	L 135
Hochdonn	19,078	B 431
Hohenhörn	24,030	L 132
Fischerhütte	35,600	L 131
Oldenbüttel	41,150	L 308
Breiholz	49,945	L 126
Rendsburg	62,664	Schwebefähre 42 t
Nobiskrug	65,311	L 047
Sehestedt	75,331	L 293
Landwehr	86,775	L 194
Kiel-Holtenau	97,323	25 Personen

Kettenfähre Fischerhütte
Ausrangierte Schiffe werden abgewrackt, die Kettenfähre SF 80 wurde 1991 außer Dienst gestellt und an Land gehievt.
Die SF 80 war die letzte im Einsatz befindliche Kettenfähre. Heute sind alle Fähren freifahrend.
Die Fähren befördern jährlich ca. 5,5 Millionen Fahrzeuge über den Nord-Ostsee-Kanal,
Die Schwebefähre in Rendsburg bringt es auf ca. 170.000 Fahrzeuge.
Durch den Straßentunnel in Rendsburg rollen pro Jahr ca. 16. Millionen Fahrzeuge.

Schiffsverkehr
Der Nord-Ostsee-Kanal ist die meistbefahrene künstliche Seeschifffahrtsstraße der Welt. Im Jahr befahren ca. 42.000 Schiffe und ca. 16.000 Sport- und Kleinfahrzeuge den Kanal.

Zum Vergleich: Panama-Kanal ca. 14.000 und Suez-Kanal ca. 20.000 Schiffe.

Weichen

Bezeichnung	*Kanal-km*
Binnenhafen Brunsbüttel	1,900
Kudensee	8,870
Dückerswisch	20,800
Fischerhütte	34,280
Oldenbüttel	39,968
Breiholz	47,860
Schülp	56,417
Audorf -Rade	66,093
Königsförde	79,259
Groß – Nordsee	84,377
Schwartenbek	91,830
Binnenhafen Holtenau	95,150

Die Schiffe sind in Gruppen von 1 bis 6 eingeteilt, wird die Zahl 6 überschritten, muss das kleinere Schiff in die Weiche. Die Einfahrt in das Weichengebiet wird durch Lichter am Signalmast gezeigt.

Lotsenstation »Rüsterbergen«

Die Lotsen haben alle das Kapitänspatent AG (große Fahrt). Auf dem ganzen Kanal von Brunsbüttel bis Kiel-Holtenau sind ca. 128 Lotsen tätig.

Ein Kuriosum: die Schwebefähre unter der Rendsburger Hochbrücke.

Ein Lotsenboot nahe der Station Rüsterbergen.

Aufgabe des Lotsen ist es, die Schiffe der Verkehrsgruppe 2 bis 6 sicher durch den Kanal zu bringen. Meistens sind auch zwei Kanalsteuerer an Bord, ausgebildete Nautiker mit Patent, die sich abwechseln, weil die Arbeit viel Konzentration verlangt. 127 sind insgesamt im NOK tätig.
Bei der Lotsenstation Rüsterbergen kann man den Wechsel der Lotsen gut beobachten.

Fische

Der Fischreichtum im Kanal ist sehr groß, man kann sehr viele Amateurangler am Ufer sehen.
Der Hering kommt von der Ostsee in den Kanal zum Laichen. Außer Hering fängt man noch Barsch, Karpfen, Aal, Plattfische und Weißfisch. In den großen und kleinen Seen fängt man Barsch, Brassen, Hecht, Karpfen, Schlei und Zander. Nicht vergessen: Zum Angeln braucht man einen Erlaubnisschein.

Schiffsbegrüßung in Rendsburg

Direkt an der Schwebefähre beim Restaurant »Brücken-Terrassen« werden die vorbeifahrenden Schiffe mit freundlichem Gruß und ihrer Nationalhymne empfangen. Wie in Hamburg-Schulau. Ein paar Informationen zum Schiff und zur Fahrt gibt es auch. Angekündigt werden Schiffe aus Richtung Holtenau und Brunsbüttel.

Selbstverständlich wird auch in Rendsburg kurz die Flagge heruntergezogen. Dieses »Dippen« ist ein internationaler Gruß der Seefahrt.

Zukunftsperspektiven

Der Ausbau des Nord-Ostsee-Kanals soll nach den erforderlichen Planfeststellungsverfahren voraussichtlich 2009 beginnen. Schon bis zum Jahresende wird die Verlängerung der Brunsbütteler Schleusen sowie die Option einer zusätzlichen Schleuse geprüft. Die gesamte Maßnahme soll bis 2014 abgeschlossen sein.
Bedeutendster Engpass des Kanals ist derzeit die rund 15 km lange Oststrecke vor Kiel, die bei der letzten umfassenden Kanalerweiterung zur Sicherung der Böschungen in den Jahren 1965 bis 2002 nicht verbreitert worden ist.
Mit einer Wasserspiegelbreite von 102,5 Metern und einer Sohlenbreite von 44 Metern weist der Abschnitt noch heute das Kanalprofil des Jahres 1914 auf, während der übrige Kanal auf eine Wasserspiegelbreite von 162 Metern und eine Sohlenbreite von 90 Metern erweitert wurde. Durch diese Engstelle sind die Maximalabmessungen von Schiffen im Kanal derzeit auf 235 Meter Länge, 32,5 Meter Breite und 7 Meter Tiefgang oder alternativ 175 Meter Länge, 24 Meter Breite und 9,5 Meter Tiefgang begrenzt.
Ziel des projektierten Ausbaus des Oststrecke ist es, den Engpass zu beseitigen und damit ein der gesamten Kanallänge annähernd einheitliches Profil zu schaffen. Damit könnten künftig Schiffe bis zu einer Maximalabmessung von 280 Metern Länge, 40 Metern Breite und 9,5 Meter Tiefgang die Wasserstraße passieren. Ferner ergäbe sich eine Verkürzung der Passagezeiten. Auch die Kanalschleusen in Brunsbüttel sind dringend modernisierungsbedürftig. Ihre Abmessungen sind für einen zügigen Betrieb unzureichend. Außerdem weisen die Schleusenkammern in zunehmendem Maße altersbedingte bauliche Schäden auf.
Eine Lösung soll die Sanierung beider Brunsbütteler Schleusen und der zusätzliche Bau einer neuen Großschleuse sein. Sowohl der Ausbau der Oststrecke als auch der Schleusen in Brunsbüttel sind die vordringlichen Baumaßnahmen zur erforderlichen Steigerung der Wettbewerbsfähigkeit des Kanals.
Weiterer Handlungsbedarf besteht in der Modernisierung der Holtenauer Schleusen, der Erneuerung der zum Teil stark sanierungsbedürftigen Kanalbrücken, dem Bau einer neuen Großweiche im westlichen Teil des Kanals sowie einer Kanalvertiefung auf voller Länge. Durch die Vertiefung von derzeit elf auf zwölf Meter könnte der zulässige Maximaltiefgang für Schiffe momentan 7,5 bis 9,5 auf dann 10,5 Meter angehoben werden.
Dem Kanalausbau kommt danach große Bedeutung für die Verkehrsentwicklung zu: Ladungstransporte per Schiff können Landwege nachhaltig entlasten. Ein Ausbau des Kanals und seiner Schleusen würde zusätzliche Verkehrsverlagerungen auf das umweltfreundlichere Schiff ermöglichen. In den kommenden Jahren wird das Transportvolumen im Überseecontainerverkehr deutlich zunehmen. Das erfordert größere und leistungsfähigere Feederschiffe zum Weitertransport in den Ostseeraum. Die jetzt geplanten Ausbaumaßnahmen des Nord-Ostsee-Kanals würden bereits in etwa acht Jahren Kanalpassagen für Feederschiffe mit einer Kapazität für rund 1.500 Container sowie für größere Massengutfrachter und Tanker ermöglichen.
Von der Kapazitätserweiterung des Kanals könnten vor allem die deutschen Nordseehäfen Hamburg, Bremerhaven und Wilhelmshaven durch die bessere Ostseeanbindung profitieren, lautet die Zukunftsvision der maritimen Wirtschaft für den Nord-Ostsee-Kanal.

Großer Bulker STOJA liegt in einer Weiche vor Anker.

Reger Verkehr auf dem Nord-Ostsee-Kanal.

Malarbeiten am Steven und an Bord.

Einfahrt nach Danzig.

20 Prozent mehr Schiffspassagen seit 1999

Der Nord-Ostsee-Kanal ermöglicht als direkter Seeweg Schiffen auf dem Weg zwischen Westeuropa und dem Ostseeraum kürzere und schnellere Passagen. In den vergangenen Jahren hat der Verkehr auf dieser meistbefahrenen künstlichen Wasserstraße der Welt stark zugenommen.

2005 wurden 42.552 Passagen von Handelsschiffen mit einer Gesamtvermessung von 138.706.223 BRZ registriert.

Die beförderte Ladungsgesamtmenge betrug 88.186.330 Tonnen. Im Vergleich zu den entsprechenden Zahlen des Jahres 1999 ergibt sich bei den Schiffspassagen eine Steigerung um 7.070 Passagen (entsprechend einem Zuwachs von 20 Prozent), während bei der Schiffsvermessung ein Zuwachs von 58.497.495 BRZ (+ 73 Prozent) und bei der beförderten Gütermenge sogar eine Steigerung um 42.197.707 (+ 92 Prozent) zu verzeichnen ist.

Die durch den Kanal transportierte Ladungsmenge hat sich damit innerhalb von nur sechs Jahren nahezu verdoppelt. Bereits heute sind rund ein Drittel aller im Hamburger Hafen umgeschlagenen Container zum Weitertransport in den beziehungsweise aus dem Ostseeraum bestimmt.

Der Nord-Ostsee-Kanal trägt als direkter Seeweg wesentlich dazu bei, Verkehr von Straße und Schiene auf den energieeffizienten Seeweg zu verlagern.

Modernes Verkehrssicherungssystem

Der Kanal bekommt auch ein modernes Verkehrsleitsystem. Bleistift und Radiergummi haben in der Verkehrszentrale nach mehr als 100 Jahren endgültig ausgedient. Künftig werden die Schiffe mit Hilfe der Elektronik durch den Seekanal geführt.

Zwei Leitstellen in Brunsbüttel und Kiel haben bislang den gesamten Schiffsverkehr überwacht und geregelt. Dort waren seit der Eröffnung des Nord-Ostsee-Kanals im Jahre 1895 Bleistift und Radiergummi und Telefon die wichtigsten Utensilien, um Schiffe mit ihrer zum Teil hochgefährlichen Ladung sicher durch die künstliche Wasserstraße zu leiten. Als »Augen« halfen den Nautikern »Beobachter«, die an den Weichen des knapp 100 Kilometer langen Kanals saßen und per Telefon die vorbeifahrenden Schiffe meldeten.

Die Nautiker zeichneten dann auf großen Papierbögen in eine Grafik, welches Schiff zu welcher Zeit an welcher Stelle sein wird. Eine weniger schwierige mathematische Aufgabe, weil bei der Revierfahrt maximal Geschwindigkeiten von zwölf bzw. 15 Kilometer pro Stunde zugelassen sind.

Wenn der Nautiker eine unerlaubte Begegnung errechnete, ordnete er für eines der Schiffe eine Wartezeit in einer der Weichen an. Und falls die Rechnung des Nautikers nicht ganz stimmte, weil eines der Schiffe zum Beispiel langsamer fuhr, wurde das Diagramm schnell mit einem Radiergummi korrigiert.

Das neue System hat die Beobachterposten längs des Nord-Ostsee-Kanals überflüssig gemacht. Die moderne Navigationstechnik liefert jetzt den Nautikern alle zehn Sekunden die aktuellen Positionen der Schiffe auf zehn Meter genau. Auf diese Weise haben sie auch jederzeit den Überblick über Geschwindigkeiten und exakte Positionen der Schiffe zwischen den Weichen. Dadurch kann die Verkehrslenkung viel besser an die jeweilige Situation angepasst werden.

Die komplette Modernisierung des Verkehrssicherungssystems kostete insgesamt gut 13,5 Millionen €. Jeder Euro, der hier investiert wurde, spart am Ende mehr als drei Euro ein. Die 72 arbeitslos gewordenen »Beobachter« haben eine andere Beschäftigung übernehmen können.

OOCL Nevskiy – weiter mit Ostkurs

Danzig bei Nacht. 50 Container oder 1.000 Tonnen werden gelöscht. Das Deckshaus erzittert jedes Mal, wenn die Blechkisten polternd aus ihren Halterungen gezerrt oder abgesenkt werden. An Schlaf ist kaum zu denken. Plötzlich schrillt das Bordtelefon neben der Koje. Schreck und Überraschung: Am anderen Ende der Leitung trällern – wie sich am Morgen herausstellt auch bei zwei anderen Mitfahrern – weibliche Stimmen, erst Polnisch, dann Englisch. Ob man denn nicht gemeinsam etwas Spaß möchte ... Grundsätzlich nichts dagegen, bleibt aber die Frage: Wie hat das passieren können? Trotz Gangway-Wache, verriegelter Außen- und Innentüren. Im Kontrollhäuschen auf der Pier brennt nur eine müde Funzel. Der Wachmann döst anscheinend. Die beiden Euro-hungrigen »Dockschwalben« sind ungehindert an Bord gestelzt. Von der Messe aus haben sie dann versucht, telefonisch Kunden zu einem »One-Night-Stand« zu animieren. Ein Matrose findet nichts dabei: »Warum sollen wir uns nicht auch mal vergnügen? Die Mädels sind hier bekannt.« »Wie zu guten, alten Zeiten«, schmunzelt ein Mitpassagier.

Stolz, Heimweh und »dowi dzenja!«

In drei Stunden erkunden wir »stare miasto«, die historische Altstadt, mit Aufstieg zum Turm der Marienkirche, weitem Blick über die einst freie Stadt, Langgasse, Krantor, Marienstraße mit ihren charakteristischen Beyschlägen und das Patrizierhaus, in dem der Grass-Film »Die Blechtrommel« gedreht wurde.

Blick von der Marienkirche auf die Danziger Altstadt.

Geschäft in Danzig mit Bernstein-Hansekoggen.

Unter dem Grünen Tor treffen wir Franz-Günter Masa. »Ich bin einer der letzten Deutschen in der Freistadt«, betont der 76-jährige stolz. Er war blutjunger Wehrmachtssoldat. »Bis heute lässt man mich das spüren«, meint er verbittert, »aber die Heimat wollte ich trotz aller Leiden nicht verlassen«. Seinen breiten westpreußischen Dialekt hat er sich bewahrt. Über die beiden »Eurochen« hat er sich gefreut. Mit 200 davon muss der Rentner monatlich auskommen.
An diesem 1. September wird in Polen an den Kriegsbeginn vor 65 Jahren erinnert, als die Westerplatte, die wir passieren, vom Linienschiff SCHLESWIG-HOLSTEIN beschossen und die Polnische Post verteidigt wurde. Heute pilgern Busladungen ergrauter Heimweh-Touristen durch die anheimelnden mittelalterlichen Gassen.
Zurück am Hafen-Schlagbaum, genügt ein freundliches »dowi dzenja!« – »Auf Wiedersehen!«, um an Bord zu gehen.

»Njet!« mit Ausstrahlung

MS OOCL NEVSKIY nimmt Kurs auf Sankt Petersburg. 32 Stunden rollen wir durch die bewegte Ostsee bis an die Newa. Um vier Uhr früh – Morgenstund' ist aller Laster Anfang! – kommen die russischen Uniformierten an Bord. Kapitän Mark Drevin legt ihnen die Papiere vor. Sie vergleichen penibel Crew-Liste und Seefahrtsbücher. Meins akzeptieren sie nicht: »Njet!« Angeblich ist es zu alt, obwohl es als Sozialversicherungsnachweis nie seine zeitliche Gültigkeit verliert. Mein Pass hingegen ist »karacho« – gut, das Visum allerdings gerade abgelaufen. Die steifen Herren machen, trotz langer, zäher Verhandlungen, keine Ausnahme. Der Landgang der NEVSKIY-Fahrer zum Nevskiy-Prospekt fällt flach. Nur in dieser Hinsicht schauen wir etwas neidisch hinüber zu den fünf großen Kreuzfahrtschiffen. Deren Passagiere haben es leichter in Russland. Mit einem gebuchten Landausflugsticket werden sie in die Zaren-Stadt gekarrt. Bleiben uns nur ein paar Runden durch die haushohen Blech-Gebirge, vorbei an Eisbrechern in Sommerruhe. In einem abgelegen Teil des Terminals werden wir ungehindert Zeugen, als Atommüll in Container verladen wird. Die gelben Warndreiecke sind nicht zu übersehen. Feuerwehr und Militär stehen in Bereitschaft. Nur die Sonne überstrahlt diese schaurige Szenerie.
»Bei den strengen Personenkontrollen am Tor hat sich seit Sowjetzeiten nichts geändert«, weiß Erster Offizier Laurentiu Lenu aus eigener Anschauung, »so was wie ISPS gab's hier schon immer.« Der Rumäne kann auch auf leidvolle Erfahrungen aus seiner Heimat verweisen.

Pilze und Badevergnügen

Acht Fahrtstunden weiter. OOCL NEVSKIY macht im südfinnischen Hamina fest. Nach dem russischen Totalausfall zieht es uns um so mehr an Land. Das Schärenmeer glitzert im spätsommerlichen Sonnenschein. Wir stiefeln los, immer an einem übermannshohen Zaun entlang. »24 Stunden kameraüberwacht«, verkünden Schilder scheinbar abschreckend. Bis sich mitten im Wald eine bequeme Lücke auftut. Zahlreiche Fußspuren zeugen von häufiger Benutzung. Gleich dahinter leuchten dottergelbe Pfifferlinge aus dem Moos. Männlicher Sammeltrieb wird in uns entfacht. Im Nu ist eine Tüte voll. Smutje Arnold Bonus wird sie zum Abendbrot servieren.
Aus dem Gelände führt, direkt am Ostseeufer entlang, eine Eisenbahnstrecke. Wie Stre-

MS OOCL Nevskiy beim Laden und Löschen von Containern in Tallinn.

ckenläufer tippeln wir über die Schwellen und sind bald wieder in zaunloser Freiheit. Der kleine Strand im Schilf verlockt zum Baden.

Hansestädtisches Ensemble Tallinn

Der Helsinki-Landgang fällt aus wegen nächtlicher und zu kurzer Liegezeit. Auf der gegenüber liegenden Seite des Finnischen Meerbusens laufen wir noch in dieser Nacht die estnische Metropole Tallinn an. Per Taxi steuern wir das unter UNESCO-Schutz stehende historische Zentrum an. Ein hansestädtisches Ensemble aus Kulturdenkmälern, dessen Wurzeln bis ins 13. Jahrhundert zurückreichen. Auch bei schlechtem Wetter hätte es nichts von seinem Charme verloren.

Ein Tipp am Rande: Unbedingt einkehren sollte man in der Mittelalter-Gaststätte »Olde Hanse« in der Vana turg 1. Süffiges Honigbier und frisches Brot zur Pilzsuppe sind ein Gedicht! Da kann man sich bei passender Live-Musik die Hanse-Zeit auf der Zunge zergehen lassen.

Nach 2.100 Seemeilen und zehn Tagen laufen wir wieder in die Holtenauer Schleuse ein. In Hamburg heißt es für uns: Ende einer spannenden Reise.

Info

In Dienst gestellt wurde der Frachter ***OOCL Nevskiy*** des erfolgreichen Werfttyps 168 im Mai 2001 unter der Baunummer 1190 bei J.J. Sietas in Hamburg-Neuenfelde. Vermessen ist er mit 9.981 BRZ und 11.386 Tonnen tdw. Er kann in zwei Luken sowie vier Räumen und an Deck bis zu 868 Standardcontainer transportieren, ist 133,95 m lang, 22,50 m breit und kommt maximal auf 8,71 m Tiefgang. Der MaK-Diesel 9M43 leistet 8.400 kW, womit eine Geschwindigkeit von 18,5 Knoten erreicht werden kann. Die Besatzung besteht aus 15 Mann.

Auf den ***beiden sehr gepflegten Containerschiffen der Reederei Drevin*** – ihre familiären Wurzeln liegen in Rostock – kann man das ganze Jahr über als Passagier mitfahren. Die ***Routen***, die sich ändern können, führen zu unterschiedlichen Häfen in Polen, Lettland, Estland, Russland und Finnland. ***Acht bis zehn Tage*** dauert ein Rundreise ab/bis Hamburg. Die ***Eisfahrt im Winter*** (ca. Januar bis März) hat ihren ganz besonderen Reiz.

Rückzugsmöglichkeit haben die Passagiere in ihren ***gemütlichen Kammern***; darunter die des Eigners (Einzelbett) und sogar zwei Minisuiten mit getrenntem Wohn- und Schlafraum (Doppelbett) samt unverbaubarem Blick zur Seite. Vor den beiden Fenstern kann die nach vorn manchmal durch Container verstellt sein.

Der ***Preis*** pro Tag und Person beträgt 70 € in zwei Doppel- oder einer Einzelkammer mit Vollverpflegung. Auf den Schiffen kann man sich frei bewegen. Landgänge sind überall – bis auf Russland, das ein Visum verlangt – möglich, je nach Lade-, Lösch- und Tageszeit. Es gibt zwar Fahrpläne, sie werden aber entsprechend Ladung und Wetter flexibel gehandhabt.

Buchen kann man direkt bei der
Reederei Rainer Drevin,
Franz-Rotter-Allee 48,
27474 Cuxhaven.
Tel.: 04721-554777 · Fax: 04721-554779 · Mobil: 0170-5337772
E-Mail: RainerDrevin-Cuxhaven@t-online.de;
Homepage: www.reederei-drevin.de

Stürmische Begegnung vor Gotland.

Grüne Seefahrt unter »Blauem Engel«

Ausgezeichnet mit dem Umwelt-Oscar

Dem in Kollmar an der Elbe ansässigen Kapitän und Reeder Rörd Braren wurde am 21. November 2002 das bedeutendste deutsche Umweltzeichen »Blauer Engel« verliehen. Nicht nur das: Am 2. Juni 2004 erhielt er auch den »Clean Marine Award« der EU-Kommission. »Für seine Pionierarbeit bei der Anwendung umweltverträglicher Technologien im Schiffsbetrieb«, wie es in der Laudatio für den »Umwelt-Oscar« hieß.

MS Timbus einlaufend in die Schleuse Holtenau.

»Da kommt sie ja«, zeigt ein Festmacher in der Schleuse Kiel-Holtenau zum Fördeufer. Außer zwei gelben Kranauslegern ist über den Baumwipfeln noch nichts zu sehen von MS Cellus. Auch keine Abgasfahne. Im Gegensatz zu anderen unter Qualm ein- und auslaufenden Frachtern. »Siehst Du«, sagt der Mann leicht geheimnisvoll, »das ist das Besondere an der TCF-Flotte Cellus, Timbus und Forester.« Dann schnappt er sich seine Wurfleine und stiefelt davon zur vorgesehenen Anlegestelle. »Einer musste ja mal damit anfangen«, sagt später Kapitän Klaus-Dieter Claußen nicht ohne Stolz. Damit meint er seinen Reeder in Kombination mit dem Charterer, dem schwedischen Södra-Konzern. Dessen Schriftzug prangt an der Bordwand und als Logo mit zwei stilisierten Tannen am Schornstein. Was dahintersteckt?

Chief Mate, Kapitän und Chief (von links nach rechts) unterm Umwelt-Engel.

Cellus – UN-geadelt

98 Kilometer »über Land« quer durch Schleswig-Holstein liegen vor dem 6.400-Tonnen-Mehrzweckfrachter mit dem grünen Rumpf. Damit ist nicht nur die Farbe gemeint. Während seiner Vier-Acht-Wache hat Erster Offizier Hans-Ingo Göttsche immer Zeit für einen guten Schnack. »Als erstes Schiff der Welt«, klärt er auf, »hat unsere Cellus den ›Blauen Engel‹ bekommen.« Das älteste Umweltzeichen Europas und anspruchsvollste maritime Umweltzertifikat überhaupt. Stifter: die Vereinten Nationen. Sie haben es dem Bundesministerium für Umwelt, Naturschutz und Reaktorsicherheit übergeben. Für die Auszeichnung von umweltfreundlichen Produkten und Dienstleistungen.
Was an Bord der Cellus als großes Schild an den Aufbauten klebt, findet man sonst nur auf Toilettenpapier oder Milchtüten. Der umweltfreundliche Schiffsbetrieb umfasst aber nicht nur die geregelte Entsorgung von Abfall, Abwasser, veröltem Bilgenwasser, einen unschädlichen Unterwasseranstrich, sondern auch Sicherheitseinrichtungen sowie gutes Personalmanagement. »Das Entscheidende«, schaltet sich Chief Manfred Bleeck ein, »ist dafür allerdings die Reduzierung der Abgase gewesen, also die Begrenzung von Schwefel- und Stickoxid-Emissionen.«

Taten statt leerer Worte

Södra Cell, mit zwei Millionen Tonnen pro Jahr einer der größten Produzenten von Marktzellstoff und führender Anbieter der deutschen Papierindustrie, setzt ganz auf Umweltschutz.

Der ist fest in der Unternehmensphilosophie verankert, wie in einer Broschüre nachzulesen ist. Ökologisch unbedenklich müsse daher auch der Transport sein, forderte Jan Gyllen, Geschäftsführer von Södra Shipping. »Wir können nicht nur Versprechungen machen«, sagte der Manager, »sondern müssen sie auch umsetzen.« Sein Vorschlag, ein »sauberes Schiff« zu planen, fiel auf fruchtbaren Boden. In seinem Geschäftspartner Rörd Braren und der Wewelsflether Peters-Werft fand er kompetente Mitstreiter. Gemeinsam entwickelten sie das erste Schiff mit dem Öko-Label. Taten statt wohlklingender Worte. Womit auch Zeichen gesetzt wurden für die Weltschifffahrt. »Geht nicht, gibt es seitdem nicht mehr«, sagt der von der nordfriesischen Insel Föhr stammende innovative Reeder, der im Kanal mitfuhr. Sein Motto: »Im Zweifel immer für die Umwelt!« Anders als die Ölindustrie, die Widerstand leistet – aus »technischen Gründen«, wie es heißt. Das bei der Erdölverarbeitung anfallende Abfallprodukt Schweröl – der Chief nennt das Teer oder Asphalt – lässt sich nämlich günstig, und sogar mit gutem Verdienst, nur in Schiffsanlagen entsorgen.

Harnsäure-Einspritzanlage reduziert 90 Prozent des Stickoxyds.

Was an Land weitgehend gesetzlichen Regelungen unterliegt, setzt sich auf See nur zögerlich durch. Zum Vergleich: Autokraftstoffe enthalten 10 bis 50 ppm (parts per million), die von Schiffen aber bis zu 27.000 ppm oder 2,7 Prozent. Obwohl schon längst nicht mehr nur die Ozeane bedroht sind, sondern auch der Luftraum über dem Meeresspiegel. Ein Zeichen dafür sind die hohen Schwefeldioxid-Werte rund um die Schifffahrts-Highways – Auswirkung des schmutzigen, stark schwefelhaltigen Schweröls, das von 90 Prozent der Schiffe in ihren gewaltigen Dieseln verbrannt wird. Viele schon mit 100.000 PS und bis zu 300 Tonnen Tagesverbrauch. Rund 1,1 Millionen Tonnen giftiges Stickoxid ($N0_x$), so errechneten britische Experten, werden jährlich über Nord- und Ostsee in die Luft geblasen. Für Umweltschützer- und Politiker bisher eher ein marginales Thema.

Noch mehr Druck machen!

Wo Seehäfen in der Nähe von Innenstädten liegen, gehören die ein- und auslaufenden Schiffe sogar zu den Hauptverursachern solcher Emissionen: bis zu 80 Prozent der Gesamtverkehrsbelastungen allein in Hamburg. Ähnliches gilt auch am Nord-Ostsee-Kanal, den CELLUS passiert. »Aber unser Dampfer richtet hier keinen Schaden an«, strahlt Manfred Bleeck, »wir sind nämlich«, erklärt er, »mit einem SCR-Katalysator ausgerüstet.« Wie das funktionier? »Mit Hilfe von eingespritztem Harnstoff als Reduktionsstoff in einer 40-prozentigen wässrigen Lösung«, doziert der Experte, »filtert er bis zu 90 Prozent der Stickoxyde aus den Abgasen.« Den Schornstein verlassen fast nur noch unschädlicher Atemluft-Stickstoff und Wasserdampf. Reeder Braren freut sich, auch wenn er für die Überholung der 350.000-Euro-Anlage nach sieben Betriebsjahren 27.000 € hinblättern musste. Die Selective-Cathalythic-Reduction-Anlage für einen Großtanker würde sogar bis zu zwei Millionen Dollar verschlingen.

Darüber hinaus wird in die 340 Tonnen fassenden CELLUS-Bunker ausschließlich schwefelarmer Brennstoff IFO 180 gefüllt, der den Schadstoff auf ein Drittel reduziert. Zwar sei er nur in wenigen Häfen zu bekommen – Preis im März 2005: 176 Dollar pro Tonne, im August rund doppelt so viel – und um 35 bis 50 € teurer als der herkömmliche, enthalte aber nur 0,6 bis 0,9 Prozentanteile gelbes Gift. »Schonung für Mensch und Umwelt, selbst bei unserem Tagesverbrauch von 14 Tonnen«, resümiert Chief Bleek die siebenstündige Kanalfahrt, »aber das macht nur Sinn, wenn baldmöglichst alle mitmachen!« Noch erlaubt die Vorschrift seltsamerweise 4,5 Prozent Schwefelanteil – ein sehr branchenfreundlicher Wert. »Das wäre so, als würde man im Straßenverkehr ein Tempolit 300 eingeführen«, witzelt Bleeck. »Viel zu hoch!«, warnen Wissenschaftler wie Umweltschützer denn auch und verweisen auf den weltweit üblichen Wert von 2,7 Prozent. »Da muss noch viel mehr Druck gemacht werden wie bei den Doppelhüllentankern«, sind sich Kapitän, Chief und Erster einig, »damit es weltweit verbindliche Standards gibt, um gleiche Wettbewerbsbedingungen zwischen den Schifffahrtsnationen zu schaffen«. Internationale Regelungen scheitern jedoch meistens an der »Freiheit der »Weltmeere« und damit an deren Unkontrollierbarkeit. Blockiert außerdem von Billigflaggenländern wie Panama.

Sondermülldeponie Schiffsdiesel

Viel empfindlicher sind dagegen die EU-Vorschriften, die ab Mai 2006 in der Ostsee gelten: 1,5 Prozent Schwefelanteil im Brennstoff dürfen von da an nicht überschritten werden. 2007 fallen auch Nordsee und Englischer Kanal unter diese Regelung. Erst ab 2010 gilt in Häfen und auf Binnenschiffen eine strenge 0,1-Prozent-Höchstgrenze. »Wenn alle das befolgen«, so Kapitän Claußen, »könnten die Schadstoffemissionen über Nord- und Ostsee glatt um 40 Prozent reduziert werden.«
Wenn es nach dem Ökologen Eelco Leemans von der niederländischen Nordsee-Stiftung ginge, müsste das Abgasprotokoll, bereits vor acht Jahren von der IMO (International Maritime Organisation) verabschiedet, unbedingt noch erweitert werden: »Schiffsbrennstoff ist die ideale Sondermülldeponie für alle möglichen Chemikalien, die sonst teuer entsorgt werden müssen.« Zuvor nämlich stießen Kontrolleure im Rotterdamer Hafen auf Lösemittelverseuchtes Öl, nachdem Kapitäne über Maschinenprobleme geklagt hatten. »Häufig würden solche Skandale gar nicht auffliegen, weil Schiffsdiesel viel zu robust sind«, weiß der erfahrene Chief, »und den ausgezeichneten Wirkungsgrad von 50 Prozent haben« (PKW: 28 Prozent). Das setzt aber hohe Verbrennungstemperaturen voraus. So werden allerdings auch Unmengen von Stickoxid produziert.

Chief Manfred Bleek neben seinem sauberen Diesel.

Saubermänner gegen Stinker

Nur etwa 80 Schiffe weltweit haben SCR an Bord. Auch deren Reeder gingen wie Rörd Braren über das Notwendige hinaus und sicherten sich damit handfeste wirtschaftliche Vorteile. »Wenn der gegenwärtige Schifffahrtsboom sich wieder abschwächt, haben technisch hochwertige Schiffe erst recht die besten Chancen auf dem Chartermarkt. Auch beim Wiederverkauf erzielen sie höhere Erlöse«, kalkuliert Braren.
Er und der Södra-Konzern haben schon jetzt das Internationale Übereinkommen über die Verhütung von Umweltverschmutzung durch Schiffe (MARPOL 73/78), das am 19. Mai 2005 in Kraft trat, deutlich übererfüllt. Wettbewerbsnachteile gebe es, so Braren, für ihn nicht, »im Gegenteil, meine zertifizierten Schiffe sind langfristig unter Vertrag«. Rörd Braren rechnet weiter: »Schwedische Häfen haben inzwischen ein System abgestufter Hafengebühren eingeführt. Für ein Ökoschiff kann das bis zu 6.000 € Ersparnis bringen, und zwar bei jedem Anlaufen.« »Stinker« zahlen dort wesentlich mehr als »Saubermänner«. »Nur übers Geld

kann man die Menschheit zur Vernunft kriegen«, ist Kapitän Claußen sicher. »Das heißt aber auch«, sagt er, »dass die Reeder über steuerliche Anreize zu einer Kursänderung bereit sind«. Noch gebe es in Deutschland weder das noch ein Bonussystem. Da müsse man ansetzen, wenn man Vorbild sein wolle. Appelle allein genügen nicht. Worte statt Taten?

Wedeln im Lichtermeer

Der Kapitän steuert das 100-Meter-Schiff nicht nur zwischen den engen Brückenpfeilern von Kalmar hindurch. Das Finale dieses langen Tages im Pilotensessel kommt noch: Bei stockfinsterer Nacht »wedeln« er und sein ihn ablösender Erster Hans-Ingo Göttsche ebenso routiniert durch den schiffsengen Schlauch. Die Ansteuerung zum Södra-Terminal von Jättersön ist S-förmig und von tückischen Schären gespickt. Wie ein Vulkan dampft und leuchtet das Zellulose-Werk über den schwarzen Kiefern-Zacken am Horizont. Intensiver Waldduft liegt in der Luft. CELLUS wiegt sich jedesmal beim Ruderlegen in einem Meer von scheinbar verwirrend blinkenden Tonnen. »Das machen wir rund 50 Mal im Jahr«, spielt der erfahrene Kapitän den Kraftakt an Konzentration herunter. Gibt es hier keinen Lotsen? »Brauchen wir nicht«, antwortet Claußen knapp. Überraschung: Er sei selber einer. »Genügend Fahrten, eine Revier- und Sprachprüfung, das war's«. Zugegeben, ein ziemliches Stück Arbeit sei das gewesen, räumt der 57-Jährige auf Nachfrage ein. Mit

MS CELLUS ist klar zum Laden im südostschwedischen Jättersön.

Wassermassen überschütten das Schiff im Nordseesturm.

Seemannschaft und gutem Menschenverstand aber, seinem beruflichen Motto, sei das alles zu erreichen. Über 42 Jahre Erfahrung stecken allerdings dahinter: von Ewern über Kümos bis zu modernsten Mehrzweckfrachtern wie der CELLUS.

Bürokratie mit Schaukelpartie

Was die »drei Eisheiligen«, wie sich das humorige Schiffsführungstrio scherzhaft nennt, allerdings unisono immer wieder beklagen: Heuzutage werde Seefahrt stärker denn je von Bürokratie dominiert. »Sie müssen sich nur mal die Papierstapel ansehen, die wir täglich und zunehmend bewältigen müssen«, schütteln alle den Kopf. »Sicherer, und das sollte doch der Sinn der neuen Vorschriften sein, wird der Betrieb dadurch allerdings nicht«, beklagen die langjährigen Praktiker, »im Gegenteil!« Zu 80 Prozent müsse man sich als Nautiker mit unnötigem Papierkram herumärgern.
Einen schneeweißen 16-Tonnen-Zellulose-Packen nach dem anderen karren die Gabelstapler aus den riesigen Södra-Lagerhallen heran. An den Stahlseilen der beiden Bordkräne schweben Traversen herab. Arbeiter befestigen deren Haken an den Stahlbändern, die das »weiße Gold« Schwedens zusammenhalten. In gut sieben Stunden verschwinden 4.200 Tonnen im durchgehenden Laderaum. Der ist maßgeschneidert und auf See hermetisch abgedichtet zum Schutz der seewasserempfindlichen Ladung. Am folgenden Tag wird sie in Varberg noch durch 1.400 Tonnen einer anderen Sorte komplettiert. Bestimmungsort ist das holländische Terneuzen an der Schelde. »Die insgesamt 2.287 Seemeilen lange Reise dahin durch Skagerrak und Nordsee kann schon mal in eine heftige Schaukelpartie ausarten«, weiß Kapitän Klaus-Dieter Claußen. Der stürmische und verregnete Sommer verspricht leider nichts Besseres.

Radtour und Filtertüten

Während sich die elfköpfige Besatzung, darunter drei Auszubildende, um den reibungslosen Ablauf der Arbeiten kümmert und auf Landgang – »den gibt's nur bei einer Bauernnacht, wenn wir mal spät ankommem«, so Göttsche – verzichten muss wie üblich,

16 Tonnen Zellulose hängen an der Traverse.

strampelt der Passagier los. Mit dem bordeigenen Fahrrad quer durch die fast geruchsfreie hochmoderne Fabrikanlage in den nahen Wald. Blaubeeren- und Pilzesammeln sind eine willkommene Abwechslung. Zum »Chop-Chop«, wie das Essen genannt wird, klettert er wieder an Bord. Sogar mit einem Strauß Heidekraut für den Ersten zum 55. Geburtstag. Heute hat der Kapitän höchstselbst am Herd gestanden, weil der russische Koch Igor aus Kaliningrad sich krank gemeldet hat. Er träumt in seiner Koje von einem kleinen Hotel in Bangkok, für das er spart.

Der samstägliche Linsen-Erbsen-Eintopf gerät zum Gourmet-Mahl. »Captains Dinner eben«, grinst Claußen. Backschaftpflichten erledigen Hendrik von Brauchitsch, Robert Strowig und Knut Klüver mit Bravour. Ihr Abwasch per Hand gelingt ohne Bruch, und die Kombüse glänzt zum Schluss wie nie zuvor. Hoffnungsvoller Beginn einer Karriere vom Moses zum Kapitän. »Die haben heute Chancen wie noch nie«, meint der Erste, der sich mit Humor und Konsequenz auch um die Ausbildung der Jungseeleute kümmert, »aber man muss auch Freude am Beruf haben«. Wie die »Eisheiligen«.

Bei der Nachmittags-Coffee-Time mit Sonntagstorte fragt »der Alte«: »Wussten Sie eigentlich, wo die Kaffeefiltertüten herkommen?« Seine Antwort lässt nicht lange auf sich warten: »Hier aus dem südschwedischen Wald, genauer gesagt aus der Fabrik da drüben. Den Grundstoff dafür schleppen wir hier weg.« Das größte deutsche Unternehmen auf diesem Sektor verbrauche allein 10.000 Tonnen davon pro Jahr, woraus acht Milliarden Filter hergestellt werden. Ähnlich dürfte es, sollte man als Verbraucher nicht vergessen, bei Druckpapier, Zellstofftaschentüchern, Servietten, Tischdecken und nicht zuletzt Toilettenpapier aussehen. Aber saubere Produkte gehören auf ebensolche Schiffe! Wozu die TCF-Flotte samt ihren »Saubermännern« den logistischen Löwenanteil beitragen.

Die Abendsonne vergoldet das Kattegat.

Info

MS Cellus (Forester geb. 1996, Timbus: geb. 2000): Baujahr 1998 · Bauwerft: Peterswerft, Wewelsfleth · Baunummer: 453 · Länge: 99,99 m · Breite: 17 m · Freibordtiefgang: 7,27 m · Tragfähigkeit: 6.389 tdw · Leergewicht: 2.500 Tonnen · Vermessung: 4.230 BRZ · Geschwindigkeit: ca. 15 Knoten · Besatzung: 12 Personen · 1 Ladeluke: 58,10 x 14,00 m · Klassifikation: GL 100 A5 E2 G, eingerichtet für Containertransport (314 TEU, verstärkt für Schwergutladung · Ladegeschirr: 2 elektro-hydraulische Bordkräne mit bis zu 40 t Hebefähigkeit · Maschinenanlage: MaK-Schiffsdieselmotor, Typ: 8M32, 3.840 kW · Hilfsmaschinenanlagen: 1 MAN von 644 kVA, 1 Notstromaggregat Volvo von 290 kVA, 1 Wellengenerator von 982 kVA · 1 Bugstrahlruder von 300 kW · Bunkerkapazität: 330 t · 1 Siemens SW 30-Katalysatoranlage (Gewicht: 4.100 kg) in Wabenbauweise · 1 Edelstahl-Lagertank für Harnsäure: Kapazität 50 t) · LIPS-Verstellpropelleranlage (Durchmesser: 4 m) · Heimathafen: Kollmar · Flagge: Deutschland.

Häfen, die von MS Cellus und Timbus u. a. angelaufen werden: Brake, Jättersön, Karlshamn, Varberg, Terneuzen, Swinemünde mit Fahrten durch den Nord-Ostsee-Kanal. Passagiermitfahrten (in Eigner-Kabine) auf Anfrage. MS Forester verkehrt zwischen Schweden und Mittelmeerhäfen.

Buchung: Reederei Rörd Braren:
Tel.: 04128-9676 oder
www.reedereibraren.de

Tervetuloa – Willkommen in Finnland!

Mit der High-Tech-Fähre in den Natur-Urlaub

Heiß ist es an diesem Sommerabend am Skandinavienkai in Lübeck-Travemünde. Vor der weit geöffneten Heckklappe der neuen blau-weißen Superfähre FINNSTAR wartet eine unübersehbare Ansammlung von Autos und Lkws. Unser Kajak dümpelt auf dem Blechmeer wie ein Rettungsboot.

MS FINNSTAR durchpflügt in voller Fahrt die Ostsee.

Schäreninsel im Gegenlicht vor Helsinki.

Drei Uhr morgens. Die Passagiere träumen in ihren Kabinen schon längst dem Seetag entgegen, als die vier je 10.395 kW starken Diesel anspringen. Vibrationen spürt man nicht.

Auf der Brücke konzentriert sich derweil Kapitän Jukka Tapiovaara auf das Auslaufmanöver. Es ist eng – nach vorn und achtern nur je 30 Meter – auf der Trave für den 219 Meter langen 46.000-Tonner, die größte Ro-Pax-Fähre (Fracht-Passagier-Fähre) der Welt. Ihre 5.400 Quadratmeter Seiten- oder Segelfläche können bei Starkwind zum Problem werden. Aber der smarte, freundlich-gelassene 59-Jährige, der auch gut einen Kreuzfahrt-Kapitän abgegeben hätte, kann auf geballte 42 Jahre seemännische Erfahrung verweisen. Davon zehn Jahre als Staff-Captain auf der schnellen FINNJET und – mit Zwischenspielen auf FINNFELLOW, OLAU FINN und ANTARES – zwölf Jahre als Stammkapitän auf der schon legendären FINNHANSA. Sie und die drei Schwesterschiffe haben ihre Fangemeinde, die sich die drei Neubauten – die neuen Sterne am Ostsee-Fährenhimmel? – noch erobern müssen. Generationswechsel bei Finnlines. »Vergleichen«, so die Leiterin der Lübecker Passage-Abteilung Bärbel Horn, »kann und sollte man die beiden Fährtypen nicht, das sind zwei zu unterschiedliche Produkte.«

Entspannung mit Geschichten

Die Neuen sind nicht nur viel größer und schneller, sondern bieten auch die fünffache Passagierkapazität. Und noch einiges mehr. Zum Beispiel eine Kabinenpalette von zehn bis 38 Quadratmetern Größe, von der schlichten Innenkabine bis zur luxuriösen Außensuite.

Vor uns liegt ein Seetag. Da ist erst mal Ausschlafen angesagt. Begünstigt auch durch den üppigen Brunch von 9 bis 13 Uhr im Restaurant »Mare Balticum«. Weitläufige Decksflächen und eine ausreichende Zahl von Liegestühlen laden zum Sonnenbad. Währenddessen sind Kinder im Spielzimmer gut aufgehoben.

Schwitzen ist am Nachmittag angesagt in einer von zwei geräumigen Saunen (geöffnet von 7 bis 22 Uhr) – getrennt nach Männlein und Weiblein. Dort oder im Whirlpool kommt man locker ins internationale Gespräch: mit Urlaubern, Fernfahrern oder Geschäftsleuten. Zum Abendessen von 18 bis 19.30 Uhr findet man wieder zusammen in fröhlicher Runde.

Und kann dabei so manche erstaunliche und spannende Geschichte hören.
Die Zeit vergeht wie im Flug. Nach flotter 27-stündiger Fahrt (statt bisher 36) mit urlaubseinstimmender Kreuzfahrtatmosphäre über die kajakruhige Ostsee – bei Sturm sorgen Stabilisatoren für ein schaukelfreies Fährvergnügen – Ausschiffung in Helsinki. Ab 2008 nicht mehr in der City, sondern im neuen Hafen Sompassari-Vuosaara zwölf Kilometer östlich der finnischen Hauptstadt.
Ohne deutschen Straßenstress rollen wir »unserem« Ferienhaus mitten im Saimaa-See-Gebiet entgegen. Die Blechlawine verflüchtigt sich Gott sei Dank schon gleich hinter der Stadtgrenze.

Endlich da!

Hügelauf, hügelab, durch dichtes Nadel- und Birkenwaldspalier, windet sich das schwach befahrene Asphaltband. Immer öfter blitzt ein Seestück von insgesamt 188.000 durchs Gehölz. Das älteste Gestein der Welt, der granitene Baltische Schild, und die Eiszeiten standen Pate für diese attraktive Landschaftstrilogie aus Wald, Wasser und Fels.
Um überhaupt zu unserer Hütte – sie soll uns die nächsten zwei Sommerwochen gehören – zu finden, haben wir vom Vermieterbüro eine detaillierte Wegbeschreibung mitbekommen. Letztes Stück: eine kilometerlange Sandpiste, auf der der Wagen ins Schleudern gerät wie im Winter auf eisglattem Untergrund. Die Kajak-Resonanzböden verstärken das markerschütternde Rütteln der Wellblechpiste. Undurchdringliche Staubwolken vernebeln die Sicht nach hinten. Ende der Wüsten-Wald-Strecke. Vor uns auf einer baumbestandenen Insel unsere Blockhütte. Weit und breit kein Nachbarhaus.
Erste »Amtshandlung«: Abladen des Bootes und »Taufe« mit Saima-See-Wasser. »Tervetuloa! »Willkommen!« Die Besitzer-Familie, zu unserem Empfang 100 Kilometer weit angereist, versucht uns dann in bestem Finnisch und wenigen Brocken Englisch mit dem Häuschen vertraut zu machen. Dazu gehören eine separate Schlafhütte, Ruderboot, Sauna, Herd, Kühlschrank und Quelle im Wald. Gas, Holz und sogar Solarkraft sind unsere Energiequellen.
Bis ich deutschsprachige Gebrauchs- und »Verhaltensanweisungen« entdecke. Beide Seiten sind zufrieden, und die Finnen verabschieden sich, unaufhörlich lächelnd, landesüblich mit: »Näkemin!« »Auf Wiedersehen!«

Haus statt Zelt

Wir sind allein in der Wildnis! Ringsum, so Karte und Augenschein, nur die typischen Landschaftselemente. Vor allem viel, viel Wasser. Das ideale Kajakrevier. Früher ging so eine Tour nur per Zelt ab. Heute, »ein bisschen älter geworden«, freuen wir uns auf das gemütliche Haus mit seinem bescheidenen Komfort. Bei Regen in ein nasses Zelt zu kriechen – keine wahre Freude. Nach einem langen Tages-Kajaktörn noch in der »eigenen« Sauna zu schwitzen und anschließend vor dem knisternden Kaminfeuer zu hocken – ein durchaus angenehmes Gefühl. Außerdem ist dies die landestypische Urlaubsform.
Der riesige rund 400 Kilometer lange Saimaa-See bietet so viele Tourenmöglichkeiten – auch mit dem hauseigenen Boot, wenn man kajaklos ist –, die vom jeweiligen Standort aus unternommen werden können. Das Landschaftsbild ändert sich auch nicht entscheidend, so dass wir auf eine Wanderfahrt im klassischen Sinne verzichten können. Kilometerfresserei adé.

Proviant für zwei Wochen wird verladen.

Unser Ferienhaus auf der Insel Lehto-Kuivanen.

Start zu einer Kajak-Tour.

Standortgebunden, doch bootsaktiv

Wir staunen, was man so alles im Umfeld einer Finnenhütte unternehmen kann!
Nach der Morgentoilette – für »das andere« gibt's ein Trockenklo – vom Bootssteg aus, dort liegt auch der Kahn vertäut, gehen wir erst mal auf »Kontrolltour«, die Fischreusen nachsehen. Könnte ja das »Abendbrot« drin sein.
Auf der topografischen Karte (am besten 1:20.000) wird ein Rundkurs abgesteckt, der mit Pausen gut abzupaddeln oder -rudern ist. Mal geht es über den offenen See, so dass das Seayak »Pero« wellenfreudig reagiert; mal durch schmale Felskanäle und an Dutzenden von Inseln vorüber. Deren glattgeschliffene Buckel mit vom Eis ausgeschürften Einlaufbuchten verlocken zum Anlegen. FKK-Baden im klaren See, Sonnen auf durchwärmtem Fels, Blaubeeren- oder Pilzesammeln – oder auch nur ein entspannendes Erholungsschläfchen halten. Die Seele vom Boot aus baumeln lassen, das lässt sich hier trefflich machen.
Zum »Fünfuhrtee«, je nach Lust und Laune, aber ohne Uhr, machen wir wieder am heimischen Steg fest.
Die Sauna soll angeheizt werden (etwa eine Stunde braucht's bis zur Schwitztemperatur zwischen 60 und 75 Grad Celsius); vielleicht muss noch Holz gehackt – das ist zwar vorhanden, die Arbeit macht aber Spaß – oder Wasser neben dem Ofen aufgefüllt werden.

Fröhliche Ferienstimmung auf dem Steg im See.

Tierisches ohne Vorurteile

Zwischenspiel: Das intensive Abendlicht bietet sich Hobbymalern an zum Aquarellieren und Fotografieren. Unsere vier Privatinselchen rings um das Haus sind ideale Standorte dafür. Sie dienen allerlei Vogelarten wie Kanadagänsen – sie lassen sich sogar vom Steg aus füttern – Kranichen, seltenen Enten und Tauchern als Rast- und Ruheplätze.
Übrigens: Gegen das Finnland-Vorurteil Nummer eins »Mücken« kann man sich schützen; die Nummer zwei heißt »Kälte«. In der Schule mal was von »kontinentaler Sommerwärme« gehört? Na also, die hatten wir nämlich schon ein paar Mal mit 32 Grad im Schatten »satt«.
Apropos: An Verpflegung haben wir fast alles im Auto aus Deutschland mitgenommen (in Finnland ist so manches doch teurer, vor allem Alkoholika). Dazu kommt, dass der nächste Laden 22 Kilometer von unserer Hütte entfernt ist. Sinnvoll erweist es sich, schon zu Hause einen Menüplan zu erstellen, so dass wir nicht in »Proviantnot« geraten können. Außerdem wollen wir nicht Auto fahren! Lebensnotwendige Vitamine ergänzen wir gratis während unserer Streiftouren direkt aus der Natur. Angel-Freaks kommen zudem auf ihre fischigen Kosten.

Lange Nächte

Nach der Sauna mit Abkühlungssprüngen in den See ein eiskaltes Helles zum Abendbrot auf der Terrasse mit Naturblick – doppelter Genuss! Vor uns leuchten Wald und See im letzten Abendlicht. Die Tagesabschluss-Kajakfahrt zum Sonnenuntergang muss einfach noch sein. Wir durchschneiden die kilometerlange gleißende Sonnenbahn mitten auf dem stillen Seespiegel. Ein unendliches Gefühl der Ruhe durchströmt uns. Ich habe Hemmungen, dieses Bild durch Paddelschläge zu zerstören. Der hohe, weite Mittsommernachtshimmel glüht in allen Rottönen noch lange nach, während wir nur Wellenkreise hinterlassen.
Tagesausklang bei Spiel, Büchern und Wein. Kerzen und Kamin liefern stimmungsvoll Licht und Wärme. Die Kiefern rauschen uns in einen kuschligen Schlaf.

Info

Daten MS ***Finnstar, Finnmaid, Finnlady:*** Reederei Finnlines, Helsinki (zu 46 % in Händen der italienischen Grimaldi-Gruppe) · Flagge: Finnland · ausgeliefert mit z.T. erheblicher Verspätung (hohe Konventionalstrafen waren dafür fällig) 2006/07 von den Fincantieri-Werften in Ancona und Neapel, Italien · Baukosten: 115 Mio. € · BRZ: 45.923 · Ladung: 9.800 tdw · Schiffsgewicht: 17.000 Tonnen · Displacement (Schiffsgewicht + Ladung): 28.600 Tonnen · Länge: 218,80 Meter · Breite: 30,5 Meter · Tiefgang: 7,1 Meter · Höhe: 49,6 Meter · Maschine: 4 x 10.395 kW Wärtsilä 9L46 · Geschwindigkeit: 25 Knoten · Verbrauch: 160 Tonnen Schweröl pro Reise · Bugstrahlruder: 2 à 2.000 kW · 2 KaMeWa-Bugpropeller · 2 Becker-Aktivruder · Stabilisatoren, höchste finnisch-schwedische Eisklasse: 1 A Super · Lademeter: 4.200 · 1 Hubschrauber-Deck · Passagiere: 500 · Kabinen: 201 Kabinen unterschiedlicher Preisklassen (2-Bett-Außen, 4-Bett-Außen · 3-Bett-Innen, 6 Bett-Innen · rollstuhlgerechte 3-Bett-Außen · 4-Bett-Außen · 4-Bett-Eck-Luxus · 4-Bett-Eck-Suite · 4-Bett-Eck-Deluxe · Ausstattung: Satelliten-TV, Telefon, Fön, gegen Gebühr auch Nutzung des Internets möglich · einige Kabinen können mit der Nachbarkabine verbunden werden) auf drei Decks (7–9) · Ereignisdeck, Büfett und Restaurant, Konferenzräume, Hansa-Lounge, 2 Bars, 2 Saunen, 2 Whirlpools, Sonnendeck, Sailors Shop, Kinderspielecke, Internet-Café.
Mit den drei Schiffen hat Travemünde sieben Jahre nach Abzug der FINNJET wieder eine schnelle Fährverbindung nach Finnland.

Buchung der FINNSTAR und ihrer beiden Schwesterschiffe (tägliche Abfahrten 4 Uhr Bordzeit = +1 Std. – Einschiffung ab 23 Uhr – von Travemünde, 18 Uhr – Einschiffung ab 15 Uhr – von Helsinki · Achtung: Für alle Zeitangaben gilt finnische Zeit, d.h. + 1 Stunde · Fahrtzeit direkt nach Helsinki: 27 Stunden · Vollverpflegung mit alkoholfreien Getränken und Sauna inklusive · Tischreservierung): möglichst lange – ca. ein halbes Jahr – im Voraus sowie Prospektanforderung bei: Finnlines, Tel.: 0451-1507-443; die zehn Jahre alte »Finnhansa« der teureren »Business-Class« verbleibt als einzige von drei weiteren Schwesterschiffen (sie und zwei Nachbauten der FINNSTAR-Klasse fahren im Laufe des Jahres 2007 auf einer neuen Travemünde-Malmö-Route) für Wochenenddienste noch im Finnland-Dienst.
Fax: 0451-1507-444; E-Mail: passage@finnlines.de; Internet: www.finnlines.de

Ferienhäuser: sehr große Auswahl in allen Preislagen mit detaillierter Beschreibung und Fotos für alle Regionen Finnlands z.B. unter: www.tourist-online.de

Abendhimmel nach Sonnenuntergang.

Fahrt durch die Engstelle bei Suomenlinna vor Helsinki.

Kartenmaterial Finnland: über jede Buchhandlung (Topografinen Karta 1:20.000, 1:100.000); Routen-Übersichtskarte 1:800.000 bekommt man mit den Reiseunterlagen zugeschickt.

Lebensmittel: nach eigenen Vorstellungen zusammenstellen und aus Deutschland mitnehmen, auch Getränke. Kühltasche für den Transport von empfindlichen Produkten zu empfehlen. Küchengeräte und Geschirr sind vorhanden. In den finnischen Supermärkten kann man seinen Proviant ergänzen (Obst, Gemüse, Frischmilch, Fleisch etc.). Zur Erleichterung beim Blaubeerenpflücken sollte man dort auch für rund vier Euro das entsprechende Kämmgerät kaufen. Zu empfehlen sind außerdem frisch geräucherte oder gebratene Seiblinge und Maränen auf den lokalen Märkten.

Kleidung: so wenig wie möglich, so viel wie nötig – Jogginganzug, Sweat- und T-Shirts, Turnschuhe, Hausschuhe, Regenzeug. Mit dem warmen Saunawasser lässt sich auch schnell etwas durchwaschen und in der Sauna über Nacht trocknen. Ansonsten kann frau/man hüllenlos herumlaufen, sofern man kann und mag.

Bettwäsche ist mitzubringen, ebenso Körper- und Geschirrtücher.

Kohleanzünder: Mit dem lassen sich Sauna- und Kaminfeuer problemlos entfachen.

Auch sollte man an ***Mückenmittel, Saunakonzentrat, Bücher, Spiele, Kerzen, Bademantel und Badelatschen*** denken. Eine kleine ***Hausapotheke*** ist ratsam.

Keine Angst vor Transportproblemen: In den meisten Autos findet all das ohne Weiteres Platz. Am besten, man legt sich vorher eine Checkliste an, die immer wieder benutzt und ergänzt werden kann.

Deutsch-finnische Flaggenparade im Signalmast.

Arbeitspferd aus der »Traumschiff-Fabrik«

Sommerliche Transatlantik-Reise nach Kanada

Die Papenburger Meyer-Werft, allgemein bekannt als »Traumschiff-Fabrik«, betrat 2005 ein für sie völlig neues Terrain: den Bau von vier Containerfrachtern. Mit dem dritten 16.000-Tonner MS Flottbek ging es von Antwerpen über den Nordatlantik nach Montreal am Sankt-Lorenz-Strom.

MS Flottbek dampft den Sankt Lorenz aufwärts.

»Ist das ein Kreuzfahrer, oder was?«, fragt der Wachmann am Eingang zum Antwerpener Container-Terminal scheinbar erstaunt und ergänzt: »Sind nämlich schon fünf Passagiere an Bord.« Sein Kollege, der meinen Pass kontrolliert, schaut nur kurz auf und meint: »Diese Schiffe müssen ja was Besonderes sein, dass da so viele mitfahren.«
Immerhin bieten sie so viel Raum, dass in zwei Doppel- und vier Einzelkabinen acht Passagiere mitfahren können. Diese relativ hohe Zahl ist ein Novum in der heutigen Frachtschifffahrt. Zeichnet sich da gar ein Trend ab zu mehr Individualität im Seetourismus? Oder haben Meyers hochwertige »Kabinenkreuzer« nur »abgefärbt«?

Gutes Training

Neptun (allerdings mit einem O am Ende) persönlich empfängt im Salon. Freundlich lächelnd bittet mich der philippinische Messesteward: »Please wait here, the captain will come soon!« Mit einem Pott Kaffee und Keksen bin ich nach der langen Anreise erst mal wieder fit. »Peter Miller«, stellt sich der Kapitän schlicht vor, rein äußerlich nicht als solcher erkennbar. So schnell, wie er gekommen ist, ist der Chef von 17 Mann auch schon wieder weg. Das Laden und Löschen hat Priorität. Auch für den Ersten Offizier Karl-Heinz Groß. Der fröhliche Vorpommer nimmt mir eine Tasche ab und steigt die Treppe voran. »Wir haben 14 Decks und keinen Fahrstuhl, aber das ist gut so, weil ein optimales Training«, strahlt er, »dadurch und mit FdH hab' ich schon zehn Kilo abgenommen.« Auf Deck zehn liegen die Passagierkabinen.
Beim Essen – gemeinsam mit Kapitän, Chef-Ingenieur und Erstem Offizier – in der gemütlichen Messe beschnuppern sich die Mitpassagiere: ein französisches und ein kanadisches Ehepaar sowie Fernfahrer a.D. Georg Strauf. Zufall: Er stammt aus dem Nachbarort des Ersten Offiziers. »Na, da gibt's ja Dorfklatsch ohne Ende«, freut der sich, »und meine vier Stunden Wache gehen schneller ›rum‹«.

Passagiere in der Offiziersmesse beim Essen.

Rosamunde Pilcher lässt grüßen

Donnergrollen und kein Durchschlafen. Jede Blechkiste, die geladen wird, poltert in ihre Halterungen. Containerfahrers Nachtmusik. Erst gegen 4.30 Uhr früh ändert sich die Geräuschkulisse, als die 12.640 kW leistende MAN B&W-Hauptmaschine bullernd anspringt. Zur fünften Flottbek-Reise. Das Deckshaus erzittert. Doch bald lullt das gleich-

Sicherheitseinweisung durch den Zweiten Offizier am Freifallrettungsboot.

Lotse geht von Bord.

mäßige Dieselwummern wieder in den Schlaf. »Gewöhnungsbedürftig«, finden die übrigen fünf Passagiere, allesamt Frachtschiffreisen-Neulinge. Sie werden sich auch an die Essenszeiten (7.30, 11.30, 17.30 Uhr) gewöhnen müssen. Wie auch an den täglichen Zeitgewinn westwärts um eine Stunde. Und damit auch um eine Stunde mehr Schlaf.

Dichter Schiffs-Einbahn- und Querverkehr im Englischen Kanal. Das Übliche hier. Weniger üblich: schönstes Sommerwetter. Zwar keine 37 Grad mehr wie in Antwerpen – das war sogar den hitzeerprobten Philippinos zu viel –, aber immerhin noch 25. Weiße Kreideklippen an der englischen Südküste bilden die Kulisse. Kontrastiert von sattem Grün landeinwärts. Hin und wieder ein Herrenhaus oder Schloss im Fernglas. So jedenfalls kennt man die Szenerie aus der Fernsehserie »Rosamunde Pilcher«. 2. Offizier Salvador Damaso, der gerade auf Wache ist, hat keinen Blick dafür. Um so mehr für die verschiedenen Bildschirme im technikgespickten Fahrstand und das nautische Geschehen ringsum. Voraus ziehen nämlich drei schwerfällige Supertanker ihre Bahn. FLOTTBEK muss sich hindurchschlängeln.

Zwischen Salon und Keller

Die spannende Brückensituation wird von 2. Offizier Salvador Damaso unterbrochen. Er lädt zur »Sicherheitsparty« in den Salon. In dem gemütliche Raum neben der Messe, der mit einem DVD-player, Spielen und Büchern bestückt ist, hält der freundliche Philippino uns einen Vortrag auf Englisch: auf welche Signale wir reagieren müssen und was wir alles an Bord dürfen und was nicht. Letzteres ist wenig: zum Beispiel nicht nachts auf dem Ladedeck um das Schiff herumlaufen. Mit seiner sechsköpfigen Herde pilgert er zur Musterstation am Freifall-Rettungsboot und zeigt, wie man richtig einsteigt. Am Schluss unterschreibt jeder das Belehrungspapier. Fertig!

Wer sich für Technik begeistern kann, der liegt bei Chief-Ingenieur Gerhard Wurm richtig. Er ist Herr über viele tausend Pferde, die pro Tag 53 Tonnen Schweröl schlucken. Man trifft ihn am besten zwischen acht und zwölf Uhr im klimatisierten und lärmgeschützten Maschinenkontrollraum vor dem Überwachungscomputer. Dann hat er nämlich Wache und auch etwas Zeit für eine Führung durch sein blitzsauberes Reich. »Das soll auch so bleiben«, sagt er, »solange ich hier Chief bin!«

Glanz mit Seesalz

Wir sind allein in den endlosen Weiten des Nordatlantiks. Außer uns kein weiteres Schiff in Sicht. Der 360-Grad-Horizont wie leergefegt. Die Handys, letzter Landkontakt, verstummen endgültig. Abends fällt der Luftdruck. Vorbote für bewegteres Wetter. »Normal auf der nördlichen Route, auch um diese Jahreszeit«, erklärt Kapitän Miller. Nachts, westlich von Irland und weit südlich von Island, fängt die FLOTTBEK an, sich immer höher aufzubäumen und dann um so heftiger schüttelnd wieder einzutauchen. Gegen Morgen hat sich eine meterhohe schräg von vorn anlaufende See aufgebaut. Gischtwolken fetzen jedes Mal über das ganze Schiff, wenn sein Steven tief in die hohen Wellen knallt. Alles klebt von grobem Seesalz. Einmal über die Reling gewischt, und die Hände sind weiß. Rost ist vorprogrammiert. Aber noch glänzt alles vor frischer Farbe.

Brückenfenster-Blick aufs Vorschiff.

Neben der FLOTTBEK segelt seit mehreren Stunden in elegantem Tiefflug ein einsamer grauer Eissturmvogel. Das Thermometer zeigt nur noch zehn Grad. In der Seekarte sind vor Neufundland und Labrador Gebiete eingezeichnet, in denen Eisberge vorkommen. Man glaubt ihren Hauch schon zu spüren. Ab Mitternacht hat Kapitän Peter Miller verschärften Eisberg-Ausguck angeordnet. Er selbst will die Nacht über auf der Brücke bleiben.

Zwischen Labrador und Neufundland

Schläge wie von einer Riesenfaust seit sechs Uhr morgens. »Es hat aufgebrist«, meint Chief Mate Groß, »aber bald sind wir ja im Loch«. Damit meint er die Zufahrt zum Sankt-Lorenz-Golf. Schräg von vorn laufen mehrere Meter hohe Wellenberge auf die FLOTTBEK zu. Die schüttelt sich nur unwillig, legt sich etwas nach Backbord über und läuft ansonsten ungebremst weiter. Auch wenn Gischtkaskaden am Steven explodieren und die FLOTTBEK verhüllen. »Selbst acht Windstärken so wie jetzt«, ist Kapitän Miller stolz auf sein Schiff, »können den Dampfer nicht aus der Ruhe bringen. Der liegt gut.« Die große Containerfläche wirkt wie ein stabilisierendes Segel.

Bei Belle Isle passiert FLOTTBEK, pünktlich wie berechnet, um neun Uhr die gleichnamige Meeresstraße zwischen Neufundland im Süden und Labrador im Norden. Der westlichste Vorposten Nordamerikas und Kanadas. Schneeflecken sprenkeln die kahle Tundra-Insel mit den steilen Felsklippen. Auf dem höchsten Berg thront einsam ein Leuchtturm. In einigen Buchten sind Eisberge gestrandet. Buckelwale und ganze Rudel schwarz-weißer Orcas blasen Fontänen in die Luft. Spielerisch katapultieren sie sich in die Luft, klatschen zurück ins Wasser, winken mit Fluken, den Schwanzflossen. Wie zu unserer Begrüßung. Schwarz-weiß gefiederte Basstölpel bilden den Begleitschutz. Ein sonniger Bilderbuch-Sonntag in der sommerlichen Arktis. Ihr zarter Grünschleier tut den Augen gut. Whale-Watching gibt es gratis dazu.

Fluss-Kühe und Eisbrecher

Allmählich wandelt sich die Wasserfarbe: von Atlantik-Türkis in Fluss-Grün. Berge und Wälder rü-

Das Binnendelta des Sankt-Lorenz-Stroms in der Seekarte.

Teure Villen am Stromufer.

cken immer näher und säumen den spiegelglatten Sankt-Lorenz-Strom. Seine felsigen Ufer sind nur dünn besiedelt. Das Schiff liegt so ruhig, dass man meint, schon an der Pier zu sein, wäre da nicht das monotone Wummern des Diesels. Auch der Strom schiebt mit. MS Flottbek jagt mit 20 Knoten dahin. Locker hängt der Frachter das erste Schiff ab. Auch der Lotse ist mit dem Neubau aus Deutschland hochzufrieden: »Kanadische Schiffe sind im Schnitt 30 Jahre alt.«

Um Mitternacht wird die moderne wie historische Hauptstadt Quebec passiert. Ihre Lichterflut spiegelt sich eitel im Strom. Kontrastprogramm auch am nächsten Morgen: weiße (Fluss-)Kühe neben der Fahrrinne im Wasser. »Das glaubt dir keiner«, lacht Chief Mate Groß, »dass die sich bei 28 Grad abkühlen müssen.« Im Winter herrsche hier knackiger Frost mit bis zu minus 35 Grad, wirft der Lotse ein. Nach zweieinhalb Tagen aussichtsreicher Sankt-Lorenz-Fahrt macht die Flottbek am Terminal in Montreal fest. Ende der Reise. Neue Passagiere warten schon auf die nächste Überfahrt

Begegnung mit einem Laker auf dem Strom.

Indian Summer in Montreal.

Letzte Schneereste am Sankt Lorenz.

Eisbrecher in Quebec.

Begegnung mit dem Kreuzfahrer AMSTERDAM.

Sonnenbad auf dem Achterdeck.

nach Europa. Mein Flieger nach Berlin bringt das in nur acht Stunden. So viel wie MS FLOTTBEK für die rund 2.900 Seemeilen in Tagen braucht. Aber stressfreier und erholsamer.
»Tschüß und au revoir, flotte, junge Schiffsdame FLOTTBEK!«

Info

MS FLOTTBEK:
Schiffstyp: Vollcontainerschiff (im mittleren Bereich »Open top«) · Klasse: GL + 100 A5E4 Container Ship-NAV-0 BWMF + MC E4 AUT; Containerstellplätze: 1.600 TEU · Kühlcontaineranschlüsse: 312 · gesonderte Laderäume für Gefahrgut · Vermessung: 16.324 BRZ · Tragfähigkeit: 15.952 tdw · Länge über alles: 169,00 m · Breite auf Spanten: 27,20 m · Tiefgang (max.): 9 m · Gesamthöhe: 47,20 m · Hauptmaschine: Zweitakt-MAN B & W-Diesel, 12.640 kW · Dienstgeschwindigkeit: 19 Knoten · Treibstoffverbrauch (Schweröl): 53 t/Tag · Stromerzeugung: 1.800 kW-Wellengenerator · Manövrierhilfen: Bugstrahlruder (950 kW), Heckstrahler (650 kW), Verstellpropeller (Durchmesser: 5,70 m) · Eisklasse: Finnish/Swedish Ice Class 1A-Super · Anzahl Decks: 14 · Besatzung: 18 · Passagiere: 8 (zwei Doppel, vier Einzelkabinen mit Du/WC) · Bauwerft: Jos. L. Meyer · Bau-Nummer: 673 · Baukosten: 34 Mio. € · Ablieferung: 4. Mai 2005 · Flagge: Deutschland · Registerhafen: Hamburg · IMO-Nummer: 9313216 · Schwesterschiffe: EILBEK (jetzt: Cast PROSPERITY), REINBEK (jetzt: Cast PRESTIGE), BARMBEK · Eigner: MS FLOTTBEK GmbH & Co KG/Hansa Hamburg Shipping · Wappen-Reederei GmbH & Co KG (technische Betreuung), Knöhr & Burchard (kaufmännisches Management), Leonhard & Blumberg (Befrachtung) · Charterer: PC Ships Ltd., Kanada · Baupreis: 34 Mio. €

Buchung:
Internationale Frachtschiffreisen, Dipl.-Kfm. Werner Pfeiffer, Friedrich-Storck-Weg 18a, 42107 Wuppertal · Tel.: 0202-452379 Fax: 0202-453909 · mail@frachtschiffreisen-pfeiffer.de
Fachagentur für Frachtschiffreisen, Kapitän Helmut Hoffmann, Seestraße 40, 23677 Scharbeutz · Tel.: 04503-73675 · Fax: 04503-74437
Frachtschiff-Touristik Kapitän Zylmann GmbH, Exhöft 12, 24404 Maasholm · Tel.: 04642-96550 · www.zylmann.de

Preis (Basisrate: 95 € Tag/Person) für die 21-Tage-Rundreise (Antwerpen-Montreal-Liverpool-Antwerpen): 2.235 €, inklusive Versicherungen · Einwegpassagen (1.088 €) auch möglich · Gratis-Mitnahme von Fahr- und Motorrädern · Pkw-Verladung in Container (ca. 500 €);
Die Anreise Deutschland – Antwerpen (nur Bahn oder Flug/Bahn) sowie der Transfer zum Containerhafen per Taxi (50 €) ist nicht im Passagepreis enthalten.;
Musik-CDs und Kassetten können in der Kabine abgespielt werden, Film-DVDs nur im Salon · Kühlschrank für Getränke vorhanden · Kantinenware preiswert: z. B. 1 Karton Becks-Bier à 24 Fl. 9 €, 200 Zigaretten (Marlboro Red/Light) 11 €, 1 l Ballantines-Whisky 8,50 €, 1 l Smirnoff-Wodka 5,50 €, 1 Karton à 24 Dosen Cola/Sprite 7 €, 200 g Erdnüsse 1,50 €, 1 Fl. Weißwein 2 €. Mineralwasser ist gratis. Zum Abtrainieren überflüssiger Pfunde gibt es auf Deck 4 einen Rad-Hometrainer sowie eine Ein-Mann-Mini-Sauna.

Columbus lässt grüßen ...

Karibisch-mittelamerikanisches El Dorado

In den Häfen rund um das »Amerikanische Mittelmeer« geht es noch gemächlich zu. Da hat man manchmal schon einen ganzen Tag Zeit, um sich im Küstenhinterland umzuschauen. Mit Kapitäns- und Agentenhilfe auf eigene Faust, per Taxi, Mietwagen oder Bus.

Hafen des Silbers

Staubig der beschwerliche Landgang »down town«. Slalomweg durch röhrende Container-Trucks und wild gewordene Moped-Taxis. Doch die sozialen Einblicke in offene Wellblechhütten und Höfe entschädigen allemal. Inmitten von ärmlichstem Karton- und Kisten-»Mobiliar«, häufig mit weißen Deckchen verziert, spielende Kinder, herumtollende Haustiere, stillende Mütter, kochende Omas

Karibik-Frachter in Santa Marta, Kolumbien.

In einer typischen Hafenkneipe.

Blaue Abgaswolken aus Kraftwerksschloten deckeln am nächsten Tag die von steilen Bergflanken gesäumte Bahia Puerto Plata an der Nordküste der Dominikanischen Republik. Voraus im Dunst ein kleiner Punkt, der auch beim Näherkommen nicht wesentlich größer wird. Der offene Schrottkahn entpuppt sich als Lotsenboot, erkennbar an seiner zerfetzten weiß-roten Flagge. Plötzlich verstummt das schwachbrüstige Tuckergeräusch. Die Nussschale treibt vorbei – genau auf einen Ankerlieger zu. Verzweifelt reißt einer der drei Männer am Anlasser des Motors. Nichts. Wir halten den Atem an. Sucht sich seinen Weg erst mal allein, in Schleichfahrt. Beiderseits der Fahrrinne bricht sich die hohe Dünung an Wracks und Felsen. Auf der Festung an der Hafeneinfahrt ein paar Zuschauer. Doch bevor es richtig gefährlich wird, keucht stotternd das Boot heran. Fast im letzten Augenblick entert der Lotse in blütenweißem Hemd unseren Dampfer, der ohne Schlepperhilfe elegant auf dem Teller dreht und neben einer heruntergekommenen Frachthalle festmacht.

Begegnung mit großem Kreuzfahrtschiff vor Puerto Rico.

und rauchende Opas, die in die Sonne blinzeln. Die Fremden werden mit einem freundlichen »Hola!« begrüßt und neugierig nach dem Woher und Wohin befragt. Szenen, wie man sie kaum in den touristischen Hochburgen an der Südküste findet. Die an jeder Ecke lungernden Gestalten hingegen wirken nicht gerade vertrauenerweckend. Was dann noch bleibt, sind Beobachtungen aus sicherer Distanz. Den »Hafen des Silbers« könnte man sich anders vorstellen.

Aus der Bananenstaude in den Cadillac

Kontrastprogramm in San Juan auf Puerto Rico, beinahe schon USA, aber immer noch Lateinamerika. Doch neben Fast-Food-Buden, Spielkasinos und Kettenhotels bleibt genügend Raum für karibisches Flair. Das böse Wort von den Puertoricanern, die »aus der Bananenstaude direkt in den Cadillac geschüttet wurden«, gilt schon längst nicht mehr. Sie profitieren von Zollvergünstigungen und Subventionen des großen Bruders im Norden. Viejo San Juan, die denkmalgeschützte Altstadt auf einer schmalen Landzunge zwischen Atlantik und weiter Hafenbucht, präsentiert sich vorbildlich restauriert. Tausende von Kreuzfahrern pilgern durch die engen, steilen Gassen und bewundern spanische Kolonialbauten. Futuristisch-überdimensioniert dagegen Schornsteine und Aufbauten der Riesen-Kreuzfahrer, die zwischen den Dächern hervorlugen. Geradezu zierlich-klein mutet dagegen unser 12.000-Tonner an. »Aber, Ihr wisst doch: Small is beautiful«, meint der Kapitän grinsend.

Ruhe vor den Massen findet man bei einem Spaziergang: direkt vom Liegeplatz auf der südwestlichen Uferpromenade entlang dem komplett erhaltenen Befestigungsring La Muralla bis zum Castillo del Morro, dem spektakulären Wahrzeichen an der Hafeneinfahrt. Eine »kurze Geschichte« der lokalen Tourismus-Information liest sich so: »Die erste europäische Siedlung des Gebiets, Gerufen Caparra und Westen hat Stadt von San Juan, in 1508 unter der Richtung von Ponce de León des anwesend-Tags

Idyllisches Plätzchen unter Palmen am Grand-Anse-Strand.

gefunden wurde begonnen«. Alles klar? Später, von der Reling aus, lassen wir Vergangenheit und Gegenwart noch einmal Revue passieren und genießen das an Steuerbord dahingleitende Lichtermeer der Millionenstadt – bis nur noch das »Kreuz des Südens« über uns funkelt.

Steel-Band-Klänge

Gewürz ist Leben – so jedenfalls auf Grenada. Ein grüner Bergklotz, der hinter dem Horizont aus den türkisfarbenen Fluten vor dem Steven auftaucht.

Nach dem Blick in den Reiseführer – Informationen optimieren das Erleben – wissen wir mehr: Grenada, durch einen Vulkan aufgeworfen, ist die einzige Gewürzinsel auf der westlichen Halbkugel und produziert ein Viertel des Weltbedarfs an Muskatnüssen. Also los auf eine Gewürzplantage – die muss man einfach gesehen haben!

Natur pur im Regenwald rund um den kristallklaren Kratersee Grand Etang. Seine scheinbar grundlose Tiefe ist bislang unerforscht.

Von 600 Metern durch Bananen- und Kakaoplantagen auf Höhe Null: Badepause unter Palmen am kilometerlangen goldfarbenen Grand-Anse-Strand.

Steel-Band-Trommeln in der Nacht. Ihre Klänge begleiten das Schiff beim Auslaufen aus der quirligen Inselhauptstadt St. George's.

Der Thomas-Mann-Kalenderspruch in der Messe für den kommenden Seetag passt: »Das Meer ist keine Landschaft, es ist das Erlebnis der Ewigkeit.«

Staunender Columbus

Schlammig-braun lässt südlich von Trinidad der Orinoco grüßen. Zur Frühstückszeit, Meilen vor der Mündung. Aber der Flussgigant denkt nicht daran, sich mit dem tintenblauen Atlantik zu vermischen.

Der erste Weiße, der die Orinoco-Fluten weit draußen vor der Küste sichtete, war kein geringerer als Christoph Kolumbus: »Noch nie habe ich von so viel Süßwasser mitten in einem Salzmeer gelesen oder gehört.« Sein Sohn Ferdinand schrieb über den Zusammenprall von Orinoco und Atlantik: »Der Lärm der Wellen lässt glauben, die Wasser kämpften gegeneinander ... Berge von Wellen von der Größe unserer zwei Schiffe ließen uns um deren Sicherheit fürchten.«

Voraus ein sattgrüner Saum: Venezuelas Nordost-Küste. Wie zur Begrüßung schnellen Süßwasser-Delfine aus den braunen Fluten. Wir dampfen dem Höhepunkt der Reise entgegen.

Erzfrachter, am Rande des Fahrrinnenschlauchs auf Ladung wartend, künden von reichen Bodenschätzen, zur Zeit des großen Goldrausches »El Dorado« genannt. Der warme Morgenregen und 28 Grad Lufttemperatur sind untrügliche Indizien für den nahen tropischen Regenwald. Exotisch-würzig die Düfte, die in Fahnen herüberwehen. Durch den südlichen Deltaarm fädelt sich unser Containerfrachter ins Landesinnere, immer am Ariadne-Faden der Fahrwassertonnen entlang.

Neues Spiel, neues Glück

Nach allen Seiten offene Fischerhütten mit Palmwedeldächern auf wackligen Stelzen – »fully airconditioned« bemerkt ein philippinischer Matrose grinsend – kleben am lehmigen Ufer. Inseln von Wasserhyazinthen trudeln dem Schiff entgegen und werden von dessem scharfen Steven durchschnitten. Treibende Baumstämme müssen, wenn es der gewundene Fluss-Kurs erlaubt, respektvoll ausmanövriert werden. Die Schraube könnte eine Berührung übelnehmen.
Plötzlich dünne Schreie vom Wasser her. Indios in schlanken Einbäumen stochern verbissen mit unserem Frachter um die Wette oder brettern mit Motorbooten nebenher. Sie wissen warum. Vom Mannschaftsdeck fliegen Plastiktüten, die gleich aufgefischt werden, ins Kielwasser. »Alte Kleidung und Essensreste«, klärt mich ein Matrose auf. Schreie und Paddelei haben sich für die Regenwald-Bewohner gelohnt. Anscheinend kennen sie den Fahrplan. Mit jedem Schiff heißt es: neues »Spiel«, neues Glück für Dutzende von Familien am Unterlauf des Orinoco. Selbst Kleinkinder sind mit von der wacklig-feuchten Jagdpartie nach Wohlstandsresten aus einer anderen Welt.
»Eindrucksvoller als die Amazonas-Fahrt ist die auf dem Orinoco allemal!«, meint der Erste Offizier. Nicht Kilometer trennen hier von Einblicken in tropischen Wald und Indiohütten, sondern manchmal nur fünfzig bis hundert Meter. Selbst ein paar Machete-bewaffnete Indio-Jäger können wir mit bloßem Auge am Ufer ausmachen.
Kurz vor Mitternacht legt der Kapitän, nach 360 Kilometern kurvenreicher »Bergfahrt« flussaufwärts, den Maschinentelegrafen auf »Stopp«. Das Festmachen an der haushohen Pier, an der sonst nur riesige Massengutfrachter liegen, gerät zum nautischen Problem. Wir liegen im Hafen Puerto Ordaz. Gut bewacht von venezolanischen Soldaten. Und untermalt von stilechten Reggae-Klängen aus den Hütten am anderen Flussufer.

Fahrt den Orinoco aufwärts.

Wucherndes El Dorado

Kontraststarke Ausblicke am nächsten Morgen: rechts auf eine düstere Industriekulisse mit rostroten Eisenerzhalden und endlos ratternden Förderbändern, rechts über den Fluss auf ein von tropischem Regenwald umzingeltes »Manhattan«. Jung ist Ciudad Guayana, eine Gründung der Orinoco Mining Company. Wo vor 50 Jahren nur Urwald wucherte, leben heute schon fast eine Million Menschen von der Arbeit in gigantischen Aluminium-, Eisen- und Stahlkochereien – Symbole des modernen El Dorado. Gold wird nur noch in geringen Mengen gefördert, an der Küste dafür »schwarzes Gold«: Erdöl. Umweltfreundliche Energie – 40 Prozent des venezolanischen Gesamtbedarfs – liefert der stadtnahe Stausee, so groß wie die Niederlande.
In der Nacht drückt ein Schlepper unseren Frachter wieder ins träge dahinströmende Fahrwasser.
Am nächsten Morgen tastet sich das Motorschiff an der Peripherie des Deltas entlang, das sich jährlich um 45 Meter in den Atlantik vorschiebt. In 100 Jahren hat der Orinoco Venezuela um 900 Quadratkilometer bereichert, immerhin die Größe Berlins. Superlative kennzeichnen den Orinoco-Lauf, zweitgrößtes Flusssystem Südamerikas mit 2.140 Kilometer Länge und 200 großen Nebenflüssen. Jährlicher Abfluss in den Atlantik: eine Billion Kubikmeter. Das sind 32.000 pro Sekunde und der sechste Teil der Amazonas-Wassermenge.

»Bon bini!« im Passat

So der Willkommensgruß des Arubaners im Papiamento-Dialekt. Beim morgendlichen Anlegemanöver im Hafen von Oranjestad pustet der Passat so heftig von der »verkehrten« Seite, dass

ein Schlepper das Schiff an die Pier drücken muss.
Doch neben ihren Duty-free-Schnäppchen und der Großraffinerie bietet das 190-Quadratmeter-Eiland noch einiges mehr. Verlockend die Schnorchelgründe vor De Palm Island.
Oder wie wär's mit einer Inselrundfahrt? Vorbei an Kolonialbauten und dem farbenfrohen Schonermarkt, zu der brandungsumtosten Nordküste. Sogar Kultur – kaum zu glauben! – gibt's im Dörfchen Noord: in der Kirche Santa Ana ein Schnitzaltar des holländischen Meisters Van Geld aus dem 17. Jahrhundert und eine ehemalige Goldmine.

Schnorchelvergnügen auf Aruba.

Karibische Dschungelküste von Costa Rica.

Geruhsame Schaukelei mit Kurs West. Uhr eine Stunde zurück – und ausschlafen.

Zwischen Pazifik und Meseta

Über den schmalen weißen Strandsaum erhebt sich unerreichbar der schneebedeckte Anden-Gipfel des 5.775 Meter hohen Pico Cristobal Colón südlich von Santa Marta. Bei seinem kühlen Anblick überkommt einen das wohlige Gefühl zu wissen, dass das nasskalte Deutschland weit, weit weg ist.
Zwanzig Seemeilen südlich liegt die nördliche Einfahrt zum Panama-Kanal. Panama bleibt an Backbord. Bis sich aus der gischtgetränkten Morgenluft unscharf kleine Palmeninselchen zu erkennen geben: die San-Blas-Inseln.
»Costa Rica«, so die eidgenössische Einwanderin und lokale Touristikchefin Ursula, die wir am nächsten Tag zufällig auf der Pier treffen, »ist nicht viel größer als die Schweiz.« Seit 20 Jahren lebt sie mit ihrem Mann, einem Tropenfisch-Biologen, im Land. Klar, dass sie sich wie keine andere auskennt. Vor der zweistündigen Taxifahrt vom Bananenhafen Puerto Limon hält uns Ursula eine geografische Kurzlektion: »Wir liegen auf der Landbrücke zwischen den sanften Sandstränden an der Karibik und der schroffen, reich gegliederten Küste am Pazifik. Vom Vulkan Irazú aus kann man beide Meere sehen.«

Dschungel und Mayas

»Für 50 € inklusive Taxi bekommt man«, so Ursula, »das ganz große Abenteuer.« Wir erliegen dieser Verlockung. Also hinein in den Braulio-Carillo-Nationalpark!
An Gondeln einer 2,6 Kilometer langen Seilbahn schwebt der vorher im Parkcenter per Videovorführung sensibilisierte Besucher in bis zu 27 Metern Höhe durch das Baumkronen-Dach des Dschungels. Als das luftige Gefährt stoppt und Stille einkehrt, vernimmt man die vielfältigen Stimmen der Natur hautnah. Eine Biologin erklärt sie fachkundig. Erinnerung an ein Wort des großen Naturforschers Alexander von Humboldt: »Tief im Regenwald umringte uns die stille Wachsamkeit von tausend Lebewesen und wir fühlten uns eins mit der Erde.«

Wer ein bisschen historische Fantasie hat, kann sich vorstellen, im guatemaltekischen Hafen Santo Tomas de Castilla blutgetränkten Boden zu betreten. Im Zuge der spanischen Kolonialisierung zwischen 1524 und 1650 starben sechs von sieben Mayas durch Kämpfe und Zivilisationskrankheiten. Die Erben der einst mächtigen Mayazivilisation ergaben sich fast kampflos. Wer von ihnen die Massaker überlebte, wurde zum Sklaven gepresst. Dennoch: Als einziger zentralamerikanischer Staat kann Guatemala heute auf eine neunzigprozentige indianische Mehrheit stolz sein. Staunend stehen wir nach ein paar Stunden

Bananen- und Ananas-Trucks auf der Pier.

Truckschild (oben).

Mietwagenfahrt vor den archäologischen Stätten, die heute Weltgeltung haben.

An der Reggae-Wiege

Bananenplantagen amerikanischer Frucht-Konzerne indes beherrschen heute das Land. Wie das »grüne Gold« aussortiert, gewaschen, verpackt und in Kühlcontainer-Trucks, die als schier endloser Konvoi zur Küste donnern, verschwindet, wird eindrucksvoll demonstriert. Dritte-Welt-Wirtschaft life.

36 Kilometer dieseldröhnende Fahrt mit einem alten deutschen Schlepper über den Lago Izabal mit Bergkulisse und durch steilwandige, grünüberwucherte, windungsreiche Kalksteinschluchten. Mit Einblicken in das karge Hüttenleben der Indios. Die Männer fischen von ihren Einbäumen aus mit weißen Reihern um die Wette.

An der Mündung Livingston. Ein verschlafenes Nest und Enklave von Schwarzen aus der Karibik. Die Wiege des Reggae stand hier. Noch heute erzittert die Luft von seinen fetzigen Rhythmen.

An der Küste von Yukatan.

Millionen-Schätze

Quasi am »Wegesrand«, rund 90 Seemeilen vor der Küste Nicaraguas, taucht die kolumbianische Koralleninsel San Andres aus den blauen Fluten auf. Das wäre Badespaß an blendendweißem Strand gewesen, doch unser Frachter stampft unverdrossen vorbei. Noch im 17. Jahrhundert versteckte sich hier der berüchtigte »Ober«-Pirat Henry Morgan samt seiner angeblichen Millionen-Schätze. Mayas und kein Ende. Eine Million lebten zwischen 250 und 900 dort, wo heute der kleine Staat Belize, das ehemalige Britisch Honduras, liegt. Im Dschungel haben sie ihre steinernen Spuren hinterlassen: so das Handels- und Zeremonienzentrum Altun Ha 50 Kilometer nördlich des malerischen Belize City. Die Fahrt dorthin über staubige Buschpisten, durch Mangrovesümpfe sowie Feucht- und Trockenwald ist etwas abenteuerlich. Doch die am besten restaurierte Kultstätte lohnt diese Schüttel-Strapaze. Was wir am Morgen sichten, ist die Küste der mexikanischen Halbinsel Yukatan.

Yukatan-Entspannung

Genau wie die ersten Europäer auf dieser Position in der Nähe des Hafens Cancun im 16. Jahrhundert. Zuvor nochmals »Kulturarbeit«: Abtauchen in die grandiose, auf den Gebieten Religion, Architektur, Mathematik und Astronomie hochentwickelte Maya-Welt der Festungsstadt Tulum hoch über dem Meer. Kaum zu glauben, aber 3.000 Jahre alt.

Entspanntes Baden an einer weiten palmengesäumten Bucht mit weißem Sandstrand und türkisfarbenem Wasser. Zum Mittag wird landestypisch gegrillter Fisch serviert. Open air natürlich. Nach dem Mahl ist gut Ruhen in einer Hängematte unter Palmen. Realität gewordene Traumbilder. Unser Containerfrachter nimmt wieder Kurs auf Florida. Sonnenuntergang über der Küste – mit einem Tequila-Sundowner in der Hand.

Info

Eine Reihe von Containerfrachtern bedienen als Zubringer die kleinen Häfen in der Karibik und am Golf von Mexiko. Buchen kann man solche Reisen bei den Agenturen:

Internationale Frachtschiffreisen, Dipl.-Kfm. Werner Pfeiffer, Friedrich-Storck-Weg 18a, 42107 Wuppertal; Tel.: 0202-452379; Fax: 0202-453909; mail@frachtschiffreisen-pfeiffer.de

Fachagentur für Frachtschiffreisen, Kapitän Helmut Hoffmann, Seestraße 40, 23677 Scharbeutz; Tel.: 04503-73675; Fax: 04503-74437

Frachtschiff-Touristik Kapitän Zylmann GmbH, Exhöft 12, 24404 Maasholm; Tel.: 04642-96550; www.zylmann.de

Internaves Frachtschiffreisen, Christina Horn, Lichtentaler Str. 14, 76530 Baden-Baden; Tel.: 07221-393837; Fax: 07221-393836; internaves@t-online.de

Horn-Linie, Sabine Güttel, Süderstraße 75, 20097 Hamburg; Tel.: 040-23677-111; Fax: 040-23677-265; sguettel@hornlinie.com

Deutsches Container-Feederschiff läuft in die Bucht von Nassau ein.

Bahamas per Kajak

Nasser Landgang durch die »grüne Hölle« des Insel-Paradieses

»Hallo! Seid ihr fit für unseren Törn?«, begrüßt uns Erika Moultrie, die zierlich-sportliche Chefin von »Kayak Nature Tours«, und schiebt lässig ihren Tropenhelm ins Genick.

»Woher ich meine Deutsch-Kenntnisse habe? Ich stamme aus Oberhausen im Ruhrgebiet und lebe schon seit zwanzig Jahren hier«, lüftet sie ihr »Geheimnis« gegenüber den drei Containerfrachterpassagieren. Sie wollen nicht in erster Linie baden gehen, sondern abtauchen im Busch der Bahamas.
»Na, dann nichts wie los!«, gibt die jugendliche Mittfünfzigerin locker das Signal zum Aufbruch und schwingt sich hinter das Lenkrad des Kleinbusses mit Anhänger. Auf dem sind Kajaks festgezurrt für unsere Mini-Kreuzfahrt durch die »grüne Hölle« von Grand Bahamas.
Skeptische Blicke und Fragen, ob denn die Kunststoff-Boote nicht zu »kippelig« seien, spielt sie lächelnd herunter: »Damit sind schon ganz andere hier gepaddelt. Also schafft auch ihr das mit Leichtigkeit.«

Sanfter Tourismus

Während unser Frachter einen Tag in Freeport pausiert, brechen wir – nachdem wir schon zu Haus das Internet durchforstet haben – auf in die Wildnis von Grand Bahama. Mit der Absicht, das sanfte »andere Gesicht« der Inselgruppe zu erkunden und damit den Klischees von dominierenden Großhotels, Spielcasinos und Kreuzfahrerflotten mit ihren Menschenansammlungen Paroli zu bieten.
Auf der verkehrsarmen Piste des »Grand Bahama Highways« rollt unser »Kajak-Express« von Freeport, der Inselhauptstadt, über ein engmaschiges Netz von Kanälen und nach kurzer Zeit durch dichten Kiefernwald. »Fast wie in Brandenburg, nur viel wärmer«, staunt Tom, und Erika weiß dazu Erstaunliches zu

berichten: »Unser Pflanzenwuchs ist tropisch mit westindischen und nordamerikanischen Elementen. Aber, was ihr euch bis eben nicht vorstellen konntet, wir haben auch einen ganz ordentlichen Waldbestand: Mahagoni, Eisenholz, Ebenholz, Farbhölzer, Palmen und jede Menge Kiefern, die auf dem Kalk-Sandboden hier gut gedeihen. Sogar exportiert wird das Holz.«
Die engagierte Naturschützerin hält uns während der 35-Kilometer-Fahrt außerdem einen kleinen Vortrag über ihre Wahlheimat: »Die besteht aus über 700 großen und 2.000 kleinen Inseln, den Cays. Verteilt sind sie auf einer Wasserfläche von 260.000 Quadratkilometern im Atlantik. Damit ist das Gebiet größer als die Landmasse vom ehemaligen Mutterland Großbritannien. Für eine große Zahl von Pflanzen- und Tierarten sind die Bahamas so etwas wie eine letzte Zuflucht. Als erster Staat in der karibischen Region haben wir uns daher den Schutz und die Erhaltung der Natur auf die Fahnen geschrieben.« Als Verfechterin eines sanften Tourismus hat sie an der Ausarbeitung der »National Ecotourism Strategy« mitgewirkt: »Wir begreifen Ökotourismus als eine umweltverträgliche Form des Reisens. Dadurch soll das natürliche, historische und kulturelle Erbe erhalten sowie ein entsprechendes Bewusstsein und Verhalten gefördert werden.«

Ungewollte Duschen

»Natur pur« heißt denn auch unsere Devise. Erika biegt vom Highway ab und lenkt unser Gefährt auf schmaler Spur durch den Busch – bis wir auf einen klaren Wasserlauf stoßen. »Endstation! Nun seid ihr dran, Kajak-Freunde!« Erika rangiert den Anhänger rückwärts auf den schmalen Strand. Im Nu sind die Boote zu Bach. »Paddelfieber« bricht aus: noch chaotisch-unkoordiniert die Armbewegungen mit ungewollten »Duschen« von allen Seiten. Ben, Erikas einheimischer Assistent, bringt mit ruhigen Anweisungen alles ins Lot und uns auf Kurs. Unter seiner sachkundigen Führung gleitet die Zweier-Kajak-Kolonne flussaufwärts. Undurchdringlich der sattgrüne Saum des »Flusses«, der sich als Gezeitenkanal entpuppt. Das Wasser mit zwei Meter Sichttiefe bis auf den Grund strömt uns voll entgegen: Ebbe. »Macht euch keine Sorgen deswegen«, ruft Ben herüber, »wir haben genügend Zeit für die paar Meilen!« Plötzlich sind Tom und er wie von der Bildfläche verschwunden, aber ebenso schnell hinter einer Biegung zwischen armdicken Mangrovenwurzeln wieder aufgetaucht. Die Fahrrinne verengt sich auf Bootsbreite. Steuerblatt und Zwei-Meter-Paddel verheddern sich hoffnungslos im Geäst. Da hilft nur eins: Ruder hochklappen und Paddel auseinandernehmen. Jetzt heißt es nach Kanufahrerart: eng am Boot ins Wasser »stechen«.
Das Naturtunnel-Dickicht schluckt Sonne und Himmel. Schweißgebadet geben wir auf. Voran kann es nur noch per Hand gehen. Meter um Meter ziehen wir uns an den glitschigen Stelzwurzeln vorwärts. Ein Schrei zerreißt die Stille, und Julia schleudert einen dreißig Zentimeter langen gebogenen Mangrove-Keimling angeekelt weit von sich: »Ich hab den tatsächlich für eine Schlange gehalten«, entschuldigt sich Julia etwas kleinlaut, und Ben lacht: »Keine Angst, Leute, hier gibt's weder giftige Schlangen noch andere gefährliche Tiere!« Stattdessen zeigt er uns eine rote Krabbe, die auf seinem schwarzen Arm herumturnt.

Die Kajaks werden vom Trailer ins Wasser gelassen und Probe gesessen.

Durch enge Mangroven-Tunnel geht es nur mühsam voran.

Seh- und Hörpausen

Schlagartig weitet sich der enge Wasserschlauch zu einem kleinen See, blauer Himmel und strahlende Sonne begrüßen uns wieder. Pause. Die paddelungewohnten Arme baumeln schlaff herab, die Hände zum »Abkühlen« im Tümpel. Zur Stärkung ge-

nügt ein Schluck aus der Wasserflasche. Über uns kreisen in großer Höhe Gänsekopfgeier, aber noch sind wir nicht »reif« für sie. Unter uns Schwärme von bunten Fischen, die ein jagender Barrakuda hin und wieder in die Luft schnellen lässt. Papageien krächzen aus dem Dickicht und ein Waschbär pirscht durchs Unterholz. Immer wieder legen wir daher Seh- und Hörpausen ein, um der Natur auf die Schliche zu kommen. Das Landschaftsbild wandelt sich abrupt: Dornengestrüpp und hohes Gras suggerieren »Steppe«.
An einem wackeligen Holzsteg erwartet uns Erika: »Boote anbinden und fertigmachen zur Wanderung«, verkündet sie den nächsten Programmpunkt. Auf einem Knüppeldamm wanken wir an die Küste. Durch den Casuarinen-Wald schimmert türkis der Atlantik. Kilometerlang der feinsandige Strand. Nichts erinnert an Tourismus, und Erika erklärt auf unsere verwunderte Frage: »Hier im Lucayan-Nationalpark steht auf fast hundert Kilometern kein einziges Hotel. Das ist in den zwölf Nationalparks mit 100.000 Hektar Land- und Wasserfläche verboten.«

Picknick am Strand und Badevergnügen. Ein paar einheimische Frauen reiben sich mit dem feuchten, feinen Kalksand die Haut ab. Natur-Peeling oder: aus Schwarz wird Weiß.

Atlantisches Schaukelvergnügen

Auf dem Rückmarsch zu den Booten beobachten wir Vögel und lassen uns von Erika und Ben Pflanzen erklären. Ein Baum ist allerdings giftig. Schon die Berührung soll Hautausschlag und Atemlähmungen verursachen. Finger davon! In einer Kalkhöhle schwimmen Meeresfische. Einst hatten sie durch unterirdische Kanäle Zugang zum Atlantik. Aber die wasserdurchlässigen karstähnlichen Kalkplatten der Bahamas, die geologisch mit denen von Florida und Kuba verbunden sind, können ihre Lage verändern. Salzwasser adé, und die Fische saßen in der Falle. Blieb nur noch die Anpassung an das ungewohnte Milieu. Fast so ergeht es uns, denen das Paddeln mit dem Strom immer mehr Spaß macht. Krönender Abschluss: eine bewegte Fahrt auf die offene

Üppige Tropenvegetation.

Palmenpark vor einer Behörde in Nassau.

Nach der Anstrengung heißt die Devise: relaxen am Traumstrand.

See. An der Mündung rollt uns Ozeandünung entgegen, hebt die leichten, kleinen Boote spielend auf den Wellenkamm und lässt sie torpedoartig zu Tal schießen. »Ist das herrlich!«, schreit Julia gegen den Wind an, bis ein Brecher ins – Gott sei Dank untergangssichere – Boot schlägt. Signal zur Umkehr! Voll Wasser, aber ebenso voller Erlebnisse klettern wir durchnässt an Land. Die frische Passat-Brise trocknet uns bei 30 Grad schnell. »Ahoi! Hat's euch gefallen?«, erkundigt sich Erika mit Kanutengruß.

Info

Grand Bahama Nature Tours, Freeport
Ansprechpartnerin: Frau Erika Gates
Anfragen in deutscher Sprache möglich
Tel.: 001-242-373 2485
Fax: 001-242-374-4670
Internet: http://www.GBNTOURS.com
E-Mail: GBNTOURS@hotmail.com

Auf Seeschiffkurs durch den Dschungel

Heiße Impressionen im grünen Herzen Brasiliens

Amazonien – nach wie vor ein magisches Wort. Wahre Schreckensgemälde vom Amazonas-Tiefland geistern immer noch durch die Köpfe: angefangen bei überall lauernden Dschungelgefahren wie giftigen Schlangen, Raubtieren und Insekten bis hin zu heimtückischen Krankheiten.

Im Hafen von Manaus, fünf Grad südlicher Breite. Kabbeliges, dunkles Rio-Negro-Wasser klatscht gegen die Bordwände.
Auslaufen um 18 Uhr nach dem Löschen der Containerladung. Hinein in die schnell einbrechende Tropennacht. Schade, dass wir dem Rio Negro so schnell das Heck zuwenden müssen! Seine Ufer sollen geradezu Spannendes bereithalten. Von der berühmten Einmündung dieses Schwarzwasser-Flusses in den Weißwasser-Amazonas ist im Dunkeln natürlich nichts zu sehen.
Die starken Schiffsscheinwerfer bohren ihre gleißenden Strahlen in die laue Nacht. Baumstämme, tückische Hindernisse für die Propeller, erfasst das Radargerät nämlich nicht. Das Schiff wiegt sich förmlich in den Hüften, wenn der Rudergänger einem treibenden Stamm ausweicht. Myriaden von hektisch flatternden Insekten saugt das Lichtbündel scheinbar an, während uns Inseln von Wasserhyazinthen träge entgegenschwimmen. Aus dem Urwald glimmen offene Feuer, Holzkohlegeruch weht herüber. Kanus gleiten lautlos und unbeleuchtet vorüber. Erste Nacht auf dem gigantischen Fluss. 2.200 Kilometer liegen westwärts noch vor uns.

Tückisch-Tierisches

Auf der Brücke einer der beiden peruanischen Lotsen. Sie navigieren auf dem Strom in erster Linie nach Sicht, Erfahrung und Gefühl. Aber auch Fluss-See-Karten aus einer Hamburger Spezial-Kartenhandlung sowie modernste Radargeräte und Echolote assistieren ihnen dabei. Immer wieder tragen sie per Bleistift Flusslaufveränderungen ein. Wo sonst sieben

Flusshafen Manaus mit typischen Amazonas-Fahrgastschiffen.

Ein Gegenkommer passiert auf dem kilometerbreiten Strom.

Tapfer schiebt sich der Frachter unter Aufbietung aller Maschinenkräfte mit neun Knoten gegen den fünf Knoten schnellen Strom. Drum dauert die Bergfahrt auch zwei Tage länger. Der hohe winterliche Pegel hat auch seine Vorteile. Nicht nur die lange Fahrt nach Iquitos ist dadurch möglich. So nähert sich das Schiff auf dem tiefen Prallhang-Fahrwasser bis auf wenige Meter der grünen Wand des tropischen Regenwaldes. Natur pur. Durchs Fernglas glaubt man Affen auf sich loshüpfen zu sehen. Ansonsten sieht man nur wenige Tiere. Papageien sind allerdings nicht zu überhören.

Der Kurs führt dicht am tiefen Prallhang entlang mit Regenwald auf roter Tropenerde.

Gewittersturm-Wolken über dem aufgewühlten Amazonas.

Meter Wassertiefe eingezeichnet sind, hat das Hochwasser den Pegel auf das Doppelte getrieben. An anderen Stellen spült der Amazonas tückische Sandbänke auf, die nirgendwo verzeichnet sind. Eine Betonnung wie auf europäischen Flüssen verbietet sich hier von selbst.

Blumengrüße an der Kette

Nach 131 Seemeilen (besser: Flussmeilen) seit Manaus passieren wir die kleine schwimmende Siedlung Boca do Anori. Deren Hütten dümpeln auf Pontons. Erste Einblicke in ein kärgliches, doch anscheinend unbeschwertes Leben. Hängematten dienen als einzige »Möblierung«, vor der Tür verbeulte Treibstoff-

tonnen. Gehandelt wird hier, so der Lotse, mit Waldprodukten, Fisch und Häuten. Fröhliche, gut genährte Kinder springen vom Haus aus in den Fluss.
Begleitet werden wir von einem Rudel rosa Fluss-Delfinen, die ihre Wasserkunststückchen vorführen. 188 Seemeilen bis Boca do Jutica Guaribas.
Der Anker schleift haltlos über den Grund, gräbt sich nicht gleich ein. Die Strömung – zwei Meter pro Sekunde schnell – schiebt den Dampfer wie ein Spielzeugschiffchen vor sich her. Endlich gelingt das vertrackte Manöver. An der schweren, straffen Kette verfangen sich ganze Wälder von Wasserhyazinthen. Wie Blumengrüße des großen Stromes an das kleine Schiff. Es zählt zu den wenigen Seeschiffen, die den Riesenfluss über 4.000 Kilometer zu Berg befahren – weit ins peruanische Amazonas-Tiefland hinein.

Ruhe nach dem Sturm: Ein Regenbogen überspannt das Kielwasser.

147 Seemeilen ist das Schiff über Nacht nach Westen gedampft. Fonte Boa voraus!
Am Nachmittag passieren wir einen erst in jüngster Zeit vom Amazonas durchbrochenen Flussarm und die Mündung eines kleinen Schwarzwasserflusses. Ein Rio-Negro-Wasserschauspiel en miniature. Wir schaukeln über den mittlerweile vom Wind zu Ein-Meter-Wellen aufgewühlten Strom an Bord. Seegang, auch das ein unerwartetes Amazonas-Feeling.

Im berauschenden Dreiländereck

Nachmittags. Unser Schiff drückt sich am Prallhang entlang, wo die Fahrrinne verläuft. Pegelstand: bis zu 45 Meter! Wir können die Blicke in den Dschungel schweifen lassen. Baumriesen überragen die Masten. Oben spielen schreiende Affenhorden, unten Delfine. Beide gleichermaßen elegant. Ein knalliger Regenbogen spannt sich in doppelter Ausführung über die gesamte Szene. Die dazugehörige Front sehen wir als Regenwand von achtern heranrollen, bis ein warmer Starkregen alles einhüllt. Sicht gleich Null, Wind und Schaumkopfwellen.
Bis Vendaval noch 228 Fluss-Seemeilen.
Die Kulisse bildet ein dramatisch vergoldeter Sonnenuntergangshimmel, gebändert von Streifen schwarzer Regenwolken. Dutzende von schmalen Kanu-Strichen zeichnen den Fluss.
96 Seemeilen bis zur brasilianischen Grenzstation Tabatinga. Die Passkontrolleure fahren ganze 1,5 Seemeilen mit, die kürzeste Distanz der Reise, bis zum südlichsten Zipfel Kolumbiens, Laeticia, im Dreiländereck. Das gegenüberliegende Ufer ist bereits peruanisch. Die geographische Lagekonstellation hat der Gegend auch zu ihrem zweifelhaften Ruf als Drehscheibe des Kokain-Handels verholfen.

Vergilbter Klaus Kinski

Die letzten Seemeilen (116) bis Iquitos. Endhafen für seegängige Schiffe auf dem Amazonas. Neben uns dümpelt ein Amazonas-Veteran an der Pier: der hundertjährige Dampfer, auf dem Werner Herzog seinen Film »Fitzcarraldo« drehte. So blickt einen denn auch mehrfach Hauptdarsteller Klaus Kinski von vergilbten Filmfotos an. Der Kapitän hat nichts gegen eine Besichtigung. Während auf dem unteren Deck Fracht aller Art lagert, können oben Passagiere schlafen; noch in den Messing-Originalbetten und auf fleckigen Matratzen. Neben dem antiken Herd suhlt sich ein Schwein – zukünftiger Proviant? Abenteuerlich das Steuerhaus. Bis auf das riesige Steuerrad funktioniert scheinbar nichts. Positionslaternen fehlen gar völlig.
Wir ziehen in Iquitos auf eigene Faust los: durch das (nur nachts) nicht ganz ungefährliche Marktviertel Belen. Die Paddeltour per Einbaum durch das »Venedig Perus« beschert uns eine letzte Amazonas-Runde.
Hinter den Slogan von der »grünen Hölle als Paradies« setzen wir noch schnell ein gedankliches Fragezeichen.

Info

Amazonas-Frachtschiffreisen werden leider nur noch sehr selten angeboten. Wer sie unbedingt unternehmen möchte, sollte die Agenturen darum bitten, ständig auf dem Laufenden über entsprechende Angebote gehalten zu werden. Ich selbst hatte großes Glück. Der Frachter, mit dem ich gefahren bin, ist längst anderswo beschäftigt.

Einmal durch den Panama ...

Spektakuläre Kanal-Durchfahrt nicht nur für Seh-Leute

Traumstraße der Welt, Puente de las Americas. Der elegante Stahlbogen ist Verbindungsstück zwischen Süd- und Mittelamerika, in Steinwurfnähe zu Panama City. Die Amerikabrücke ist auch ein winziges Teilstück der 33.000 Kilometer langen Panamericana zwischen Alaska und Feuerland.

Die Gatun-Schleuse, eine von sechs Panama-»Schiffsfahrstühlen«.

Doch nicht nur für (Frachter-)Passagiere, die staunend unter dem kontinentalen Bindeglied hindurchfahren, ist und bleibt der Weg vom Atlantik zum Pazifik oder umgekehrt quer durchs Land eine seetouristische Traumstraße.

Für uns ist eine Tagespassage reserviert. Dieses Glück haben Frachter nur selten.

Bei strahlendem Sonnenschein und tropischen Temperaturen spult der Fels-, Wasser- und Urwald-Film ab.

Der Kapitän wird »abgelöst«, denn er muss hier die Navigation vollständig dem Canal Pilot oder Lotsen überlassen. Normalerweise berät der Lotse nur den Kapitän, der die alleinige Entscheidungsgewalt behält.

Ein im Gaillard Cut, der spektakulären Steilwand-Durchfahrt, vorbeirauschender japanischer Containerfrachter, entpuppt sich als dickster Brocken mit den höchstzulässigen Panmax-Maßen: 294 Meter lang, 32,50 Meter breit und 12 Meter Tiefgang. Mehr passt in die Schleusen einfach nicht hinein. Unser 2.500 Container fassender deutscher 34.000-Tonner MS Monteverde ist mit 207 Metern Länge dagegen »Normalmaß«.

Der kleinste Passierer jedoch war kein Schiff, sondern Richard Halliburton. Er durchschwamm 1928 die 81,6 Kilometer lange Wasserstraße. Er musste nur 36 Cents dafür berappen, denn die Passage-Gebühren werden nach Gewicht berechnet.

Neun Stunden Schau-ins-Land auf der »Hochseeautobahn« zwischen Pazifik und Atlantik wiegen sich die Passagiere in trügerischer Ruhe – bis die Karibik, vom Nordostpassat aufgewühlt, auf der Atlantik-Seite vor Cristobal zuschlägt.

Kanalausbau: Reichtum oder Irrweg?

Die zweitwichtigste Wasserstraße der Welt soll für größere Schiffe passierbar werden.

Am 22. Oktober 2005 stimmten die Bürger der zentralamerikanischen Republik Panama in einem Referendum darüber ab, dass der Kanal zwischen Atlantik und Pazifik, den die USA vor 100 Jahren gebaut haben, erweitert werden soll.

- Kanalfahrrinne: 81,6 km lang, Mindestspiegelbreite (Gaillard Cut) 153 m, Mindestsohlenbreite 74,3 m, durchschnittliche Tiefe 12,8 m.
- 6 Doppelschleusen: 305 m lang, 33 m breit, 21,5 m tief. Die dreistufigen Gatun-Schleusen heben die Schiffe auf 26 m ü.M. Diese Höhe stellt zugleich den Scheitelpunkt des Kanals dar. Die einstufige Pedro-Miguel-Schleuse bringt die Schiffe auf 17 m ü.M. Die zweistufigen Miraflores-Schleusen vermitteln wieder den Abstieg auf Meeresniveau. Der Wasserstand wird mit einer Geschwindigkeit von 0,90 m geändert. Von den 300.000 Kubikmetern Wasser in einer Kammer müssen 150.000 pro Passage gewechselt werden. 208 Millionen Liter Süßwasser fließen pro Passage ins Meer. Elektrische Lokomotiven treideln die Schiffe durch die Schleusen.
- Gesamtbauzeit: 10 Jahre (1904–1914).
- Gesamtbaukosten: 387 Mio. US-Dollar plus 40 Mio. US-Dollar für Land- und Kanalrechteerwerb.
- Erdbewegungen: unter den Franzosen (1881–1898) 23 Mio. Kubikmeter, unter den USA (1904–1914) 177 Mio. Kubikmeter.
- Eingesetzte Arbeitskräfte: ca. 75.000.
- Tote: durch Krankheiten und Unfälle ca. 25.000.
- Gegenwärtig eingesetzte Arbeitskräfte: 7.500, davon 85 % Panamaer.
- Maximal zugelassene Abmessungen eines Schiffes: 294 m Länge, 32,3 m Breite, 12 m Tiefgang.
- Schiffe pro Tag: ca. 35.
- Schiffe pro Jahr: ca. 14.000.
- Schiffe seit der Eröffnung: rund 700.000.
- Fracht pro Jahr: ca. 162 Mio. Tonnen.
- Durchfahrtszeit: 8–10 Stunden im Kanal plus Wartezeit von 12 Stunden vor der Durchfahrt. Wegen des großen Andrangs sind es jetzt 24,6 Stunden.
- Einsparung im Transportweg: von der US-Ostküste nach Japan ca. 4.800 km, von Ecuador bis Europa ca. 8.000 km, von New York nach San Franzisko ca. 12.800 km.
- Erste Schiffe: das französische Kranschiff ALEXANDRE LA VALLEY am 7. Januar 1914 im Zuge der Arbeiten, erstes seetüchtiges Schiff war der panamaische Frachter CRISTOBAL am 3. August 1914, erstes offizielles seetüchtiges Schiff US-Flaggschiff ANCON am 15. August 1914 während der Eröffnung.
- Längstes Schiff: Tanker SAN JUAN PROSPECTOR (jetzt MARCONA PROSPECTOR) mit 299 m Länge und 32,2 m Breite.
- Breitestes Schiff: USS NEW JERSEY mit 33 m Breite (278 m Länge).
- Größtes Passagierschiff: CROWN PRINCESS (70.000 BRZ, 245,30 m lang, 32,26 m breit, 8,10 m Tiefgang), 141.345 US-Dollar Gebühr.
- Durchschnittsgebühr: 48.000 US-Dollar pro Strecke.
- Niedrigste, höchste Gebühr: 36 Cent von Richard Halliburton, der 1928 den Kanal durchschwamm, die höchste Gebühr betrug 226.194 US-Dollar.

Präsident Martin Torrijos und die wirtschaftliche Elite des mittelamerikanischen Landes wollen die Verbreiterung der Wasserstraße. Mit großem propagandistischen Aufwand haben sie dafür gesorgt, dass eine Mehrheit dafür gestimmt hat. Die großen Bauunternehmen der Welt, auch aus Deutschland, stehen bereit, um an dem Bauvorhaben teilzuhaben. Die Gegner geraten in die Minderheit.

Der Kanal ist das Schicksal des kleinen Landes an der engsten Stelle des amerikanischen Kontinents. Die erste Durchfahrt erfolgte 1914. Bis dahin hatte der Bau insgesamt etwa 25.000 Menschenleben gefordert. Er hatte 387 Millionen Dollar verschlungen, Kolumbien gespalten, ein neues Land, nämlich Panama, entstehen lassen. Eine 16 Kilometer breite Zone teilte das kleine mittelamerikanische Land auf einer Länge von 80 Kilometern. Fast ein Jahrhundert lang unterstand diese Zone der Hoheit der Großmacht USA, die den Kanal fertig gestellt hatte.

Erweiterung gleich Zukunft

Die Erweiterung ist ebenfalls ein gigantisches Unternehmen. Allein der Plan, den Präsident Torrijos seinen Landsleuten vorlegte, umfasst 5.000 Seiten. Die Verwirklichung bis 2015 wird demnach acht Milliarden Euro kosten. Es sollen riesige Wasserreservoirs angelegt werden, die es ermöglichen, dass das Wasser für die Bedienung der neuen, riesigen Schleusen wieder verwendet werden kann und nicht einfach in die Ozeane gespült wird. Heute fließen mit jedem Schleusenvorgang 208 Millionen Liter Süßwasser ab.

Die Befürworter der Verbreiterung, allen voran die Kanalgesellschaft ACP, sehen große Reichtümer auf Panama niedergehen: Tausende von Arbeitsplätzen, Investitionen, Ansiedlungen von Banken, Reedereien, Versicherungen und vieles mehr. »Die Zukunft«, antworten sie auf die Frage, was für sie die Erweiterung des Kanals bedeutet.

Rasante Zuwächse

Die Gegner der Kanalerweiterung befürchten Schlimmes. Ariel Rodriguez, Biologe an der Universität Panama, ist erzürnt: »Das alles sind Lügen. Die Umwelt wird geschädigt, sie werden ganze Gebiete des Wassers berauben, das Projekt wird mehr kosten, als von der ACP und der Regierung angegeben«, meint er. »Es ist gut für die Reichen, die Unternehmen, aber nicht für Panama und erst recht nicht für das Volk«, sagt auch Maria Munoz, die sich für die Rechte der kleinbäuerlichen Campesinos westlich des Kanals einsetzt. Vor den Einfahrten zum Kanal stauen sich mittlerweile bis zu hundert Schiffe, weil die Kapazität des Wasserwegs den Anforderungen des Verkehrs nicht mehr gewachsen ist. Die Schiffe der »Post-Pa-

Die Miraflores-Schleusen an der pazifischen Seite des Kanals.

MS HANSEATIC an der engsten Kanal-Stelle, dem Gaillard Cut.

Lotse im Dienst.

namax-Klasse« mit bis zu 13.500 TEU – so viel kann der größte Containerfrachter der Welt, die 397 Meter lange, 56,4 Meter breite und 16 Meter tiefgehende EMMA MAERSK stauen –, können den Kanal nicht passieren, weil sie zu groß sind. Tausende von Containern stapeln sich in den Häfen von Panama-Stadt und Colón am Atlantik. Vor allem der Handel Chinas mit den USA hat in den vergangenen Jahren rasant zugenommen. Zwischen 2000 und 2004 verdoppelte sich sein Wert auf 196 Milliarden Dollar.

14.000 Schiffe pro Jahr

Die Regierung Torrijos hat alles versucht, um die Argumente der Gegner zu entkräften: Es werden angeblich keine weiteren Stauseen angelegt, der Wasserspiegel des Gatun-Sees, der gleichzeitig als Wasserweg und als Reservoir für die Schleusen dient, soll um einen halben Meter angehoben werden. Umsiedlungen von Dörfern, wie seinerzeit beim Bau des Kanals, seien nicht nötig. Und vor allem: Die Erweiterung werde aus den künftigen Einnahmen (zurzeit über eine Milliarde US-Dollar pro Jahr) finanziert und nicht aus dem Staatshaushalt. Außerdem würden rund 3.500 neue Jobs entstehen.

Derzeit passieren den Wasserweg pro Jahr rund 14.000 Schiffe. In Zukunft sollen es doppelt so viele sein. Allerdings zweifeln viele Menschen daran, dass der Ausbau am Ende nicht doch von ihnen bezahlt werden muss. Fachleute äußerten bereits Zweifel daran, dass Panama die Preise für eine Durchfahrt problemlos anheben könne. Derzeit zahlt ein Frachter der Panamax-Klasse für eine Passage rund 150.000 Dollar. Ein Kreuzfahrtschiff muss rund 330.000 Dollar aufbringen.

Cool nach Colombia zur Costa Banana

Mit krummen Sachen über den großen Teich

Welcher Frachtschiffreisenfan hat nicht schon mal von einer Reise auf einem »Bananenjäger« – in der Seemannssprache auch kurz »Banane« genannt – geträumt?! Auf ihrer Wunschliste rangiert so ein Törn nach Mittel- und Südamerika ganz obenan. Zur kleinen Flotte deutscher Kühlschiffe zählen auch die vier 12.000-Tonnen-Spezialfrachter der Hamburger Reederei Leonhard & Blumberg. Damit kann man sich seinen Traum erfüllen.

Antwerpen im Januar: Ein steifer Westwind bläst böig über den abendlichen Hafen. Ungemütlich und völlig unromantisch. Der Fahrer des Reedereiagenten, der mich vom Bahnhof abgeholt hat, kurvt durch weiße Blechkisten-Gebirge. Kühlcontainer. Dann ein mächtiger Steven. HANSA LÜBECK steht in blauen Lettern auf hellbeigem Grund. Wir sind am Ziel: 12.000 Tonnen groß und 156 Meter lang – mein Domizil für die nächsten vier, vielleicht sogar fünf Wochen.

Empfang: mal so, mal so

Eigentlich sollte der Frachter schon längst auslaufbereit sein, doch es wird immer noch emsig geladen und gelöscht.
Ein philippinischer Matrose nimmt mir auf Weisung des russischen Chief Mates meinen Rucksack ab. Der Kapitänsempfang ein paar Decks höher fällt »cool« aus. Ich stehe in der Tür und reiche ihm meine Papiere – Pass und

HANSA LÜBECK beim Laden und Löschen.

Reederei-Beförderungsvertrag – herüber. »Guten Abend und herzlich willkommen an Bord!« – Fehlanzeige. »Noch was?«, fragt Master Dieter Rothe stattdessen, der mit dem Agenten über Papierstapeln brütet, kurz angebunden. Ich wage noch eine Frage: nach der Auslaufzeit. Der Mann mit den vier Streifen auf seinen Pullover-Achselklappen reagiert nur schulterzuckend. Ich bin entlassen. Bis zum Abendessen ist noch etwas Zeit und ich schaue mich erst mal in meiner Kabine um: geräumig, zwei Kojen, ein Tisch, eine Couch, der Schreibtisch mit Unterhaltungselektronik vollgestopft, ein Bad. Die beiden Fenster sind nach achtern gerichtet, unverbaubar durch Container. Decksscheinwerfer strahlen grell-gelb herein.
»Good evening, Sir, how are you?«, empfangen mich Smutje, auch »Cookie« genannt, und Steward strahlend in der Messe. Die Ecke der leitenden Offiziere ist eingerahmt von deckenhohen Grünpflanzen. Ich halte es vorsichtshalber mit einem Nebentisch. »Sie sitzen auf dem falschen Platz«, spricht mich ein freundlicher Vollbärtiger wohlmeinend an – wie sich herausstellt Chief Lutz Sprenger aus Bremen –, »für Sie ist bei uns eingedeckt«. Wie schön! Kurze Vorstellung und dann erst mal abwartendes Schweigen, bis ein vorsichtiges Abtasten beginnt: Wo ich herkomme, wie die Anreise war, wie lange ich an Bord bleibe. Der zweite Bartträger ist der Kühltechniker Bernd Ruschel, ein waschechter Berliner. Reden und Lachen sind seins. Ein weiterer Lichtblick. Meine Stimmung, die nach der Kapitänsbegegnung etwas deprimiert gewesen ist, verbessert sich zunehmend. Schließlich müssen wir eine ganze Weile miteinander auskommen, ohne dass man ausweichen oder aussteigen könnte.
Das nächtliche Auslaufen durch eine Seeschleuse und die Schelde abwärts erlebe ich im Tiefschlaf.

Nordsee-Einblicke

7.30 Uhr. Neben meiner Koje schrillt das Telefon. »Sir, breakfast is prepared!«, höre ich vom anderen Ende der Leitung. Der Steward meint's gut mit mir, doch ich verzichte.
Trotz Halbschlaf muss noch ein erster Blick nach draußen sein: grün-graue ruppige See, Wolken im Tiefflug, Regen – typisches Kanalwetter im Winter. Da drehe ich mich lieber in der Koje noch mal um.
Später, querab der englischen Südküste, klingelt noch einige Male das Handy. Von Udo Wölms, Chief Mate des Containerfrachters MSC Geneva, meinem nächsten Schiff, erfahre ich, dass es gerade in die Schelde einläuft: »Wir verfolgen Euch«, lacht mein Stralsunder Nachbar, »denn mal Tschüß, gute Reise und bis demnächst!« Er dampft mit seinem 275 Meter langen 63.000-Tonner und rund viertausend mit allem Möglichen vollgestopften Blechkisten nach Südafrika. Wir dampfen nach Süd- und Mittelamerika mit einer bunten Ladung aus Papier, Reifen, Chemikalien, Maschinenteilen, Milchpulver, Bier und Gemüse in den Laderäumen und viel weniger Containern an Deck. Passende Lektüre: »Nordsee-Blicke« von Weltumsegler Wilfried Erdmann. Im Kapitel »Die Straße von Dover« schreibt er: »Ein Seegebiet, das man meistens schnell verlässt«. So auch wir mit 22 Knoten.
Draußen ist (noch) »Schiffegucken« per Fernglas angesagt. Der Bananenjäger Hansa Lübeck, schnell, schlank und rank, lässt denn auch ganze Pulks hinter sich. Früher, Ende der Sechziger, als ich Leichtmatrose auf so einem weißen Frachter war, hießen sie nur die »Windhunde der Meere«.

Bier lernt Fliegen

Schon gegen Abend sind wir allein auf weiter See. Kurs immer nur Südwest in die Wärme unserer tropisch-grünen Fracht entgegen. Noch ist es lange nicht so weit. Bis zum ersten Hafen Rio Haina in der Dominikanischen Republik liegen rund 4.200 lange Atlantik-Seemeilen vor uns.
Ein schräg von achtern blasender feindlicher Westwind in Sturmstärke schüttelt uns kräftig durch und bringt die Container und

Das Kühlschiff rollt im winterlichen Nordatlantik.

ihre Laschstangen zum Schwingen. Eine Kakophonie aus Knarzen, Sirren, Brummen und Grollen. Der nicht voll beladene Frachter rollt heftig hin und her. Da muss alles in der Kammer festgezurrt sein und sicher stehen. Nicht nur man selber sollte standfest sein, auch das Bier. Das gibt der Kapitän abends gegen einen vorher geschriebenen Bestellzettel nur widerwillig heraus: »Muss das schon sein?!« Anscheinend ist er noch müde von den stressigen Hafentagen.
Bernd Ruschel hat nach seiner Tagesschicht Zeit. Von ihm erfahre ich nicht nur Persönliches, sondern bekomme auch so manchen Landgangstipp. Oder dass unsere Reise eine Woche länger dauert als geplant. Es geht nicht wieder nach Antwerpen zurück, sondern wegen geänderter Charter nach Hamburg. Hat mir niemand vorher gesagt, aber sei's drum, da muss ich nicht so weit nach Hause an den Strelasund fahren.
Nachts wird die Uhr eine Stunde zurückgestellt. Das wiederum heißt eine Stunde länger schlafen – nicht so einfach bei der verdammten Schaukelei. Die erste Flasche Bier fliegt samt Inhalt in hohem Boden auf den Teppichboden.

Fröhliche Philippinos.

Liebeskummer und Heimweh

Graue Wolken fetzen im Tiefflug über die Wellenberge. Sturm aus West mit 30 Metern pro Sekunde beutelt die HANSA LÜBECK. Gischtkaskaden explodieren am Steven und steigen haushoch über die nickende Back. Irgendwann bricht sich die Sonne Bahn. Ständig wechselnde See- und Himmelsstimmungen. In der Brückennock wird man vom Salz überkrustet. 3. Offizier Fernando Pimentel hat Acht-Zwölf-Wache. »Wir Philippinos fahren alle zur See«, sagt der junge Mann, »weil wir es müssen – um unsere Familien zu unterhalten«. Neun bis zwölf Monate halten sie an Bord aus, im Gegensatz zu ihren deutschen Kollegen, die meistens nur vier Monate am Stück fahren. Fernandos Frau hat im Oktober einen Jungen geboren, »aber gesehen habe ich ihn noch nicht«, bedauert er. »Ist es hier nicht langweilig für dich?«, fragt er, weil er sich nicht vorstellen kann, dass Seefahrt mir Freude macht. So mancher Seefahrts-Sommerferien-Praktikant, weiß er, hat denn auch nach sechs Wochen Kurzfahrtzeit genervt abgewunken: Seefahrt – nein, danke! Ihre jugendlichen Motive: Heimweh, Liebeskummer, zu lange weg von zu Hause und Seekrankheit.
In der Messe ein Merkblatt: Man soll jetzt anfangen, Pillen zu schlucken – nicht etwa gegen Seekrankheit (im Falle eines Falles hilft nach meiner Erfahrung am Besten Cinnarizin 25 oder Peremesin N), sondern als Malaria-Prophylaxe. Auf einem Papier muss ich unterschreiben, dass ich pro Woche auch brav zwei nehme. »Kannst du vergessen«, winkt 2. Ingenieur Andrej Shapovalov ab, »die nützen sowieso nichts.« Allerdings: Die Häfen, die wir anlaufen sollen, sind noch nicht gänzlich frei von dieser Seuche.

Die Eignerkabine: nicht unbedingt luxuriös, bietet aber genügend Platz.

Wulstbug und Anker.

Brand in der Proviantlast

Statt eines Mittagsschläfchens verkeile ich mich in der Koje und lese. Bis die Alarmsirene aufheult: Generalalarm, sieben kurze, ein langer Ton! Ich schnappe mir die Rettungsweste und melde mich auf der Brücke beim Kapitän. So will es das Reglement für Passagiere auf der HANSA LÜBECK. Da stehe ich dann herum und lausche den UKW-Anweisungen von Dieter Rothe. Die Crew indes sammelt sich mit Sicherheitshelmen, Westen und in Overalls um den Zweiten Alfredo Pineda am Freifall-Rettungsboot achtern. Er erklärt alle Abläufe, bis der Kapitän einen Brandherd in der Proviantlast meldet. Nur zur Übung natürlich. Der Feuerstoßtrupp rennt nach unten, um Feuerbekämpfungs- und Atemschutzgerät aufzunehmen, Schutzanzüge anzulegen und die Schläuche auszurollen.

Gut eine halbe Stunde nach der Coffee Time ist alles vorbei. Bootsmann Amilutoh Mohammadsaid, einziger Moslem an Bord, sammelt seine Schäfchen wieder zur Arbeit. Mit Wasserstrahl, Schrubbern und Eimern rücken sie dem Hafenschmutz zu Leibe. Allem umwerfendem Rollen und Stampfen wie zum Trotz. »Der Dreck muss weg!«, lächelt der kleine, bescheidene Mann. Aber dann ist Feierabend für die Männer. Nach dem Abendessen, oft Reis mit Hühnerfleisch oder umgekehrt, versammeln sie sich in der Crew-Messe beim Bier, um Musikvideos anzuschauen. Voll aufgedreht natürlich.

Als wennste schwebst

Auch nachts wird es plötzlich laut. Als ob ein Riese mit Hammerschlägen gegen die Bordwand wummert. HANSA LÜBECK steigt und fällt und zittert beängstigend. Der Sturm hat zugenommen: auf über 40 Meter pro Sekunde, wie mir der Dritte am nächsten Morgen berichtet. Satte zehn Beaufort. Die See wirft Kämme von zwölf Metern Höhe und mehr auf. Man kann sich kaum noch auf den Beinen halten und sucht überall Halt, nach dem alten Motto: eine Hand für dich, eine fürs Schiff. Wand- und Deckenverkleidungen knarzen wie Segelschiffstauwerk unter der Belastung. Selbst im Treppenhaus ist das stürmische Orgel- und Pfeifkonzert zu hören. Da bleibt nur eins: Koje und lesen.

Wenn der Steven in ein Wellental taucht, hebt die See die beiden Vier-Tonnen-Anker und lässt sie donnernd gegen die Bordwand krachen, mit schaurigem Widerhall aus der Vorpiek. Es scheint, als ob der Nordatlantik atmet. »Als wennste schwebst«, berlinert Bernd Ruschel grinsend. Auf der Back kann man sich wie die Turmbesatzung im Film »Das Boot« fühlen. Mit dem Unterschied, dass das hier live spielt.

Kapitän Rothe wählt schließlich einen südlicheren Kurs. Er will das Tiefdruckgebiet umfahren. Weiter »unten« liegt ein Azoren-Hoch mit besserem Wetter. Vielleicht bringt dieser Sonntag, an dem die Küche uns mit Steak und Kaviar verwöhnt hat, ja eine Wetterwende. Die kulinarischen Aussichten jedenfalls sind sonnig. »Ab morgen wird abgenommen«, grinst Chief Lutz Sprenger und packt sich noch Lachs, Kaviar und Brot auf seinen Teller. Dazu einen Berg frisch gehackten Knoblauch mit Olivenöl und Chilischoten. »Für die Nacht«, rechtfertigt er sich und nimmt alles mit auf seine Kammer. In der Tür stehend ergänzt der Hobby-Historiker: »Knoblauch war schon immer eine gute Medizin. Den essen wir hier alle und alle riechen daher nichts.«

An der Wetterfront

Endlich: etwas ruhigere See und Sonne! HANSA LÜBECK steckt mitten im Azoren-Hoch. Unter dicken Abendwolken kommt die Insel Sao Miguel in Sicht. Erinnerungen an »Dinner for one« werden wach, als James dem »Tischpartner« von Miss Sophie, Sao Miguel, zuprostet.

Chance für eine telefonische Meldung bei meiner Frau. »Ihr müsst ja ganz schön durchgeschüttelt worden sein«, höre ich sie vom fernen Strelasund, »nach den Wetterkarten zu urteilen.« Ich kann sie nur bestätigen und ein paar knappe, weil teure Schilderungen »von der Front« anhängen.

In drei Meilen Abstand passieren wir den schwarz-grünen vulkanischen Bergklotz mit seinen weißen Wohnwürfeln auf der schroff abweisenden Steilküste. Schnell noch ein paar Walking-Runden durch Containerstapel ums Hauptdeck über meinen Lieblingsplatz, die Back. Mit unverstelltem Fernblick und Ruhe ohne Maschinengewummer. Fast wie auf einem Segler.

Bald sind wir außer Reichweite des Funkmastes und wieder allein auf weiter bewegter Seeflur.

Wie bestellt, stechen Sonnenstrahlen durch schwarze Wolkenhaufen. Dunkle Melancholie weicht brillantem Licht. Ein Wetter, bei dem die See alle paar Minuten ein anderes Licht zaubert. Oder Farben: grün, grau, schwarz, weiß, dunkelblau, türkis bis silbern. Auf 35 Grad Süd klettert die Quecksilbersäule schon bis zur 20-Grad-Marke. Nach dem trüben deutschen Winter, der so recht keiner war, kann es nur besser werden ... Zumindest der Kombüsen-Blick in die Töpfe von Smutje Sulpicio Pena, der für besondere Wünsche immer offen ist, verheißt kulinarische Freuden. Selbst der traditionelle Samstags-Eintopf. Ab 11.30 Uhr ist schon wieder Futterzeit. Da kann das opulente Frühstück ruhig ausfallen. Ein Pott Tee oder Kaffee reicht. Tut der Figur gut.

Sulpicio und Steward Toni beneiden mich – um meine schlanke Nase. »Die lässt sich bei uns auf den Philippinen so mancher Mann auf europäisch trimmen«, lachen sie vor der Kombüsenluke, »um mehr Schlag bei den Frauen zu haben.«

Chief Officer Ishakov balanciert derweil seinen Teller zum Platz: Akrobat schön! »Tomorrow wheather will be better«, meint er grinsend, als meine Suppe einen Satz macht und die Gläser kippen. Die Tischdecke kann man vergessen. Auch die spielerischen Malefitz-Kämpfe, schon zum Feierabend-Ritual geworden, mit Bernd Ruschel finden ein abruptes Ende. Seegang wirft alle Figuren aus der Bahn und lässt sie im Bier ertrinken.

Seemannssonntag

Vorhang auf für pure Sonne! Tintenblauer Ozean mit Sahnehäubchen und eingestreutem Streußel – schokoladenbraune Tangfetzen. Außentemperatur schon 24 Grad. Von einem Tag auf den anderen. Jeans in den Schrank und Shorts raus, dem karibischen Sommer entgegen. Bernd Ruschel schaltet die Klimaanlage auf 20 Grad.

Wir segeln mit 20 Knoten vorm Wind. Ich suche mir ein lauschiges Plätzchen auf der Back. Fliegende Fische schnellen wie zur Begrüßung aus dem Wasser, als ihnen die massige Wulstbugnase zu nahe kommt. Jedes Mal bin ich gespannt, wie lange und wie weit die heringsartig aussehenden Segler knapp über der Oberfläche dahingleiten und abrupt wieder eintauchen. Ich schätze: bis zu zwanzig Sekunden und rund 300 Meter. Rekordverdächtig manche dieser Außenbordskameraden!

Nebenan hockt der immer lächelnde Bootsmann Mohammadsaid auf der Ankerwinsch und malt hingebungsvoll. Ein Klönschnack ist trotzdem drin.

Nach dem ersten Sonnenbad ein paar Runden ums Schiff gelaufen. Dabei begegne ich dem Zweiten Offizier Alfredo Pineda beim täglichen Sicherheitscheck. Sein Job. Kurze Frage: Schon mal stowaways, blinde Passagiere, gehabt? »Na, klar«, sagt er, »die

Smutje (links) und Steward am Herd in der Kombüse.

scheuen auch nicht die niedrigen Temperaturen im Laderaum. Bananen dürfen nicht mehr als 13 Grad haben, damit sie nicht vorschnell reifen.« In südamerikanischen Ländern sei das Einschleichen ein genauso großes Problem wie Drogen.

Nach 20 Runden komme ich auf gut sechs Kilometer. Schweißgebadet, mit ölig-salzigen Händen von den Handläufern der Niedergänge. Bei Schwell gerät das Laufen zur Berg- und Talwanderung. »Nicht ganz ungefährlich«, warnt der Chief. Bewegung in frischer Seeluft schafft Appetit – aufs Steak zum Mittag.

Donnerstag – Seemannssonntag: Der Speiseplan von Cookie Sulpicio Pena zählt die Genüsse auf: Frühstück: eggs to order, fresh bread rolls; Lunch: soup, tenderloin steak, potatoe or rice, ice cream; Coffee Time: apple-cake (selbstverständlich frisch nach Omashausrezept gebacken); Dinner: baguette, rice, salad, assorted cold cuts. Das kann sich – nicht nur an diesem Tag – sehen lassen. Aber man kann auswählen und sich vor allem bewegen. Sonst schlägt die Waage zunehmend unbarmherziger aus. Die Offiziere kennen das umfangfördernde Phänomen und verhalten sich entsprechend. Sulpicio bietet mir an, auch mal die philippinische Mannschaftskost zu probieren. Überwiegend Reis, Hähnchen und Fisch – oder umgekehrt. Auf jeden Fall kaloriensparender als »gut bürgerlich«.

Atlantische Impressionen

Am Abend gleich zwei Termine: Sonnenuntergang und die Einladung eines philippinischen Matrosen zum Geburtstagsbier in die Crew-Messe.

Der Himmel glüht in allen Rotabstufungen. Von Westen treiben dunkle Wolken heran. Dramatisch! Bald leuchtet der Abendstern, genau voraus auf unserer Kurslinie. Ist jetzt Astro-Navigation auf der Brücke angesagt? Weicher Wind fächelt die Haare. Die hell schäumende Bugsee ist mit grün leuchtenden Punkten gesprenkelt: phosphoreszierendes Plankton. Das vordere Topplicht irrlichtert unter dem hohen Sternenhimmel über dem dunklen, rollenden Frachter. Ein Satellit taumelt durch den Weltraum, Sternschnuppen regnen herab.

Momente, in denen man sich klein und allein vorkommt auf dieser nur 156 Meter langen Stahlinsel. Seit Tagen ist uns kein Schiff begegnet. Viel Zeit für Reflexionen über das Leben weit hinter dem Horizont und im Besonderen hier an Bord. 21 Mann hat es zusammengewürfelt, aus verschiedenen Nationen, Kulturen, und Motiven, mit unterschiedlichen Mentalitäten, politischen Meinungen und Religionen. Monatelang, in guten wie schlechten Zeiten. Doch es klappt immer wieder, das Zusammenleben und -arbeiten in diesem eng begrenzten schwimmenden Mikrokosmos. Tolerant und gewaltfrei, im Gegensatz zur übrigen Welt.

So schweifen meine Gedanken vom harten Pollersitz aus in die Unendlichkeit – und natürlich, wie bei allen Seeleuten, immer wieder nach Hause. Romantische Gefühlsduselei, Kitsch? Nein, blanke Realität.

Wie zur Bestätigung: In der Mannschafts-Messe hockt die wachfreie Crew beim Bier vor dem Fernseher. Ein Musikvideo dröhnt lautstark und erschwert die Unterhaltung. Macht auch nichts, Hauptsache, alle sind fröhlich. Selbst der sonst so schweigsame Kapitän Rothe taut ein paar Sätze lang auf, erzählt entspannt-lächelnd von Haus und Garten und seinem Landjob als freiwilliger Feuerwehrmann im sächsischen Heimatdorf in der Nähe von Dresden. Beim Essen hört man allenfalls das Besteckklappern von ihm. Chief Sprenger, Kühltechniker Ruschel und ich haben jedoch genügend zu bereden. Ob am Tisch, zwischendurch, beim Spiel, Weinabend auf dem Brückendeck oder vorm Fernseher. Kommunikation muss man wollen, der Alte anscheinend nicht. Eine »deformation professionelle«, bedingt durch zu lange (Selbst-)Isolation? Vielleicht ist er auch nur müde nach langer Fahrtzeit. Die Fragen bleiben unbeantwortet.

Der Abend klingt aus bei »Feuerzangenbowle«, allerdings nur im Film mit Heinz Rühmann: Erinnerungen, Träume, Sehnsüchte – wie zuvor auf der Back.

Durchs Tor der Karibik

Der Nord-Ost-Passat bläst uns nach neun Seetagen durch die berühmte Mona-Passage, das Nadelöhr zwischen Puerto Rico und der Dominikanischen Republik, in die Karibik.

Was auffällt, wenn man so wie ich Zeit hat, auf die See hinaus zu sehen: Kein einziger Delfin hat sich seit der Ausreise neben oder vor dem Frachter blicken lassen. Mir fällt die Beobachtung (nachzulesen in seinem Buch »Gespräche an der Reling«) von NDR-Moderator Herbert Fricke (u. a. »Gruß an Bord« zu Heiligabend) gegenüber Weltumsegler Rollo Gebhardt ein. Fricke war genauso erstaunt. Für Gebhardt, den Delfinschützer, ist die Treibnetzfischerei Schuld daran. Auch viele andere geschützte Meeresbewohner fallen diesen bis zu 100 Kilometer langen und 100 Meter tief hängenden Netzen zum Opfer.

Dann entdecke ich sie: die erste Banane auf diesem Bananendampfer – in der Hand eines Matrosen. Ich muss einen so erstaunten Eindruck auf ihn gemacht haben, dass er mich grinsend und kauend in den Bootsmanns-Store schickt: »Da steht ein ganzer Karton, kannst dich bedienen!«

Wenig später dringen Grilldüfte durch die Klimaanlage in meine Kammer. Auf dem Achterdeck gart ein Ferkel über Holzkohleglut am Spieß, mit ruhiger Hand und geduldig gedreht von einem Oiler aus der Maschine. Zur Dinner Time ist Barbecue angesagt, und der Erste Alexej Ishakov aus Sankt Petersburg hat Geburtstag. Samstagabend auf See.

Die Philippinos, nicht nur untereinander sehr kommunikationsfreudig, werden mit jedem Bier ausgelassener. Alkohol lockert bekanntlich die Zunge. Vorrangige Gesprächsthemen an den langen Tischen unterm Kreuz des Südens sind natürlich Heimat, Familie, Seefahrt und manchmal auch – Gott sei Dank, finden

Tägliche Routine:
Die Kühlcontainer werden gecheckt.

Die Marienstatue in der Hafeneinfahrt von Cartagena, Kolumbien.

Der Leuchtturm vor Cartagena.

Strand vor Küstengebirge bei Santa Marta, Kolumbien.

Einfahrt von Rio Haina, Dominikanische Republik.

alle – die sehr ferne Politik. Darüber erfahren wir nur Kurzmeldungen aus der täglich gefaxten Bordzeitung, ein paar DIN-A4-Seiten. Am Interessantesten für die Männer: Fußball und Wetter.
Zwischenfälle gibt es auch – wenn der Seegang Flaschen zersplittern lässt oder den Kapitän mit seinem Plastikstuhl meterweit über Deck schliddern lässt.

Sundowner im Stop-and-go

Plötzlich, kurz nach der Mona-Passage, stoppt die Maschine, 4.224 Seemeilen nach Antwerpen. Hansa Lübeck treibt motorlos wie ein Großsegler vor dem Wind. »Wir haben jetzt zwei Tage Zeit«, freut sich der Chief, »unser Liegeplatz in Rio Haina bei Santo Domingo ist noch besetzt«. Lutz Sprenger kann endlich mit seiner technischen Truppe einen Kolben ziehen.
An Backbord zwei weiße Bojen, mitten auf hoher See. Treibnetze! Das Relings-Gespräch zwischen Herbert Fricke und Rollo Gebhardt rückt auf einmal in einen schaurig-konkreten Vordergrund.

Samstag-Abend-Grill-Party auf dem Achterdeck.

Dann grummelt es wieder im Keller: 15.220 Pferdestärken kommen wieder in Bewegung. Am Heck setzt ein Matrose die Flagge Liberias des in Monrovia registrierten Schiffes.
Gegen Mittag zeichnet sich voraus im blauen Dunst die felsige Südküste der Dominikanischen Republik ab. Garniert von tropischem Grün und rostigen Industrieanlagen mit rauchenden Schloten. Neben der Hafeneinfahrt ein von der See zerschlagenes Frachter-Wrack. Der hat hier offenbar nicht die Kurve gekriegt. Der Lotse dirigiert den 12.000-Tonner pünktlich – High noon! – an eine Pier in der Mündung des Rio Haina, nach dem auch der Hafen benannt wurde.
Am Nachmittag holt uns ein freundlicher Agent ab. Bernd Ruschel möchte im Auftrag des Chiefs einen neuen Rechner kaufen. Nach einer halben Stunde abenteuerlicher Kutscherei Downtown findet der Dominikaner den richtigen Laden, Ruschel einen Rechner zu gutem Preis. In der pulsierenden, vom spanischen Kolonialstil geprägten Altstadt lassen wir uns auf einer Piazza unter schattenspenden Palmen nieder. Es ist nicht heiß, nur angenehm warm. »Winter«, sagt der Agent. Bei Pizza und lokalem Bier genießen wir das Flair der Inselhauptstadt. Der Rückweg an Bord gerät im Feierabend-Stop-and-go-Verkehr mit Beinahe-Crash zur Stadtrundfahrt. Ein fliegender Händler bietet Trink-Kokosnüsse durchs offene Wagenfenster an, schlägt mit der Machete ruck-zuck ein grünes Riesenexemplar auf und bekleckert die Hosen des Agenten. Der greift kurzerhand zu und gibt eine aus. Hinter uns ein wütendes Hupkonzert. Was soll's, wir sind begeistert und saugen an unseren Strohhalmen. Köstlich, sozusagen ein naturbelassener Sundowner-Drink.
Nach Sonnenuntergang erreichen wir das Hafentor. Lockere Sichtkontrolle, man kennt sich. Wer noch im dunklen Fond sitzt – egal. ISPS-Sicherheitsvorschriften mit Identitätskontrolle und Abgleich der Crewliste? Weit entfernt davon! Hier nimmt man die amerikanische Bevormundung anscheinend gelassener als anderswo.

Alter Bekannter im Hafen

Auslaufen am nächsten Vormittag mit ein paar Containern weniger und einigen dazugekommenen. Die beiden Schlepper ziehen an und bugsieren den Frachter ins Wendebecken. Gegenüber liegt eine RoRo-Fähre, halb weiß, halb blau gestrichen. Am Steven weiß aufgemalt Caribbean Carrier, doch darunter noch gut im Fernglas zu erkennen die erhabenen Buchstaben Auersberg. Ein ehemaliges Schiff der früheren staatseigenen Deutschen Seerederei der DDR. In der Karibik beginnt sie ein neues Leben.
Das nur wenig beladene Schiff beginnt in der Dünung schwer zu rollen, teilweise über 30 Grad nach jeder Seite. Nichts für

empfindliche Mägen, aber Auftakt einer artistischen Geburtstagsfeier beim Bootsmann: Ständig muss man sich selber, Stuhl, Flasche und Glas festhalten. Eine fliegende volle Rotweinflasche bedeutet das Ende des Teppichbodens in der Chief-Kammer. Stundenlang habe er später auf Knien gelegen: »Da muss wohl ein neuer rein«, meint er schließlich kapitulierend vor den blutroten Bordeaux-Spuren.

Gegen sechs Uhr früh werde ich wach. Das vertraute Maschinenbrummeln verstummt. HANSA LÜBECK treibt wieder. »Der Charterer hat gewechselt«, erklärt Bernd Ruschel, als er nach dem Frühstück in meiner Kabine vorbeischaut. Wie so oft, wenn er zu seiner Kammer geht oder von dort kommt. Der Fahrplan habe sich geändert, dadurch sei alles durcheinander geraten. Das bedeutet eine Woche länger auf See. »Ist uns egal«, hat Ruschel nichts dagegen, »wir werden abgelöst, wenn unsere Bordzeit um ist.«

UNESCO- und polizeigeschützt

Am 14. Seetag läuft MS HANSA LÜBECK in die Bucht von Cartagena ein. Die schmale Einfahrt ist festungsbewacht, am Strand mit Palmwedeln gedeckte Hütten. Scharfer Kontrast um die Ecke: Hinter dem Leuchtturm taucht vor uns eine Manhattan-Kulisse mit Wolkenkratzern auf. Neben dem Fahrwasser eine Christusstatue, die an die viel größere Freiheitsdame vor New York erinnert. Über die roten Ziegeldächer der jahrhundertealten Ciudad veja ragen Kirchtürme und Kuppeln, gekrönt von einem Berg mit aufgesetztem Kloster. Kolumbiens Cartagena gilt als die schönste unter den kolonialen Hafenstädten Amerikas.

Unser Schiff liegt nahe der UNESCO-geschützten Altstadt. Im Ladebüro drückt mir Chief Mate Ishakov den Landgangsausweis in die Hand. Die Kontrollen am Ausgang sind diesmal streng. Vor dem Tor wartet ein Wagen auf mich. »Rafael Aroyo-Medina«, stellt sich der indianisch aussehende Fahrer vor, der mich während der nächsten Stunden begleiten wird. Organisiert vom Agenten. Wir handeln den Preis aus: 30 US-Dollar. Okay für einen halben Tag.

Hinein ins südamerikanische Verkehrsgetümmel. Vorbei an der wuchtigen spanischen Festung Castillo Grande mit Touristenschlangen davor und einen altstadtnahen Parkplatz gesucht. Per pedes geht es weiter, denn die engen Gassen, die von ansehnlich restaurierten Kolonialbauten eingefasst sind, gehören den Fußgängern. Rafael dirigiert mich zielstrebig in einen Laden. Ringsum wie eigentlich überall starke Polizei- und Militärpräsenz, Maschinenpistolen im Anschlag. Zumindest tagsüber ist das Viertel sicher.

Der Ladenbesitzer, ein ehemaliger berühmter Stierkämpfer, wie er mir stolz Fotos an den Wänden zeigt, entpuppt sich als guter Bekannter meines Fahrers. Der erhofft sich eine Provision, wenn ich Gold- oder Silberschmuck kaufe. Machart und Preise sind mehr für betuchte US-Touristen. Nichts für meine Frau, die mir am Telefon sagt: »Zwar ein gut gemeintes Souvenir von dir, aber lass es lieber!«

Mich zieht es zum Baden an den Boca-Grande-Strand. Wozu habe ich Badehose und Handtuch eingepackt?! Ich genieße das warme Karibik-Wasser in vollen Zügen, derweil Rafael meine Sachen bewacht.

Wieder im Hafen, fällt mir auf, dass ein Boot der Küstenwache an unserem Schiff auf und ab patrouilliert: »Drogas!«, grinst ein kolumbianscher Arbeiter auf meine erstaunte Frage. Aha, die wollen Drogenschmuggel verhindern. Bernd Ruschel erzählt mir an Bord, dass auf der HANSA LÜBECK mal ein Oiler erwischt wurde, der das schnelle Geld machen wollte, erwischt wurde, im Gefängnis und auf einer Schwarzen Liste landete sowie später ausgeflogen wurde: »Der bekam natürlich nie wieder einen Bord-Job.«

Cartagena versinkt achteraus im autobahnbreiten Kielwasser.

Santa Marta in geschützter Lage der Küstenkordillere.

Vom Winde verweht

Schlappe 129 Seemeilen nach Norden bis Santa Marta, ein nautischer Katzensprung! Spät Abends dann die Nachricht: Liegeplatz von einem defekten Schiff belegt. Langsame Fahrt und wieder Unsicherheit. Kapitän Rothe geht schimpfend aus sich heraus: »Auf nichts kann man sich hier verlassen!« Ich hingegen sehe das positiv, denn es könnte ja ein Landgang am Tage dabei herausspringen.
»Glück« gehabt: Erst Frühmorgens schiebt sich die Sierra Nevada, der nördlichste Anden-Ausläufer, über die klare Kimm. Mit 5.770 Metern hält sie den Höhenrekord unter allen Küstengebirgen der Welt.
Santa Marta liegt traumhaft versteckt in einer bergumschlossenen Bucht. Die beige-braunen Hänge sind geradezu überwuchert von Kakteen. Trockene Fallwinde sorgen dafür. Gerammelt volle Strände und Hotels beherrschen den Küstenstreifen. Karneval steht vor der Tür.
Bis 1940 betrieb im feuchttropischen Landesinnern der mächtige US-amerikanische United-Fruit-Konzern eine der größten Bananenplantagen. Im Dezember 1830 starb hier der Befreier vom Kolonialjoch, Simon Bolivar. Heute lebt die Stadt, die einst erster spanischer Verwaltungssitz auf dem amerikanischen Festland war, vom Hafen und Tourismus.
Um neun Uhr möchte ich an Land gehen, denn alles ist fußläufig schnell erreichbar. »Loading is soon completed«, bescheidet mich der Chief Mate, »nix Landgang!« Mit meinem Shore Pass kann ich anscheinend nichts mehr anfangen. Die Zeit verrinnt, doch nichts rührt sich – oder doch?

Plötzlich von der Pier Schreie. Hafenarbeiter gehen hinter Containern in Deckung. Eine unserer Festmacherleinen in ihrer Nähe knallt beängstigend, als würde sie gleich brechen und wegfliegen. Lebensgefährlich! Der böige Wind von den Bergen übt mächtigen Druck aus auf die große Segelfläche der HANSA LÜBECK. In der scharfkantigen Klüse hat sich das Kunststoffmaterial schnell wundgescheuert. Sie wird ausgewechselt und gespleißt. Der Wind sorgt auch für Müllbeseitigung. Ich traue meinen Augen nicht, als die Bucht übersät ist von blauen Plastiksäcken und Pappkartons. Eben lagen sie noch auf einem Lkw, der neben der Bordwand parkt. Kurz vorher haben ihn unsere Matrosen auf die Ladefläche gepackt, nun schwimmt das Zeug davon. Ich kann gerade noch ein paar dokumentarische Fotos schießen.

Müll-Theater – arretiert

Mit hoher Fahrt steuert ein Schnellboot der Küstenwache das vom Winde verwehte Treibgut an und fischt ein paar Säcke heraus, mehr nicht, unverständlicherweise. Hinter unserem Heck legen die Wasserschützer mit ihren Beweisstücken an, bald umringt von über Funk angeforderter uniformierter Verstärkung. Das kann spannend werden! Vor allem für uns. Die Herren stelzen wichtigtuerisch an Bord und verschwinden im Kapitänssalon. Nach drei Stunden tauchen sie wieder auf, Kapitän Dieter Rothe im Gefolge. Das Schiff, so Chief Mate Ishakov, werde so lange arretiert, bis der Fall geklärt ist. In Südamerika hat man Zeit. Also kann es dauern ... Eine glückhafte Chance für mich? Ich nutze sie und frage den Wachsoldaten an der Gangway. »Si, Senor, no hay problema para usted«, gibt er mir grünes Licht. Ohne jegliche Wertsachen, bis auf meine Billig-Armbanduhr, aber mit Badehose und Handtuch bewaffnet, marschiere ich los zum hafennahen Strand. Immer die HANSA LÜBECK im Blick. Für den Fall der Fälle müsste ich sofort losspurten. Der Wachmann an Bord weiß aber, wo ich bin. Notfalls würde man mich per Typhon verständigen. Die Karibik lockt. Ich bade, völlig unbehelligt, aber mit herumalbernden Kindern, kläffenden Hunden und im Sturzflug neben mir eintauchenden Pelikanen.
Beim Sonnen beobachte ich das kolumbianische Wochenendgetümmel. Hunderte von bunten Buden hinter mir auf der pal-

mengesäumten Promenade bieten jede Menge Kitsch aus China und Kolumbien an. Junge Familien mit vielen schreienden ninos starten vom Strand aus zu Bootstouren durch die Bucht. Die ist alles andere als sauber. Jeder wirft weg, was er nicht mehr braucht. Aber mit unserem – aus Bord-Sicht unverschuldeten – Fall könnten die behördlichen Mafiosi sich ein schönes Zubrot verdienen. So kurz, bevor der Karneval ausbricht, verspricht HANSA LÜBECK ein ganz einträglicher Deal zu werden.

Irgendwann abends wird der Kapitän freigelassen und kommt allein zurück an Bord. Um 5.000 Reederei-Dollar erleichtert. Nach elf Stunden quälenden Wartens können endlich die Auslaufvorbereitungen beginnen.

Passend zum großen Müll-Theater die lila angestrahlte Leuchtturm-Insel. Sie erscheint wie die Kulisse einer Wagner-Oper. Langsam versinken die Lichter von Santa Marta im Kielwasser. HANSA LÜBECK beginnt wieder ihr Schaukel-Ballett.

Noch 532 Seemeilen bis Moin, das wie der norddeutsche Rund-um-die Uhr-Gruß heißt. Der kleine Hafen liegt bei Puerto Limon in Costa Rica.

Plattdeutsch in Costa Rica

Es ist heiß auf See – drückende 33 Grad im Schatten. An Backbord irgendwo die Einfahrt zum Panama-Kanal. Ein Schiff passiert vor uns und steuert die künstliche Wasserstraße zwischen Atlantik und Pazifik an, das erste, dem wir auf hoher See begegnen.

Am 16. Tag gegen 20 Uhr kommen die Lichter des Ortes in Sicht. Wieder müssen wir treiben, weil der Liegeplatz noch nicht frei ist. Die Philippinos vertreiben sich die Zeit mit Karaoke zum Mitsingen vorm Fernseher. Erst um ein Uhr früh kann angelegt werden.

Vier Bordkräne schwingen aus, weiße Container schweben durch die tropisch feuchte Luft, Luken werden geöffnet. Sofort beginnen die Lade- und Löscharbeiten. Ein herrlich süßer Ananas-Duft liegt in der Luft. Von der begehrten und preiswerten Exotik-Frucht sollen 720 Tonnen in Kartons auf Paletten geladen werden. Endlose Kolonnen von schweren Kühltrucks amerikanischer Fabrikate haben sich an der Pier aufgereiht, um ihre begehrte Fracht loszuwerden. Einer nach dem anderen röhrt aus hohen verchromten Auspuffrohren rußend heran.

Am nächsten Morgen: Ein lokaler Malertrupp pönt von schwankenden Stellagen aus den rostigen Steven um den Anker herum. Der Vorabeiter spricht mich auf Deutsch an, als ich fotografiere. Sogar Platt kann er: »Ick bünn mal op dütsche Schepen foarn«, lacht er. Er kann mich auch mit Landgangs-Tipps versorgen.

Ein paar hundert Meter rechts vom Hafenausgang dehnt sich ein kilometerlanger, menschenleerer, braunsandiger Strand mit schöner Brandung. Da habe ich auch keine Hemmungen, FKK zu baden.

Im Uferwald versteckt das kleine Dörfchen Moin. Ein Gang über die Schlaglochpiste gewährt Einblicke. Reggae-Klänge dröhnen aus den kleinen Hütten. Ein Schild am Straßenrand klingt verlockend: »Bar Azul«, »Blaue Bar«. Im offenen palmstrohgedeckten Rundbau am Fluss genieße ich ein kühles Bier mit Urwaldkulisse.

Zum sonntäglichen Steak-Dinner bin ich mit einem bunten Blumenstrauß wieder an Bord. Ein Wachmann schenkt mir sechs reife Ananas – »gut für die Potenz«, grinst der russische Zweite

Bananenverladung in der Bucht von Turbo.

Ingenieur –, deren Duft meine Kabine füllt, sogar aus dem Kühlschrank heraus.
Kurz vor dem Auslaufen checkt ein Taucher noch den Rumpf nach versteckten Drogen. Er wird zum Glück nicht fündig.
Um 20 Uhr ziehen die Schlepper wieder an. 431 Seemeilen durch die Bucht von Panama bis nach Turbo an der kolumbianisch-panamaischen Grenze sind über Nacht abzudampfen.

Seguridad Privada – Drogenjäger

20 Tonnen Karibik, warm wie in einer Badewanne, gurgeln in den Drei-mal-vier-Meter-Pool hinter der Brücke. Der Seegang schaukelt das Wasser zum Wellenbad auf. Mit Fernblick über den Rand und das weite Meer bis hin zu den San-Blas-Inseln, bewohnt nur von ein paar Indianer-Familien.
Das Kielwasser schäumt. HANSA LÜBECK fliegt mit 21 Knoten nur so dahin. »Die Bananen warten nicht«, schaut Dritter Offizier Fernando Pimentel von seinen Seekarten-Korrekturen auf«, »zu langes ungekühltes Lagern bei tropischen Temperaturen macht sie unbrauchbar. Die Dinger reagieren auf Zehntelgrad-Abweichungen höchst empfindlich.« Daher müsse aufs Tempo gedrückt werden, auch um mögliche Schlechtwetterphasen zu kompensieren.
Bei meinen sportlichen Rundgängen blasen mich kalte Ananas-Düfte aus den laut summenden Kühlcontainern an. In den Lücken zwischen ihnen steht die heiße Luft – ein Wechselbad. An Deck ringeln sich Kabelschlangen, denn die Aggregate brauchen Saft. Während die Matrosen spleißen, Rost abschleifen und malen, überwachen Zweiter Offizier, Elektriker und Kühltechniker die digitalen Temperaturanzeiger der Kühlanlagen. Hin und wieder taucht auch mal ein nach Luft schnappendes »Kellerkind« aus der Maschine an Deck auf.
Gegen 20 Uhr soll das Schiff lade- und löschklar zu Anker vor Turbo im Golf von Uraba liegen. In unserem dritten kolumbianischen Hafen wird das Schiff proppevoll geladen mit 5.000 Tonnen Bananen auf Paletten und in 32 Containern.
Sicherheit geht hier über alles. Zusammen mit dem Lotsen klettern zehn junge, kräftige Männer unter Waffen an Bord. »Seguridad Privada«, »Private Sicherheit«, ist auf den Rücken ihrer schwarzen Overalls zu lesen. Jedes Schiff, insgesamt liegen fünf »Bananenjäger« auf Reede, ist in ihren Augen ein potenzieller Drogentransporter. Bevorzugte Verstecke sind Container. »Auf HANSA LÜBECK wurde der Stoff mal per Zufall in einem defekten Lüfter entdeckt«, erzählt mir Bernd Ruschel.
Ein Schlepper bringt rund 50 Arbeiter an Bord. Body- und Taschencheck durch die Marshals.
Flache Bargen werden längsseits bugsiert, »damit«, so Ruschel, »die Container runterkommen. Erst dann können die Luken geöffnet und beladen werden«. Die von unseren Kränen abgehobenen Kisten hängen an einer Festmacherleine als langer Schwanz hinterm Heck und wedeln im Wind hin und her.

Übung: Das Freifall-Rettungsboot fliegt in die See.

Auf Containern ruhende Arbeiter in Costa Rica.

Frische Ananas für die Crew.

Die Kolumbianer sind ausgerüstet für die lange Nachtschicht. In Taschen bringen sie Essen und Getränke mit. Während der Pausen schlafen sie auf Pappunterlagen an Deck oder in Hängematten. Danach putzen sie sich hingebungsvoll lange die Zähne und pinkeln durch die Reling, obwohl es Toiletten für sie gibt.

Violencia überall

Mein Telefon schrillt in aller Herrgottsfrühe. Am Apparat Kapitän Rothe. Ob ich mit auf eine Bananenplantage fahren wolle? Gerne! Als ich dann den Preis – 330 US-Dollar!!! – höre, lehne ich dankend ab. Da fühle ich mich von einem millionenschweren Konzern über den Tisch gezogen. Der Monatslohn von Steward Tony.
Obwohl mich das Zentrum des kolumbianischen Bananenanbaus mit seiner Schmugglerstadt im Wild-West-Stil schon gereizt hätte. Die Region, erzählt mir ein Wachmann später, ist eine der am stärksten von der Violencia – Schutzgelderpressungen, Entführungen und gewalttätige Auseinandersetzungen – heimgesuchten Ecken des Andenstaates. Irgendwie bin ich doch erleichtert, nicht an Land gegangen zu sein. Stattdessen bleibe ich an Bord und beobachte von hoher Brückennock-Warte aus das quirlige Leben und Treiben unter mir, untermalt vom Sirren der Kranmotoren.
»Gleich beginnt die große Show«, verkündet der Erste, »das Freifallrettungsboot am Heck soll zu Wasser gebracht werden, vollbesetzt.« Kurz vor Mittag ist es dann so weit: Das Boot wird von einem Matrosen innen ausgeklinkt, saust in Sekundenschnelle in schrägem Abwärtsflug durch die Luft, taucht aufspritzend ins Wasser ein und wird komplett von Gischt eingehüllt: gerettet!
Dann ein peitschender Knall: Am Kran Nummer zwei reißt ein Tragseil. Alles steht augenblicklich still. Bis es ausgewechselt und ein neues aufgetrommelt ist, vergehen kostbare Stunden. Eigentlich sollte HANSA LÜBECK schon längst vollbeladen ankerauf gegangen sein. Turbo wird uns noch einen dritten Tag festhalten.
33 Grad im Schatten, für eine Sonnenbad zu heiß. Der Pool ist leer, das beige-braune Seewasser zu sedimentbelastet. Die Alternative: ein Mittagsschläfchen. Das ist Punkt 15 Uhr zu Ende. Steward Tony Cabanog klopft energisch an meine Tür. Der wohlmeinende junge Mann will nur ein Stück frisch gebackenen Apfelkuchen mit Streusel samt einem Pott Kaffee bei mir loswerden. Wie immer strahlend-feundlich. Aha, heute ist Donnerstag, also Seemannssonntag. Da lässt man sich gern aus süßen Träumen wecken, um ebensolche realen zu genießen.
Meint Chief Sprenger beim Abendessen zum schweigsamen Kapitän: »In dieser Reise ist wohl der Wurm drin. Und wer ist Schuld? Unser Passagier natürlich!« Das Ganze augenzwinkernd. Eine Reaktion vom Master kommt nicht. »Das«, so Sprenger hinterher resignierend, »habe ich schon seit vier Monaten aufgegeben«.
Gegen 21 Uhr schwebt der letzte Container an Bord, die Kräne senken sich in Ruheposition und die Luken können geschlossen werden. Per Motorboot fährt der Erste ums Schiff, um im Taschenlampenschein die Tiefgangsmarken abzulesen. Schlepper zerren die Bargen von der ramponierten Bordwand, Arbeiter und Sicherheitsleute verlassen den Frachter. An Deck hinterlassen sie einen Müllberg.
Beginn der Heimreise um 22 Uhr. Eineinhalb Stunden später stoppt HANSA LÜBECK schon wieder. Mit einem Boot der Coast Guard sind Taucher längsseits gekommen. »Die checken«, erklärt Bernd Ruschel, »den Rumpf nach versteckten Drogen ab.« Nach dreißig Minuten ergebnisloser Suche wird der Frachter endlich freigegeben.

Olympiaverdächtiger Außenbordsbesuch

Ob wir halbwegs pünktlich den ersten Hafen Portsmouth in Südengland erreichen? Keiner weiß es so richtig. 4.621 Seemeilen oder elf Tage über den winterlich rauen Nordatlantik liegen vor uns – mit vielen Unbekannten. In Deutschland, lesen wir, ist inzwischen ein bisschen der Winter einkehrt mit Frost und Schnee. Davon sind wir zum Glück noch sehr weit entfernt.
Nur im Schongang darf die Maschine hochgefahren werden, weil ein Kolben gezogen worden ist. Sonst gibt's einen Kolbenfresser. Der Chief weiß, wovon er spricht, »aber davon will ich jetzt nichts wissen!«
Kurs Nordost auf die Mona-Passage zu. Der Nordost-Passat pustet uns ins Gesicht, die Karibik gibt sich ruppig, Wasser kommt über die Back. Mit ihrem Tiefgang von über acht Metern jedoch liegt HANSA LÜBECK wie ein Brett. Nachmittags dann schläft der Wind fast ein, die See zeigt sich seltsam ruhig, fast spiegelglatt. Beim Rundgang entdecke ich einen Fliegenden Fisch. Die silbrigen Kerlchen sind nicht nur Weit-, sondern auch Hochsprungmeister. Dann Außenbordsbesuch: die ersten Delfine auf dieser Reise. Ein paar Minuten schwimmen die »lebenden Torpedos« vor dem Wulstbug mit dem 21 Knoten laufenden Frachter um die Wette. Zum Abschied katapultieren sie sich noch einmal in die Luft und verschwinden so plötzlich, wie sie aufgetaucht sind.
Wie meistens nach einem bewegenden Pool-Wellenbad ist Sundowner-Zeit auf dem Brückendeck angesetzt, das obligate Bier zum Sonnenuntergang. »So macht Seefahrt Spaß!«, schwelgen Chief und Kühltechniker. Nach 18 Uhr färbt sich der Himmel in märchenhaften Gelb-, Orange- und Rottönen. Die Gestirne nehmen ihren hohen Platz ein. Einschmeichelnd-warme Luft umfächelt uns. Die langwellige Atlantik-Dünung wiegt mich in den Schlaf.
Am Abend des siebten Seetages kommt die Azoren-Insel Flores unter einer gewaltig aufgeblasenen Quellwolkenhaube in Sicht. Mal wieder Telefonchance! Über dem Vorschiff ein riesiger honiggelber Vollmond. Meine Frau antwortet, als ich ihr das erzähle: »Den sehe ich jetzt genauso.« Trotz drei Stunden Zeitunterschied. Die gleiche Sichtweise verbindet.

VICTORY, das Flaggschiff Admiral Nelsons in Portsmouth.

Nautischer Star vor Merry Old England

Mit Kurs 78 Grad preschen wir auf den West-Eingang des Englischen Kanals zu. Sonne, gute Sicht, nur leicht bewegte See, beste Navigationsbedingungen. Ich stehe auf der Brücke mit dem Dritten, Fernando Pimentel. Auf unserer Kurslinie direkt voraus ein großer Containerfrachter, die STAR ISMENE, wie wir dank AIS, dem automatischen Identifizierungssystem, auf dem Radarschirm ablesen können. Die Situation spitzt sich zu. Fernando ruft seinen unaufmerksamen Kollegen auf der anderen Seite mehrfach über UKW an. Keine Antwort. Entgegen jeder Regel dreht STAR ISMENE, kein nautischer Star, auf uns zu anstatt nach Steuerbord. Backbord an Backbord oder Rot an Rot heißt das Passagegebot. Stattdessen muss Fernando immer weiter nach Steuerbord ausweichen. Aus der Richtung kommt noch ein Fischkutter quer. Fernando ist stinksauer. »Asshole!«, flucht er über den anscheinend völlig unerfahrenden »Fahrkünstler«. Als Klügerer gibt er nach. Aus so etwas kann sich ganz schnell eine Kollision entwickeln, wissen wir.

Am elften Seetag macht HANSA LÜBECK in Portsmouth fest, in Steinwurfweite des Royal-Navy-Stützpunktes und stadtnah. Vor uns liegen, wie um uns zu bewachen, graue Flugzeugträger, Kreuzer und Zerstörer. Kräne und Schauerleute packen mit europäischem Tempo zu. Ich hingegen habe Zeit, einen Tag und eine halbe Nacht.

Nach zwanzig Minuten Fußmarsch erreiche ich den Dockyard, überragt von Admiral Nelsons hölzernem Dreimaster VICTORY, einst größtes Kriegsschiff der Welt. Ich bummle über die Hafenmeile, bestaune den gewaltigen musealen Dampfsegler HMS WARRIOR und recke den Hals zu Portsmouths Wahrzeichen hinauf, dem Spinnaker Tower, einem Riesensegel aus Beton und modernes Wahrzeichen der historischen Stadt. Im winkligen Fischereihafen locken urgemütliche Pubs. Ein, zwei Guinness-Biere müssen schon sein, mit Wasserblick auf ein- und auslaufende Fähren hinüber zur Insel Wight. Schlenker durch Altstadt, Uni-Viertel, Parks mit blühenden Stiefmütterchen und die City. Alles macht einen proppperen Eindruck. Viele junge Leute, anscheinend Studenten, sind auf den Beinen oder genießen die frühlingshafte Sonne. Der breite südenglische Dialekt ist allerdings gewöhnungsbedürftig.

Für Bernd Ruschel kann ich abends schon den Guide geben. Wir drehen nach seinem Feierabend noch eine Runde durch Downtown. »Wird sowieso nichts heute Abend«, weiß er, »ein Kranmotor hat seinen Geist aufgegeben.« Das Bier schmeckt um so besser. »Dockschwalben« flattern durch die Nacht, nichts für treue Seeleute.

Willkommen in Hamburg!

Erst um sechs Uhr in trüber Frühe klatschen die Leinen ins Tyne-Wasser.
Der Sechs-Meter-Propeller peitscht mit Höchstfahrt die regenverhangene, unruhige Nordsee. Tagesverbrauch dabei: 25 Tonnen Schweröl. Die Luft ist ungewohnt frostig, der passende Empfang in heimischen Gewässern.
Unglaublich, aber wahr: Pünktlich um sechs Uhr, wie berechnet und trotz Verspätung, stoppt HANSA LÜBECK vor Elbe I. Der Seelotse steigt auf. Über Brunsbüttel und der Einfahrt zum Nord-Ostsee-Kanal, wo der Elblotse an Bord kommt, geht sogar die Sonne auf. Ein strahlender Flussreise-Tag zwischen den Deichen der tief liegenden Marschen von Niedersachsen und Schleswig-Holstein beginnt. Vom Willkomm-Höft in Schulau wehen Hamburgs Hammonia- und Liberias Nationalhymne herüber. »Die deutsche wäre mir lieber gewesen«, gesteht Bernd Ruschel freimütig. Hier überkommen auch hartgesottene Seeleute Emotionen. Auch als der gläserne Büropalast der Reederei Leonhardt & Blumberg querab liegt. Überdimensionale Kontorflaggen und winkende Angestellte begrüßen uns. So häufig lässt sich der Frachter nicht auf der Elbe blicken. Kapitän Rothe lässt im Gegenzug das Typhon dreimal lang losdröhnen. An Backbord präsentiert die Hansestadt ihre berühmte maritime Schokoladenseite mit Michel, der CAP SAN DIEGO, RICKMER RICKMERS und dem russischen Vollschiff MI an der Überseebrücke. HANSA LÜBECK schiebt sich fast bis ans Ende des Hafens vor den Elbbrücken. Für mich eine Premiere. Am O'Swald-Kai wird festgemacht.

Der Autor in der Brückennock mit Hamburger Hafenkulisse.

»Ende der Seereise«, vermerkt das Logbuch lakonisch. »Alles Banane«, lächelt der sonst so muntere Berliner Ruschel gequält, »solange ich noch nicht zu Hause bin.« Drei Monate wird er noch für knackfrischen Nachschub von »krummen Dingern« nach Europa sorgen müssen.

Info

Schiffsdaten MS HANSA LÜBECK (Schwesterschiffe: HANSA BREMEN, HANSA VISBY, HANSA STOCKHOLM):
Bauwerft: Bremer Vulkan · Ablieferung: 7.12.1990 · Reederei: Leonhardt & Blumberg, Hamburg · Flagge: Liberia · Heimathafen: Monrovia · IMO-Nummer: 890 906 8 · BRZ: 11.981 · tdw: 12.942 · Länge: 156,86 m · Breite: 23 m · Tiefgang (max.): 9,50 m · Höhe Kiel – Mast: 37,25 m · Crew: 21 · Passagiere: 4 · Klasse: Germanischer Lloyd (GL): 100 A 5 Refrigerated Cargo Ship, equipped for carriage cars and containers · 428 TEU · Hauptmaschine: BV/MAN/B&W 7L60MC · Leistung: 11.200 kW/15.220 PS · 2 MAN/B&W-Hilfsdiesel: 1.470 kW, 1.050 kW · 1 vierflügliger Propeller, Durchmesser 6 m · Geschwindigkeit (max.) 22 kn · Verbrauch/Tag (max.): 25 t Schweröl
Route (wechselnd, je nach Charterer)
Dauer einer Rundreise: vier bis fünf Wochen
Buchung, Preise: Reederei Leonhardt & Blumberg · Frau Christina Seiffert-Behn · Neumühlen 13 · 22763 Hamburg · Tel.: 040-3614629
Internaves Frachtschiffreisen · Frau Christina Horn · Lichtentaler Str. 14 · 76530 Baden-Baden · Tel.: 07221-393837

Kanada
Montreal
Hambu
Antwerpen
Nordatlantischer
Ozean
Taranto
Sizilien
Kanarische
Inseln
Las Palmas
Manáus
Iquitos
Belém
Peru
Brasilien
Sepetiba
Santos
Sao Francisco
Rio Grande
Valparaiso
Chile
Buenos Aires
Argentinien
Südatlantischer
Ozean
Südafrik
Kapsta
Falkland-
Inseln
Stanley
Magellan-
Straße
Ushuaia
Kap Hoorn

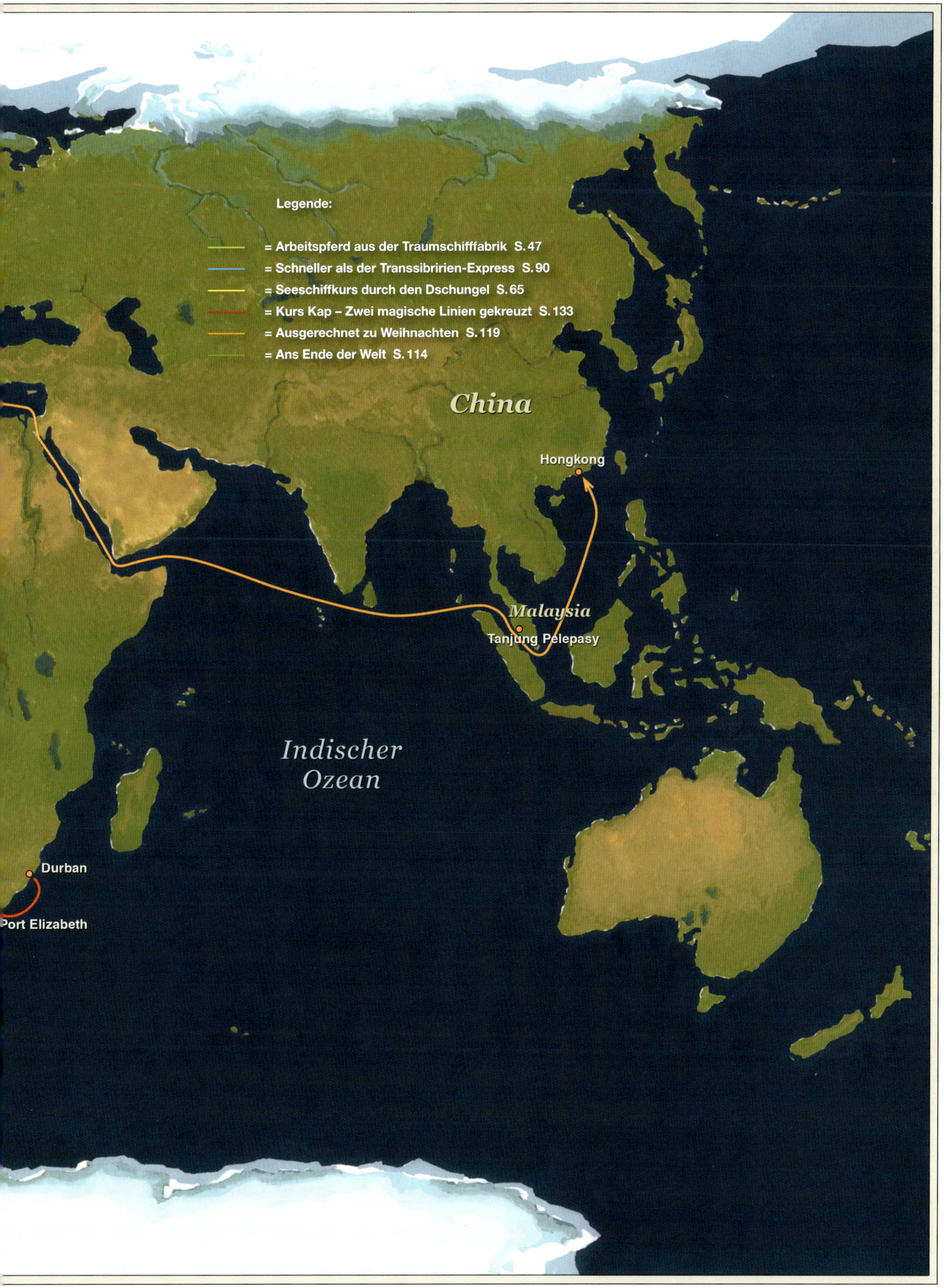
Legende:
= Arbeitspferd aus der Traumschifffabrik S. 47
= Schneller als der Transsibririen-Express S. 90
= Seeschiffkurs durch den Dschungel S. 65
= Kurs Kap – Zwei magische Linien gekreuzt S. 133
= Ausgerechnet zu Weihnachten S. 119
= Ans Ende der Welt S. 114
China
Hongkong
Malaysia
Tanjung Pelepasy
Indischer Ozean
Durban
Port Elizabeth

Steiler Aufstieg an Bord.

Schneller als der Transsibirien-Express

Geduldsproben zwischen Bremerhaven und Buenos Aires

Kapitän Jörg Laudahn tritt das Gaspedal des Mietwagens durch: »Wenn wir noch heute Abend auslaufen sollen …« Doch erstens kommt es anders und zweitens als Hein Seemann denkt.
Am Bremerhavener Eurogate-Terminal versperren gelbe Container-Gebirge mit den schwarzen Buchstaben MSC jegliche Sicht auf die an der Pier liegenden Schiffe.

Doch wir müssen uns keine Sorgen machen: Ein Shuttle-Bus lotst unseren Wagen mit Sondergenehmigung durch das Blechkisten-Labyrinth bis direkt an die Gangway.
Angekommen! Der Wachmann ruft über Funk zwei Azubis heran, die unser Gepäck an Bord des NSB-Frachters MSC LAUSANNE schleppen. Meins bis hinauf zur luxuriösen 35-Quadratmeter-Eigner-Kabine im F-Deck, dem siebten von insgesamt neun. »Der Fahrstuhl ist kaputt«, grinst der Chief – er stellt sich bei einer kurzen Begrüßung im Treppenhaus mit »Witte« vor –, »aber mehrmals am Tag bis zu 170 Stufen, das ist ein gutes Fitness-Training«, schiebt er nach, »denn wir haben keinen Lift.«
Im Schiffsbüro trifft der Rostocker Kapitän seinen Vorgänger Wolfgang Bryks, der nach vier Monaten Fahrtzeit in den verdienten Urlaub geht. »Mit dem Auslaufen wird's heute nichts mehr«, informiert er seinen überraschten Ablöser, »wahrscheinlich Donnerstag Nacht oder sogar erst Freitag Morgen. Hier weiß man nie, wie's kommt, das kann sich von Minute zu Minute ändern. Mal früher, mal später.« Jörg Laudahn ist sichtlich enttäuscht: »Da hätten wir uns ja gar nicht so zu beeilen brauchen!«
Andererseits kann er die Zeit nutzen, um den Papierkram zu erledigen, die bevorstehende Reise zu planen und sich mit dem Schiff vertraut zu machen. Aber er freut sich auch auf das Fahrtgebiet, »denn da bin ich seit meiner Ausbildung nicht mehr gewesen und vom Suez hab' ich erst mal wieder den Kanal voll.«

Bitte anschnallen!

Allgemeine Vorstellungsrunde beim ersten Mittagessen in der Offiziersmesse: Händeschütteln und Small Talk mit Nautikern, Ingenieuren, Schiffsmechanikern, Azubis und einem Praktikanten. Anhand der Crewliste will ich mir so viel Namen wie möglich einprägen.
Danach ein Blick in die blitzsaubere Kombüse. Koch Mercurio Bagaipo und Steward Roderick Rebito, beide von den Philippinen, freuen sich über den Besuch. Auch über ein Dankeschön nach dem reichhaltigen warmen Essen und kalter Platte. Da heißt es zurückhaltend sein und regelmäßig Fitnessraum und Sauna frequentieren! Oder zehn Runden ums Schiff laufen. In

einer Stunde kommen so 5,5 Kilometer zusammen. Das täglich, dann »verkürzt« sich der Seeweg auf nur 55 fußläufige Kilometer, rechne ich. Nebenbei: Die Transsibirische Eisenbahn, mit 11.000 Kilometern längste Strecke der Welt zwischen Moskau und Wladiwostok, braucht sogar noch zwei Tage länger für die gleiche Weglänge als wir. Weil MSC LAUSANNE, der »Südamerika-Ostküsten-Express«, ohne Halt durchfährt.

Den sympathischen polnischen Zweiten Offizier Pawel Sobczak und das Brückenhaus lerne ich beim anschließenden Schiffssicherheits-Rundgang kennen. Wir starten auf der Brücke mit Erklärung der Alarmsysteme und Signale. Sein Hinweis auf Piraterie vor Brasilien lässt aufhorchen. »Halten Sie dann alle Türen unbedingt verschlossen!«, warnt er mit ernst über den Brillenrand blickenden Augen in fließendem Englisch.

Auch das Anlegen von Rettungsweste und Überlebensanzug wird geübt. Im Steuerbord-Rettungsboot über meiner Musterstation, dem Sammelpunkt bei Gefahr, heißt es »bitte anschnallen!« Bei Seegang werde auch gestandenen Seeleuten darin übel. »Und wenn Sie mal mit Seekrankheit zu tun haben – das ist völlig normal! –, als Krankenschwester habe ich Pillen für Sie.«

In der Laundry, dem Raum mit Waschmaschinen und Trocknern, erklärt Pawel den Gebrauch. »Waschpulver bekommen Sie vom Steward.« Nach einer guten halben Stunde sind wir durch mit dem informativen Einweisungsprogramm.

Er verabschiedet sich in seine Kammer, um noch eine Mütze voll Schlaf zu nehmen: »Ich muss in zwei Stunden auf meiner Manöverstation bei den Heckleinen und danach auf meiner Zwölf-Vier-Wache sein.« Nicht ohne noch meinen Fernseher eingestellt und fehlende Kabelverbindungen besorgt zu haben, die Elektriker Ariel Cadorniga später fachgerecht installiert und noch eine defekte Lampe im Bad auswechselt.

Für mich ist noch eine schweißtreibende Runde Trimmrad und Sauna drin.

Über dem Kistenmeer von Bremerhaven.

Beginn der Seereise – a long way

Irgendwann gegen 22 Uhr soll es nach jüngsten Spekulationen losgehen, »aber nichts Genaues hört man nicht vom Charterer MSC. Der Hafen meint, dass das nicht zu schaffen sei. Da muss dann wohl ein Teil der Kisten, rund 300, hierbleiben«, informiert Kapitän Laudahn, bevor auch er sich aufs Ohr legt, »denn die Nacht wird lang.«

Doch, oh Wunder, kurz vor dem angedachten Zeitpunkt tauchen zwei Schlepper aus dem Dunkel auf. Die Container-Kräne sind hochgefahren in Ruhestellung. Einmal kurz dröhnt das Typhon, die Decksbeleuchtung erlischt.

Um 22.15 Uhr geht ein Grummeln durchs Schiff: Die ständig vorgewärmte Hauptmaschine springt mit zischender Druckluft an. Um 22.20 Uhr packen Bug- und Heckschlepper an. Von Norden peitschen Regenböen vierkant gegen das schlanke, hohe Deckshaus, das sein Vibrationskonzert anstimmt. Fahrwasser-Tonnen, Leucht-, Quermarken- und Richtfeuer weisen blinkend den Weg unterweserabwärts hinaus in die Deutsche Bucht. Die Nordsee gibt sich mal wieder grimmig. Helgolands starkes Feuer blitzt wie zum Abschied herüber.

Gegen 0.30 Uhr steigt der Weserlotse ab. »Beginn der Seereise«, notiert Kapitän Laudahn im Logbuch. Auf dem Verkehrstrennungsgebiet, der Rennstrecke nach West-Südwest mit Einbahnverkehr. Rund 5.534 Seemeilen bis zum ersten brasilianischen Hafen Sepetiba bei Rio de Janeiro liegen vor MSC LAUSANNE. »It's a long way to Tipperary ...« muss ich umwillkürlich summen. Bei Full Speed von über 23 Knoten – und das verlangt der Charterer nach dem Motto: Wer zuerst kommt im nächsten Hafen, der mahlt zuerst ... – könnten wir in neun Tagen da sein. Quer über Nord- und Südatlantik. In den Bunkern schwappen 3.500 Tonnen Schweröl, jede kostet 350 US-Dollar. Das macht die hübsche Summe von gut einer Million Dollar! Tagesverbrauch bei 85 Prozent Maschinenleistung: 175 Ton-

Die KRUZENSHTERN *im Englischen Kanal.*

nen oder die Füllung von sieben Tanklastzügen. Viel »Kohle«, die da mit Schadstoffen in die Luft geblasen wird. Immer noch hat die Schifffahrt einen Anteil von acht Prozent an der weltweiten Luftverschmutzung. Das soll sich angesichts des dramatischen Klimawandels bald ändern.

Klima-Öl-Exkurs

Chief Gunter Witte hat die neuen Eckdaten im Kopf, wenn auch die praktische Umsetzung im Schiffsbetrieb noch problembehaftet sei. Am 11. August 2007, knapp einen Monat nach Beginn unserer Reise, ist die Nordsee zur zweiten »Sulphur Emission Control Aerea« (SECA) erklärt worden. Die Ostsee hatte diesen Status ein Jahr zuvor erhalten. Mit anderen Worten, so Witte, »alle Seeschiffe dürfen nach heutigen Bestimmungen in diesen Zonen nur einen Treibstoff mit einem Schwefelanteil von höchstens 1,5 Prozent verwenden. Weltweit sind noch 4,5 Prozent erlaubt«.
Dank der Bestimmungen des Meeresumweltschutz-Vertrages (MARPOL Annex VI) konnten die SO_2-Emissionen bereits um 44 Prozent verringert werden. Durch eine weitere Reduzierung des Bunkeröl-Schwefelgehalts auf ein Prozent könnte ein Wert von 60 Prozent erreicht werden. Damit ließe sich auch der Partikelausstoß auf 19 Prozent drücken.
Um die Schadstoffbelastung während der Hafenliegezeiten zu senken, muss während der Liegezeiten in europäischen Häfen Treibstoff eingesetzt werden, dessen Schwefelgehalt einen maximalen Wert von 0,1 Prozent nicht überschreiten darf. Darüber hinaus gibt es bereits Projekte, die Schiffe mit steuerfreiem Landstrom zu versorgen, um Hafenstädte von giftigen Schiffsabgasen und auch Lärm zu befreien.
»Für alle diese Maßnahmen«, so der Chief, »müssen die Schiffe entsprechend umgerüstet werden. Eine Frage von Geld und Zeit.« Aber die Vorgaben sind schon jetzt bekannt, so dass sich die Reeder darauf einstellen können. Einige haben bereits Zeichen gesetzt mit ihren »grünen« Schiffen, auch wenn Katalysatoren teuer sind.

Landgangstipps zwischen Abgasfackeln

Bereits zum Frühstück liegt die holländische Insel Texel Backbord querab. Bei schönstem Sonnenschein. Über uns ein mächtiges Hochdruckgebiet. Wir hoffen, dass es so bleibt! Als ich am Ka-

pitänstisch Platz nehme, gibt der Chief gerade Landgangstipps: »In Santos liegen wir auf der anderen Seite der Bucht. Die paar Kilometer über den Bach direkt downtown macht man am besten per Wassertaxi. Kostet tagsüber bis 22 Uhr nichts, aber dann.« Die besten Caipirinha-, Fisch- und Grillrezepte sind auch Thema der Morgenunterhaltung. Zwei Hobby-Köche haben sich gefunden.
Jörg Laudahn weist mich auf die Bestellzettel für Getränke, Süßigkeiten, Kosmetika und Tabakwaren hin: »Bringt der Steward nachmittags auf die Kammer.« Kaffee und Tee kann man sich jederzeit in der Pantry selber holen.
Doch dann ruft sie wieder, die Pflicht: Chief Witte in seinen »Keller« und Kapitän Laudahn auf die Brücke. Der philippinische Dritte Steuermann Rogelio Catagena hält die Wacht. Mit uns läuft ein ganzer Pulk von Schiffen. Und immer wieder Bohrinseln mit ihren blakenden Abgasfackeln. Kapitän Laudahn checkt die Geräte und gibt ein paar Anweisungen.
Über die Steuerbord-Kimm schiebt sich ein blendend weißer Segeldom. Laut AIS, dem automatischen Schiffsidentifizierungs-System, das argentinische Vollschiff LIBERTAD auf dem Weg nach Antwerpen. Ein herrlich-nostalgisches Bild! Voraus das genaue Gegenteil: der graue Kasten eines hochbordigen Autotransporters. »Nur noch funktional, so ein Teil, kein bisschen ästhetisch«, schüttelt Laudahn den Kopf.

Schauer über den Rücken

Zum Mittagessen wird neben Fisch – es ist Freitag – auch die englische Küste serviert. Weiß leuchten die sonnenbestrahlten Kreidefelsen von Dover. An Backbord zeichnen sich die grünen Hügel der Normandie ab. Ein halbes Dutzend schnelle Fähren kreuzt unseren Kurs, manche in knappem Abstand. »Die vertrauen auf ihre Geschwindigkeit«, bleibt der Kapitän gelassen und ergänzt: »Nur wenn die Peilung steht, muss ein Steuerbord-Manöver gefahren werden, um einer drohenden Kollision zu entgehen.«
Irgendwo hier tief unterm Kiel rauscht der Kanal-Express in seinem 30-Kilometer-Tunnel hindurch.
Querab Cherbourg, Kapitäns-Anruf von der Brücke. »Voraus läuft die KRUZENSHTERN, komm doch mal hoch!«

Noch zeichnet sich die russische Viermastbark, der ehemalige deutsche Flying-P-Liner PADUA, als zartes Filigran gegen den Sonnenuntergangs-Himmel ab. Als MSC LAUSANNE achterlicher als querab ist, lässt Jörg Laudahn – »ich bin bekennender Großsegler-Fan« – das Typhon dreimal lang losdröhnen. KRUZENSHTERN antwortet genauso. »Verstanden!«, darf ich dann zum Abschluss des Rituals das Signal einmal kurz geben. Wie ein Schauer läuft es mir über den Rücken.
Auch Chief Günter Witte und Erster Offizier Heiner Schulze sind begeistert von diesem Anblick. »Der fährt zwar keine Container«, lacht Witte, »aber ist dafür noch ein richtiges Schiff.« Zwei Wochen war ich in der Ostsee an Bord und kann ihm deshalb nur beipflichten. Moderne Seeleute mit nostalgischen Gefühlen. Auf der anderen Seite überholt MS MSC LINDA den historischen Tiefwassersegler – ein Kontrast, wie er stärker nicht sein kann!

Bier-Call vorm Seesonntag

In der Nacht wird die Uhr um eine Stunde zurückgestellt. Das heißt, sich am Morgen noch einmal in der Koje genüsslich umdrehen und eine Stunde länger schlafen können.
Frühes Blinzeln aus dem »Schlafzimmerfenster« in 30 Meter Höhe: Draußen spult bereits der Endlos-Film »Atlantik Superstar« ab. Der ansonsten gefürchtete Biskaya-Empfang fällt frühherbstlich milde aus, der erste See-Samstag – erkennbar am traditionellen Eintopf-Mittagessen – gibt sich (noch) perfekt. Wer möchte, kann auch Asiatisches probieren, das die Philippinos bevorzugen. Ein Kombüsen-Blick in Pfannen und Töpfe ist kein Problem. Im Gegenteil, »Cookie« freut sich über das Interesse. Neben der Wochenspeisekarte hängt in der Messe auch ein leerer Plan. In den kann man seine Wunschgerichte eintragen. Ich zum Beispiel schlage Senfeier und Quark mit Pellkartoffeln vor nach dem Motto: »Essen wie bei Muttern«.
Mit stetigem Kurs 215 Grad und 24,7 Knoten, verstärkt durch Schiebewind aus Nordosten, stiebt MSC LAUSANNE durch den mit weißen Schaumköpfen gesprenkelten Atlantik. Gegen Nachmittag fangen die Bierflaschen im Kühlschrank an zu klirren, zwei lose Gardinenreiter flitzen auf ihrer Schiene hin und her: Der Riese rollt bedächtig, wiegt sich in den Hüften. Tribut an die schräg-achterlich anlaufende See.
20 Uhr: Kapitän Jörg Laudahn lädt zum Bier-Call in die gemütliche Bar. Sozusagen sein Einstand. Zwei Fässchen gibt er aus und zapft höchstselbst den Gerstensaft – aus bestem Harzer Quellwasser, scherzhaft »Hasentod« genannt – für seine Männer. Jeder gibt spannende Geschichten aus seiner Fahrenszeit zum Besten. Chief Gunter Witte entpuppt sich dabei einmal mehr als exzellenter und amüsanter Unterhalter: Döntjes seiner Binnenschiffs-, Yacht-, Fischerei- und Frachtschiffreisen. Die fröhliche Runde lauscht gespannt.
Ein alter Bekannter ist Schiffsmechaniker Wolfgang Hanikow. Wir kennen uns vom Schwesterschiff, dem Südafrika-Liner MSC GENEVA. Der Gesprächsstoff geht uns nicht aus nach dem Motto: »Weißt du noch ...« Azubi Christian Schmidt, Ex-Hauptgefreiter, berichtet über seine Laufbahn bei der Deutschen Marine. »Zwischen Handelsschifffahrt und Marine gibt es schon ziemliche Unterschiede«, bilanziert er seine Erfahrungen. »Ich bin froh über den Wechsel«, sagt der 24-jährige gelernte Schweißer aus Templin, »denn hier habe ich außerdem optimale Perspektiven.« Er möchte Schiffsingenieur werden.
Nur einer fehlt an diesem Abend: Praktikant Christoph Kolter, ehemaliger Leutnant zur See des Marine-Versorgers »Berlin«. Der Logistik-Experte büffelt über Schiffspapieren und bastelt an seiner zweiten Diplomarbeit, die er nach Ende der Reise an der Seefahrtsschule Leer abgeben muss. Vorstufe zum nautischen Patent AG.
Aber er ist auch ein listenreicher Sammler – von Unterschriften der Crew, die die Hafenbehörden verlangen, bis zu »persönlichen Effekten«. Zu seiner Ausrüstung gehört auch ein Fotoapparat. »Das Passbild ist für den Landgangsausweis bestimmt«, erklärt Christoph, »und für die argentinischen Behörden brauche ich den Abdruck deines rechten Daumens.« Dafür hat er auch ein Stempelkissen parat.

Vorgeschmack mit sonniger Vulkanaussicht

In der Nacht wird die Uhr um eine weitere Stunde zurückgestellt. Wieder ist länger Schlafen angesagt. Mit tintenblauem »Ententeich« und Sonne pur beginnt querab zur Mittelmeer-Einfahrt der erste Seesonntag. Erkennbar auch wieder am Speiseplan: Mittags serviert der Smut Steak satt, Bife de Lomo aus Argentinien. Ein appetitanregender Vorgeschmack auf Buenos Aires.
Doch schon nach dreieinhalb Tagen heißt es – diesmal zur Frühstückszeit: »Land in Sicht!« Majestätisch grüßt Teneriffas Bilderbuch-Vulkan herüber. Mit 3.716 Metern ist er der König unter Spaniens Bergen. Hotelburgen säumen die Küste. Wir möchten nicht tauschen! Unter Wolken versteckt weitab an Backbord Las Palmas, das auf der Heimreise angelaufen wird. Eine Korvette der spanischen Küstenwache kreuzt unseren Kurs. »Wahrscheinlich«, mutmaßt Kapitän Laudahn, »sind die auf der Jagd nach Flüchtlingsbooten.« Westafrika liegt auch nur 50 Seemeilen östlich. Für viele jedoch ein tödlicher Katzensprung.
Auf den hohen Außendecks sammeln sich die Mobilfunk-Telefonierer: letzte Chance vor Südamerika für Gespräche nach Hause. Nur die philippinischen Matrosen kümmert es wenig. Sie sind vollauf beschäftigt mit dem Großreinschiff. Schiffsmechaniker Wolfgang Hanikow schweißt in seiner Werkstatt ein Relingsteil: »Das ist beim Laden von einem Container gerammt worden«, erklärt er ohne aufzublicken hinter seiner Schutzmaske.
Jetzt werden auch die Liegestühle – fünf kommen auf einen Passagier; sensationell im Gegensatz zu Kreuzfahrtschiffen! – ausgepackt. Ein erstes Sonnenbad nach dem verregneten deutschen Sommer ist nun hochwillkommen. Der frische Nordost-Passat

Passage von Teneriffa mit dem Vulkan Pico de Teide.

Ölig-glatte Äquatorsee.

Arbeiten an der Hauptmaschine.

Arbeitsbesprechung an Deck.

Feierabend an der Crew-Bar.

Das Brückenhaus – eingerahmt von Containern.

sorgt für eine fächelnde Brise. Der Atlantik atmet rhythmisch mit langem Schwell.
»Farmers breakfast« oder »Bauernfrühstück« serviert Steward Rhoderick zum Dinner. Wie das mundet! Dagegen hilft nur eins: Decks-Walking! Unterwegs treffe ich Wolfgang Hanikow. Der hat die gleiche Idee gehabt. »Zu Hause«, sagt der Oranienburger, »komm ich nich dazu, da führ' ich immer nur janz jemütlich meinen Hund aus.«

»Linie«-Erlebnis zwischen Afrika und Südamerika

Auf dem vorderen Teil des langen Hauptdecks hört man weder stampfende Maschinen- noch brüllende Lüftergeräusche. In das Wellenrauschen längsschiff mischt sich nur hin und wieder das scheinbar gefährlich klingende Ächzen und Knarzen der Blechkisten über mir. Ansonsten könnte man meinen, auf einem Großsegler unter Vollzeug dahin zu gleiten. »Als wennste schwebst!«, ruft mir Wolfgang im Vorbeilaufen zu, während Scharen von fliegenden Fischen wie zur Bestätigung neben uns segeln. Wir sind scheinbar allein auf weiter 360-Grad-Flur. Bis Wolfgang bei der nächsten Runde stoppt und nach Steuerbord zeigt: »Ein Schiff!« Das ist schon eine kleine Attraktion, wenn der Horizont tagelang wie blank gefegt ist.
Sportlich gibt sich auch Kapitän Laudahn. Mit Chief Witte hat er sich gerade ein heißes Tischtennismatch geliefert. Schweißgebadet klopft er an meine Kabinentür: »Spielen wir nachher noch 'ne Runde Malefitz?« Das ist zu Hause in Rostock mit seiner Familie und bei uns schon Tradition, wenn wir gemeinsam zur See fahren.
Vor dem Schlafengehen vergesse ich, die Uhr eine Stunde zurückzustellen. Prompt bin ich am nächsten Morgen – immer noch mit bleierner See und strahlendem Sonnenschein – der erste beim Frühstück. Ich wäre aber auch so bald wach geworden, denn ein paar Matrosen klopfen Rost ein Deck über mir. Natürlich im »munter machenden« Stakkato-Tempo.
Die Luft wird zunehmend schwüler. Mein GPS signalisiert am siebten Seetag Äquatornähe. »Du hast noch 'n büschen Zeit. Genau um elf Uhr fünfunddreißig dampfen wir drüber«, weiß Kapitän Laudahn aus seinen Berechnungen. Ich halte mich vor dem SATLOG-Display in Schussposition, denn den Augenblick will ich festhalten. Die letzten tausendstel Bogensekunden gehen in rasantem Tempo durch. Dann ist es so weit: 00.00 Grad Nord! »Na, hast du's gespürt«, grinst Laudahn, »wie der Dampfer gerade 'n Satz gemacht hat?!« Dritter Offizier Rogelio Cartagena blickt nicht einmal auf von seinen Vorbereitungen zur Wachübergabe. Tagesroutine wie üblich ist angesagt. Wir preschen mit Full Speed über die magische Linie hinein in den Südatlantik. Der Kapitän muss an seine erste Taufe denken: »Als Stifte wurden wir damals ganz schön rangenommen – mit allen Schikanen.«
Was bleibt: ein paar Null-Null-Fotos und eine Flaschenpost, die ins autobahnbreite Kielwasser fliegt und torkelnd in den schäumenden Strudeln verschwindet. Vielleicht kommt ja irgendwann mal (wieder) eine Antwort von ferner Küste ... Die ist nur 130 Seemeilen an Steuerbord querab. Etwa dort, wo die nordost-brasilianische Hafenstadt Recife liegt.

Gummilatschen-Parade vor Umtrunk

Nachmittags verfinstert sich schlagartig der blaue Himmel. Schwarz-graue Regenfahnen aus tief hängenden Wolken künden den ersten heftigen Tropenschauer an. Zur Freude der philippinischen Matrosen, die Farbe und Pinsel einpacken und früher Coffee Time machen können. Der jetzt einsetzende Südost-Passat bläst sich allmählich zu 25 Knoten oder Windstärke 7 Bft. auf wie per Telex schon angekündigt. MSC LAUSANNE schüttelt sich und die schmalbrüstige Brückenfestung vibriert noch stärker. Der Wind drückt gegen die 4.000 Quadratmeter Segelfläche, größer als die der Viermastbark »Sedov«. Der Frachter wird abgebremst. Prompt fällt die Geschwindigkeit um einen Knoten ab. »Dann wird's wohl nichts mit unserem ETA um zehn Uhr am Sonntag in Sepetiba bei Rio«, kalkuliert Kapitän Laudahn. Die geschätzte Ankunftszeit im ersten Hafen werde sich um zwei Stunden verschieben. »Und einen Liegeplatz haben wir auch noch nicht zugewiesen bekommen«, ärgert sich Laudahn über südamerikanische Nonchalance, »Landgang können wir uns abschminken. Aber auf der Heimreise liegen wir dort 24 Stunden – dann aber nichts wie ab nach Rio!«

Wieder ein Date am Abend: Bootsmann Renan Arnoco und Matrose Gary Solar laden zum Doppel-Geburtstags-Umtrunk in die Crew-Messe ein. Der zweite See-Samstag beschert uns außerdem eine zusätzliche Schlafstunde. Das fünfte und letzte Mal wird die Uhr zurückgestellt.

Alles, was wachfrei ist, hat sich versammelt. Im Vorraum eine Gummilatschen-Parade. Der Raum wird nur auf Socken betreten. Sauberkeit ist ein hohes Gebot an Bord. Entsprechend glänzen Gänge und Treppenhaus.

Renan, ein rundlich gemütlicher Mittvierziger, und Gary bedienen uns an der Bar. Sie haben sich nicht lumpen lassen: Tresen und Tische biegen sich unter Getränken und Snacks. Laut dröhnt die Karaoke-Show. Unbeschwerte asiatische Fröhlichkeit. Bei Bier oder Cuba libre kommt man sich unwillkürlich näher und erfährt eine Menge Persönliches über Familie, Heimat und Wünsche.

Anschließend bleibt noch Zeit für eine DVD-Konserve. Die TV-Serie »Zur See« war beliebt zu DDR-Zeiten. Heute kann Jörg Laudahn über die romantisierende Darstellung nur müde lächeln, »aber«, schränkt er ein, »das Bordleben damals war abwechslungsreicher als heute«.

Begleitgeschwader für Fliegenden Holländer

Am nächsten Vormittag: Nicht nur Herden prustender und mit ihren Fluken winkender Buckelwale an Steuerbord überraschen uns, sondern auch der dritte Großsegler während dieser Reise. Eine Bark vom Typ »Gorch Fock« unter Vollzeug auf Nordkurs. Kapitän Laudahn ruft ihn über Funk an, ein Mal, zwei Mal – keine Antwort. »Absolut merkwürdig dieses Verhalten«, wundert sich der Kapitän. Auch im Radar kein AIS-Signal, wie international zur Schiffsidentifizierung vorgeschrieben. Dabei wollten wir nur den Namen des »Fliegenden Holländers« erfahren, der mit seinem Geheimnis allmählich achteraus hinter der Kimm verschwindet. Das fliegende Begleitgeschwader bleibt uns erhalten: elegante Basstölpel, denen man in die blauen Augen sehen kann, so dicht segeln sie neben unserem Frachter über die Wellenkämme.

Der Schiffsverkehr wird wieder dichter. Nachts wetteifern die Fackeln von Bohrinseln mit dem Kreuz des Südens und dem Widerschein brasilianischer Küstenorte hinter der Kimm um die Wette. Was bleibt da noch von Romantik?

Am nächsten Morgen: Das Handy signalisiert plötzlich Empfang. Enttäuschend der Ausblick – statt Rios Zuckerhut nur pottendicker Nebel bei 19 Grad. Ursache: Sich allmählich erwärmende Luft trifft auf einen kühlen Strom. Nordsee im Herbst. Hier läuft es jahreszeitlich anders herum: So startet das Südhalbkugel-Frühjahr. Um 12 Uhr schert ein Lotsenboot heran. Zwei Stunden schlängelt sich MSC Lausanne durch die Fahrrinne – an Back- und Steuerbord von idyllischen Palmeninseln mit weißen Traumstränden gesäumt –, bis voraus ein Erz- und Containerterminal auftaucht. Zwei Schlepper bugsieren den Frachter an die Pier. »14 Uhr: fest in Sepetiba«, schreibt Chief Mate Heiner Schulze ins Schiffstagebuch. Als sich der Lotse verabschiedet, bitte ich ihn noch um Landgangstipps. »Hier sind wir sozusagen in the middle of no-where«, grinst er nur, »aber links vom Terminal gibt's einen kleinen Strand und etwas weiter ein paar hübsche Kneipen am Küstenweg.« Für zwei, drei Stunden Baden und Beinevertreten genau richtig! Er lüftet auch das Geheimnis um den »Fliegenden Holländer«: »Das war die brasilianische Marine-Bark Cisne Branco, unser ›Weißer Schwan‹. Die antworten grundsätzlich nicht und haben ihr AIS abgeschaltet«. Na, toll!

Landgangs-Illusionen samt Rüffel

»Landgang bis 22 Uhr!«, verkündet ein Schild. Auf geht's! Mit dabei Azubi Christian Schmidt und Schiffsmechaniker Christopher Kröger. Der Terminal-Bus schaukelt uns zum Tor. Wir zeigen unsere frisch geprägten Ausweise vor. Der Wachmann schüttelt nur den Kopf. Die Crew-Liste läge noch nicht vor, aber der Agent käme bald. Wir fassen uns in Geduld, bis der Mann auftaucht. »Sie wollen an Land?«, fragt er, »aber erst muss der Immigration-Officer die Liste abstempeln«. Wo denn das Problem sei, möchte ich von ihm wissen. »Heute ist Sonntag«, erklärt der Brasilianer, »da arbeitet der Beamte nicht, egal wie viele Schiffe hier reinkommen.« Er müsse jetzt erst nach Rio

Die MSC Lausanne läuft in den Flusshafen von Santos ein.

de Janeiro zu dessen Privathaus fahren, das dauere hin und zurück mindestens drei Stunden. Also nichts mit Baden und Beinevertreten! Enttäuscht fahren wir wieder zurück. Da wartet schon Kapitän Laudahn auf uns »Ausreißer«. »Niemand darf von Bord, wenn das Schiff noch nicht freigegeben worden ist«, werden wir gerüffelt. »Aber …«, entgegne ich, »nichts aber!« er. Und: »Euer illegaler Ausflug hätte teuer werden können! Ihr könnt von Glück sagen, dass die keine Strafe von euch kassiert haben! In den USA kostet so was ein paar tausend Dollar!« Wir sind geknickt und gewarnt.

Um 22 Uhr schweigen die Containerkräne. Wer kann, nimmt bis zum Auslaufen noch eine Mütze voll Schlaf oder, besser gesagt: »ruht ab«. Kapitän Laudahn verzichtet dafür sogar aufs Abendessen.

Seltsamerweise kommt der Lotse erst um 2 Uhr an Bord. 2.30 Uhr: Laudahn startet die Hauptmaschine und lässt das Schiff erzittern, die beiden Schlepper tauen an. MSC Lausanne dreht schwerfällig nach Backbord überholend ins Fahrwasser ein. Leuchttonnen blinken wegweisend. 5 Uhr: Die Seewachen-Routine beginnt. Jörg Laudahn kann noch drei Stunden »abruhen«. Nach dem Frühstück kämpft er sich schon wieder in seinem Office durch Stapel von Listen für Santos, den nächsten Hafen. Müdigkeit steht ihm ins Gesicht geschrieben.

Der Frachter stiebt an der Küste entlang nach Südost. »Dabei haben wir vom Agenten noch keinerlei Informationen«, wundert er sich einmal mehr über die scheinbare Planlosigkeit des Charterers, »kann daher sein, dass wir erst mal an den Haken gehen müssen.« Ankern jedoch heißt erneut Zeitverlust, der andererseits aufgeholt werden soll, um wieder in den normalen Fahrplan hineinzurutschen. »Kann auch sein«, spekuliert der Kapitän, »dass ein oder zwei Häfen gestrichen werden.« Er hat den Kopf voll, um alles dennoch einigermaßen auf die Reihe zu bekommen: »Erst zu Hause kann ich wieder richtig schlafen.«

Black List mit Bauernnacht

Voraus kommt am späten Vormittag eine Herde von stillliegenden Frachtern in Sicht. Ich zähle 20 auf Reede. Santos ist zugeparkt.

»Sechs Schäkel an Deck!«, gibt der Kapitän über Sprechfunk dem Zweiten auf der Back die Anweisung. Um 11.42 Uhr fällt der Anker bei 25 Meter Wassertiefe unterm Kiel. »Mal sehen, wann's weitergeht«, fragt sich Laudahn, »wenn wir Glück haben, können wir zwischen 20 und 22 Uhr fest sein und morgen Abend wieder rausgehen.« Aber auch daraus wird nichts: »Frühestens morgen Abend«, informiert der Agent. Was immer das heißen mag. Die Crew indes freut sich auf die »Bauernnacht« ohne Unterbrechung und mit Schlaf. Wolfgang Harnikow gibt in der Bar einen aus – zwei Fässchen Bier. Ein entspannter Abend voll praller Geschichten, die jede Landratte glatt für Seemannsgarn halten würde. Unter dem breit ausladenden Heck explodieren die anrollenden Seen mit Donnerschlägen und lassen den 63.000-Tonner bis in den letzten Winkel erzittern.

Hochhauskulisse von Santos.

MSC Lausanne strahlt dennoch und weithin sichtbar, aber aus einem anderen Grund als zu Wolfgangs Geburtstag. Scheinwerfer beleuchten ringsum – zur Abschreckung – die Bordwände. Es herrscht Verschlusszustand. Alle Außentüren sind hermetisch verriegelt. »Passen Sie besonders auf kleine Boote auf!«, erinnert der Alte eindringlich den Zweiten Pawel Sobczak, zuständig für Sicherheit. Der kontrolliert alles persönlich und penibel: »Santos port is on the black list«, sagt er ernst, da müsse man wachsam sein vor Überfällen. »Sogar im Hafen haben die Jungs neulich einen Container geknackt«, weiß der Chief und grinst: »Als sie nur linke Sportschuhe gefunden haben, sind die fast geplatzt vor Wut.« Piratenpech! Hoffentlich ist das Glück in diesem Punkt auf unserer Seite!

Gegen sechs Uhr morgens werde ich hellwach: als würde jemand gegen eine Stahltür hämmern. »Da wird doch wohl nicht einer …?«, schießt es mir durch den Kopf. »Kann nur einer der Matrosen auf Kontrollgang gewesen sein«, vermutet Kapitän Laudahn beim Frühstück.

Danach eine Lehrstunde im Maschinenraum. Chief Gunter Witte übernimmt die Führung. Endlich habe ich zum Beispiel das System der Stopfbuchse kapiert, oder wie der Ausbau eines Zylinders funktioniert und wie täglich 40 Tonnen Trinkwasser produziert werden. Die Reihe gelöster Rätsel ließe sich fortsetzen. »Nun, ja«, lächelt Witte, »ich bin sozusagen aus der Art geschlagen: Alle in unserer Familie waren Lehrer, nur ich bin zur See gefahren.« Das methodisch-didaktische Talent, das bestätigen auch sein Azubis, ist geblieben.

Zähneknirschender Einlauf-Krimi

Die Bord-Gerüchteküche kocht: Geht's heute Nacht noch los oder erst morgen früh? »Mal sehen, was der Agent erzählt«, sagt der Kapitän und beruhigt: »Die MONTE CERVANTES soll auslaufen und den Liegeplatz für uns frei machen.« Zwei Stunden später herrscht endlich Gewissheit. Um 22 Uhr ist der Anker aus dem Grund. MSC LAUSANNE nimmt langsam Fahrt auf. Hinein ins Lichtermeer der Millionenstadt Santos.

Der Lotse lässt auf sich warten. »Verdammich!«, entfährt es Jörg Laudahn, denn mitten im Fahrwasser ankert einer. Voraus kommt als schwarzer Koloss die MONTE CERVANTES angedampft. Mit dem deutschen Kollegen spricht er sich ab: »Ich stoppe auf, dann können Sie vorbeifahren.« Anschließend schlägt er um den vorschriftswidrigen Ankerlieger einen Haken. Dessen Wachhabender mimt, auf sein unseemännisches Verhalten angefunkt, den Verwunderten: Er läge doch außerhalb des Fairways. Die elektronische Seekarte jedoch sieht es genau andersherum, unbestechlich.

Laudahn ist erleichtert, als der Lotse endlich, aber viel zu spät, übersteigt – ohne Entschuldigung und schon mitten in dem nicht ungefährlichen Revier. Ein echter Einlauf-Krimi!

Dicke Luft deckelt den Hafen, der mit Frachtern vollgepackt ist. Bulkcarrier, die Getreide laden, sind von Staubwolken eingenebelt. »Das knirscht ja richtig zwischen den Zähnen!«, schüttelt sich der Kapitän. Auf der gegenüberliegenden Kanalseite nur öde Betonklötze, die sich in die umgebenden Hügel fressen. Kein Wunder, dass nichts in meinem Reiseführer über die Stadt steht, Sao Paulos Hinterhof und Tor zum Ozean. »Wir kennen höchstens die ABC-Bar«, grinst der Chief, »den einzigen Anlaufpunkt für Seeleute.«

Eine dreiviertel Stunde nach Mitternacht ist unser Frachter zwischen zwei anderen metergenau eingeparkt. Zum Landgang reizt hier wahrlich nichts. Bleibt nur eins: das Laden und Löschen aus der Vogelperspektive beobachten. Als die Südsonne sich zum Untergang neigt, ist unsere MSC LAUSANNE wieder seeklar. 16 Uhr: »Pilot on board!«, meldet der Zweite dem Kapitän auf der Brücke. Die Schlepper bekommen die Order, anzuziehen und dann das Schiff zu drehen. Es scheint die gesamte Gewässerbreite einzunehmen und sich anschließend davonzuschleichen. An Land Fei-

MSC LAUSANNE dreht auf dem Hafenkanal von Santos.

erabendgewusel vor endloser Hochhausfront. Hütten-Elend neben Glamour-Yachten.
Als die strandgesäumte Bucht von der Sonne vergoldet wird, legt sich der Frachter wieder ins Geschirr – Kurs Buenos Aires, das wir nach 1.009 Seemeilen am übernächsten Tag abends erreichen sollen.

Antarktis-Hauch über GRAF SPEE

Die Brücke vibriert. »Weil wir nur acht Meter tief gehen, ragen die Propeller-Flügel ein paar Zentimeter aus dem Wasser«, erklärt Jörg Laudahn, »da muss der Chief Mate wohl die beiden achteren Ballasttanks fluten, das bringt mehr Ruhe ins Schiff«. Nach dem Abendbrot wartet schon der PC auf ihn: »Noch ein paar Telexe, Faxe und E-Mails abschicken, dann ist auch wieder Zeit für zwei, drei heiße Malefitz-Runden.«
Der Seetag gibt sich grau in grau und kühl. Regen wäscht die Scheiben, Blitze zucken aus schwarzem Gewölk. »So weit weg sind wir ja nicht mehr von der Antarktis, fehlen bei diesen Temperaturen nur noch Eisberge«, kommentiert Chief Gunter Witte grinsend die Wetterlage.
Pünktlich wie berechnet stoppt MSC LAUSANNE am nächsten Morgen: Der Lotse kommt an Bord. Zwölf Stunden Revierfahrt auf dem schlammbraunen, bis zu 250 Kilometer breiten Rio de la Plata, dem »Silberfluss«, liegen vor uns. Die Fahrrinne hingegen ist mit durchschnittlich 300 Metern Breite relativ schmal. »Überholen ist nicht«, kratzt sich Kapitän Laudahn das Stoppelkinn, »auch wenn unser Vordermann nur zwölf Knoten läuft, da könnten sich die Schiffe leicht ansaugen.«
An Steuerbord zeichnet sich im Frühdunst die Küste von Uruguay mit der Hauptstadt-Skyline von Montevideo ab. Fünf Seemeilen vor dem Hafen liegt das Wrack des deutschen Kreuzers »Admiral Graf Spee«. Am 13.12.1939 gab sein Kommandant, Kapitän zur See Langsdorf, das Kommando zur Selbstversenkung, nachdem das damals neutrale Uruguay von den Engländern, die vor der La-Plata-Mündung bereits mit drei Kreuzern lauerten, gezwungen wurde, das Kriegsmarineschiff nicht länger unter seinen Schutz zu stellen. »Jetzt«, berichtet der argentinische Lotse, »werden Teile gehoben und in einem Museum in Montevideo ausgestellt.«
Unbeeindruckt von den passierenden großen Schiffen, sonnt sich ein Seelöwe auf einer Fahrwassertonne – bei nur noch elf Grad Lufttemperatur. Die Rostocker und Stralsunder Heimatstadt-Flaggen vom Kapitän und von

Versenkungsposition der GRAF SPEE vor Montevideo.

Rückwärts einparken im Hafen von Buenos Aires.

mir knattern am Signalmast neben der argentinischen im Morgenwind.
Pünktlich, trotz südamerikanischer Unwägbarkeiten, ist MSC LAUSANNE um 18 Uhr fest in Buenos Aires. Vor der wuchtigen Wolkenkratzerkulisse ein zierlicher Dreimaster mit meterhoher gelb-blau-roter Flagge: die kolumbianische Marine-Bark GLORIA – der vierte Großsegler auf dieser Reise. Den fünften haben wir nur auf einer DVD gesehen: die PAMIR. Sie trat im Herbst 1957 von hier aus ihre letzte Reise mit einer Ladung Gerste an.
Alle fiebern dem Feierabend entgegen. »Duschen und dann nix wie an Land!«, haben sich nicht nur die Azubis vorgenommen. Sie wollen ins »Dangerous women«. Pavel warnt, halb im Scherz natürlich: »Die Mädels sind da wirklich nicht ungefährlich!« Christian und Christopher grienen wissend. Nachdem das Schiff von den Behörden freigegeben worden ist, schieben sie ab. Am Hafentor lauert schon Andrea, um sie gratis in das Etablissement zu lotsen. Die vergnügliche Nacht der Seeleute wird lang – bis vier Uhr morgens.

Caminito, das bunte Künstlerviertel von La Boca.

Tango – allgegenwärtig.

Junge Argentinierin fordert den Autor zum Tango auf.

La Boca, Heimat des Tangos

»Shore leave expire Sunday 04 h«, verkündet die Landgangstafel. Wir haben viel Zeit.
Am Samstagvormittag machen auch Kapitän Jörg Laudahn und ich uns auf die Socken. Die Personenkontrolle ist locker. Wir werden fast durchgewinkt. Vor dem Tor des Containerhafens »Puerto Rio de la Plata« wartet bereits der Agent auf uns. »Wohin soll ich Sie bringen?«, bietet er uns freundlich seinen Fahrdienst an. Wir entscheiden uns für das entfernteste Ziel: La Boca. »No problema«, lacht der Argentinier und karriolt uns mit seiner klapprigen Ami-Kiste in das alte Hafenviertel im Südosten der Metropole. Über breite Avenidas, durch Häuserschluchten und finstere Gegenden. »Zurück zum Schiff können Sie auch den Bus 152 nehmen«, verabschiedet sich der Agent, nachdem Jörg Laudahn Dollars in Pesos bei ihm gewechselt hat. Dann haben wir nur noch Augen für die grellbunten Häuser und Hütten, die die berühmte Straße El Caminito säumen. Ein Touristenmagnet ersten Ranges, der seinen Charme aber keineswegs verloren hat. Der einst im Viertel ansässige Maler Benito Quinquela Martin hat die Anwohner überredet, ihre Häuser, die – so wird erzählt – aus dem Holz und Blech abgewrackter Schiffe bestehen, mit farbenfrohem Schiffslack zu streichen.
La Boca, das ist auch das Synonym für Tango, sozusagen seine Geburtsstätte. Getanzt, natürlich nur zur Show, wird er hier überall zu sanfter Musik aus der Konserve. Wir lassen uns auf einer Mauer nieder und genießen den erotischen Tanz eines Paares. Plötzlich, ehe ich es überhaupt begreife, hängt sich mir eine junge Tänzerin an den Hals. Kapitän Laudahn zückt die Kamera – »Für deine Frau!«, lacht er –, und das Mädel hält die Hand auf: »Por favor, Senor!« Ich greife instinktiv in meine Jackentaschen – ob noch alles drin ist. Man hat ja schließlich so einiges über gewisse Tricks von schnellen Fingern gehört, aber es fehlt nichts. Zum Glück hat die allgegenwärtige »Prefectura«-Polizei die Szene fest in Blick und Griff.
Über wacklige Holzstiegen entern wir eine Galerie. Nicht nur Tango- und La Boca-Bilder gibt es da zu sehen, sondern auch einen schönen Ausblick über das quirlige Künstlerviertel.
Nahe der verrosteten Stahlbrücke, gegenüber dem Wrack eines La-Plata-Passagierdampfers, liegt die Bushaltestelle. Wir steigen in den 64er und lassen uns für umgerechnet 30 Cent – man muss sie passend für den Automaten parat haben – downtown chauffieren. Vorbei auch an der Bonboniera, der »Pralinenschachtel«. In diesem Stadion mit seinen Schwindel erregend steilen Tribünen begann die Fußball-Weltkarriere von Diego Maradona, der bei den »Boca Juniors« spielte.
Im Zentrum von San Telmo, an der Plaza Dorrego, erhaschen wir ein paar Augenblicke lang Eindrücke vom berühmten Flohmarkt. Auf der Plaza de Mayo ist für uns Endstation. Weiter geht's zu Fuß, vorbei an der Casa Rosada, dem rosa gestrichenen Regierungspalast, durch den Parque Colon zu den restaurierten Backstein-Speichern aus dem 19. Jahrhundert am Dockhafen. Hier reiht sich ein Restaurant ans andere. Auf den Freiflächen genießen die Portenos, wie sich die Hauptstädter nennen, die ersten wärmenden Sonnenstrahlen. Es ist der 22. September, ein Tag nach Frühlingsanfang. Bis dahin haben winterliche Regenfälle das Land wochenlang unter Wasser gesetzt.

Fregatte BELGRANO in den historischen Docks.

Kapitän auf Landgang in La Boca.

Drehen im Hafen von Buenes Aires.

Die Gastlandflagge ist gesetzt.

Leinen für den Heckschlepper (oben) und Schlepper bei der Arbeit (rechts).

Aus den Ästen der Bäume sprießt zartes Grün. Hin und wieder fährt noch ein kühler Südwind dazwischen, genannt »Aires de Patagonia«. Feuerland lässt grüßen!

Argentinien – kein Vegetarier-Paradies

Der Agent hat uns einen Tipp mitgegeben: »Zum Mittagessen sollten Sie ins ›Signe La Vaca‹ gehen, da gibt's Fleisch und Salate satt, eine Flasche Wein und Dessert – zum Festpreis von nur 47 Pesos.« Wir sind überwältigt von den Mega-Grills mit Massen von fleischlichen Spezialitäten, deren Duft den dicht besetzten Raum füllt. An einem Fenster mit Hafenblick lassen wir uns nieder und essen fast bis zum Platzen. Auch unsere Mitesser laden sich die Teller voll. »Nicht zu schaffen«, stöhnt Jörg Laudahn, »aber die Augen wollten mal wieder mehr. Solche Mengen sind unsere Mägen einfach nicht gewohnt.« Auch er muss am Ende kapitulieren.
Um alles besser sacken zu lassen, bummeln wir über die Dockpromenade. Schon die erste Bank gehört uns. »Jetzt müsste man sich nur noch zu einem Mittagsschläfchen hinlegen können«, träumt der Kapitän von seiner Koje an Bord. Doch die vorüber wandelnden Menschen und später ein Freiluft-Capuccino halten ihn wach: »Leute beobachten, das mag ich.«
Wir steuern schließlich die Calle Florida an – nach Norden mündet sie in die Plaza San Martin –, ein Fußgänger- und Einkaufsparadies. Menschenmassen schieben sich durch die enge Gasse. Neben Tangotänzern und Musikern führt ein Fußballkünstler im Look der argentinischen Nationalmannschaft Ballakrobatik im Maradona-Stil vor.
Auf unserem Stadtplan hat uns der Agent die Calle Laval angekreuzt: »Im ›La Estancia‹ müssen Sie unbedingt bife die lomo essen.« Argentinisches Rindfleisch aus den Weiten des südlichen Pampa-Graslandes hat Weltruf. Wie gut, dass wir schon wieder Appetit haben nach langem Fußmarsch. Ein paar Blocks weiter stehen wir vor dem Restaurant. Neben dem Eingang das landestypische »asado«. Im Kreis angeordnete Fleischstücke am Spieß werden über offenem Feuer gegrillt. Bevor uns der indianisch aussehende Kellner im weißen Jackett den Ha uptgang serviert, füllt er uns Empanadas auf die Teller: kleine, heiße Teigtaschen mit durchgedrehtem Steakfleisch gefüllt und eine scharfe Sauce auf Olivenöl-Basis. Dazu Flaschenbier, im Eisbehälter gekühlt – ein echter Genuss!
Schließlich der Höhepunkt des kulinarischen Abends: pro Nase ein 380-Gramm-Rinderfiletbrocken. Schon der Anschnitt überzeugt: so zart, dass jeder Bissen geradezu auf der Zunge zergeht. Jetzt wird Tabula rasa gemacht, diesmal bleibt nichts auf den Tellern liegen.
Wir sind geschafft, aber glücklich. Ein Highlight muss aber noch sein: die Avenida 9 de Julio um die Ecke. Zwar ein Fußgängeralptraum, aber beeindruckende 125 Meter breit und damit wie ein Fußballplatz lang. Nur über mehrere Inseln kommt man auf die andere Seite des zehnspurigen Prachtboulevards, scheinbar von Autofahrern belauert, die wie vor den Ampeln ungeduldig in den Startlöchern stehen. Ihr Vorbild anscheinend: das einstige argentinische Rennfahrer-Idol Juan-Manuel Fangio.
Auf einem Platz in der Mitte der angestrahlte »Nullpunkt Argentiniens«. Angeblich werden von diesem weißen Monolithen aus alle Entfernungen im Land gemessen. Bis an unsere heimatliche Ostsee-Küste sind es von hier aus runde 13.000 Kilometer.

Asado-Rindfleisch-Grill in Buenos Aires.

»Keinen Schritt mehr heute!«, verteidigt Jörg Laudahn seinen Vorschlag, doch lieber per Taxi zum Schiff zu fahren, »meine Füße sind nach zwölf Stunden rund.« Er muss fit sein, um die zwölfstündige Lotsstrecke auf dem La Plata am nächsten Morgen durchzustehen.

Öko-Fracht mit Öko-Speed

Um acht Uhr, eine Stunde später als geplant, ist MSC LAUSANNE auslaufbereit. Kapitän und Lotsen sind sauer: Die in sonntäglicher Ruhe verharrenden Behörden lassen sich Zeit mit dem Abstempeln der Landgangsausweise. Es wird 09.30 Uhr, als die Leinen ins Wasser klatschen und die Schlepper endlich anziehen können.
Zum Mittag gibt es noch einmal – Steak satt. Chief Witte verzichtet: »Nicht schon wieder!« Was er nicht sieht: Tonnenweise Steakfleisch stapelt sich jetzt direkt vor ihm – in den frisch geladenen Kühlcontainern, die wie große weiße Legosteine an Deck liegen. Ihre Kühlaggregate summen laut. Aber auch argentinische Äpfel reisen mit. Tausende von Kilometern vom Erzeuger zum Verbraucher in Europa. Dafür brauchen sie rund 70 Tage. Pro Kilo kostet der Schiffstransport nur zehn Cent. Unschlagbar! Und die Ökobilanz? Ein volles Schiff schneidet allemal besser ab, haben Fachleute errechnet, als ein halb leerer Lastzug. Um die Kohlendioxid-Emissionen zu kompensieren, arbeiten schon manche Importfirmen »CO_2-neutral«: indem sie einen entsprechenden Betrag zum Beispiel für Aufforstungsprojekte überweisen. »Klimaneutrale« Ware sei das Ziel. Ob Marketing oder Idealismus, das ist eine ganz andere Frage.
Gegen 20 Uhr scheinen die pechschwarzen Regenwolken über der Kimm zu brennen. Die nächtlich strahlende Hauptstadt Uruguays voraus! »Das Haus in Montevideo« von Curt Götz kommt mir in den Sinn. Aus dem Dunkel links von der Hafeneinfahrt warnen

Heckschlepper zieht achtern an.

Südbrasilien – wie im deutschen Herbst

Am übernächsten Abend gegen 20 Uhr ist es dann so weit. Einen Tag früher als angekündigt. Kein Mensch weiß warum. Azubi Christian ist froh: »Endlich ist die zermürbende Warterei vorbei! Denn man weiß ja nie, wann wir wieder ins Geschirr müssen. Da ist die gleichmäßige Seeroutine schon wesentlich besser, weil verlässlicher.« Ein Satz von Joseph Conrad aus »Lord Jim« fällt mir ein: »Es gibt nichts, das mehr verlockt, enttäuscht und versklavt als das Leben auf See.«
Kurz nach 22 Uhr ist der Frachter, 445 Seemeilen seit dem La Plata, fest in Rio Grande. Die CSCM Fuzhou, ein Frachter, der erst in Buenos Aires eingelaufen ist, als wir abgelegt haben, ist hinter uns gerade auslaufklar. Verstehe einer das, wer will!?
Mal sehen, was uns in diesem südbrasilianischen Hafen so erwartet. In erster Linie pottendicker Nebel und Nieselregen – »wie Bremerhaven im Herbst«, findet Kapitän Laudahn. Der dauernde Klimawechsel – mal warm, mal kalt, auch im Schiff selbst – hat den Hünen schwanken lassen. Eine Erkältung schüttelt ihn.

die Wracktonnen der Admiral Graf Spee. 21 Uhr: Durch den stürmisch aufgewühlten La Plata tanzen gischtend drei Lichter heran. Kapitän Laudahn macht Lee, damit das Pilot-Boot in der so beruhigten See anlegen und der Lotse gefahrlos absteigen kann. Dann ist Öko-Speed angesagt. »Morgen Mittag könnten wir schon im nächsten Hafen Rio Grande sein«, informiert mich Kapitän Laudahn von der Brücke, »aber wir müssen erst mal 48 Stunden oder noch mehr an den Haken.« Zwei »Hamburg-Süd«-Frachter, immer eine Nasenlänge voraus, genießen anscheinend alte Vorrechte in diesem Fahrtgebiet.
Am Ankerplatz orgelt ein Kuhsturm mit bis zu zehn Beaufort-Stärken oder über 50 Knoten wütend um die Aufbauten, Regenböen peitschen unser Schiff. Kapitän Laudahn ist besorgt und fragt sich, ob der Anker in dem sandigen Grund hält. Er hält, aber dafür sind die gesamten zwölf Kettenlängen von 330 Meter Länge ausgesteckt worden. Ein anderer Dampfer hat nicht so viel Glück: Unter dem enormen Winddruck driftet er in wenigen Stunden um rund vier Seemeilen achteraus. Er muss ankerauf gehen und einen erneuten Versuch starten, um das Schiff sicher an die Kette zu legen.
Im Radar sind zur Beobachtung Peilstellen markiert. Der Nachbar kommt stellenweise auch schon ziemlich nah. »Falls es knapp wird ab einer bis anderthalb Seemeilen Abstand zu ihm«, erklärt der Chief, »können wir die Hauptmaschine in einer Viertelstunde hochfahren.«

Landgang habe ich mir gleich abgeschminkt. Der ist nur bis neun Uhr vormittags erlaubt, also Null Chance, per Taxi noch mal schnell in die Stadt zu sausen. Was bleibt? Containerstapel, Kräne, Baustellen, Fernglasblicke auf Fischerhütten und -boote, Waldreste mit vom Sturm gebeugten Windflüchtern, Dünen an einer weit geschwungenen Bucht, Segelloren auf der Mole, ein paar auf überschwemmten Weiden grasende Kühe … und die »erfreuliche« Ankündigung weiterer Verzögerungen – zuvor wieder zwei Anker-Tage! – im nächsten Hafen Sao Francisco do Sul. Befragt, was er davon halte, meint Chief Gunter Witte: »Stellen Sie sich vor, dass wir so was wie ein schwimmendes Zwischenlager sind. Wenn die Kapazitäten an Land nicht reichen, werden die Kisten eben auf See geparkt, ganz einfach. Ob uns das passt oder nicht.« Auch wenn das den Charterer mehrere zehntausend Dollar pro Tag kostet. »Dafür fahren wir nicht und er spart dadurch Sprit«, grinst Witte vielsagend.

Wetten, dass oder: wann einlaufen?

Noch 455 Seemeilen nordostwärts, dann herrscht Ruhe im Schiff oder – erneut nerviges Warten und Ungewissheit. »Wer ist hier eigentlich der Jonas?«, spielt der Chief beim Mittagessen auf einen »Unglücksboten« an, »der muss ja gelbe Socken anhaben!«

Der »kleine Zuckerhut« von
Sao Francisco do Sul.

Schiffe auf Buenos Aires Reede.

Die hoch beladene MS MSC Lausanne.

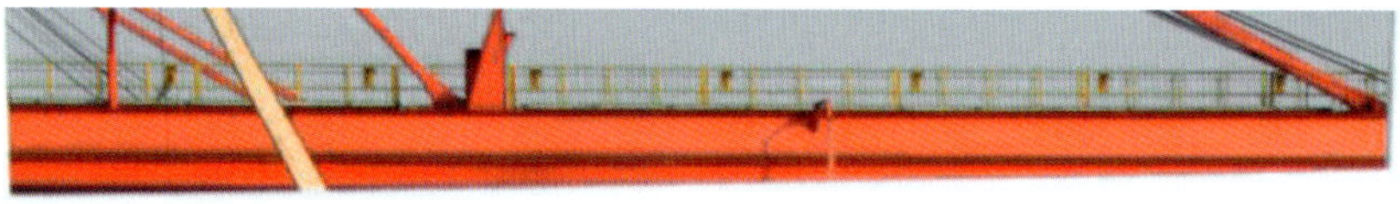

Sonnenuntergang südlich des Äquators und Hafenimpressionen.

Ein Frachter kommt aus dem Hafen, aber bei den zehn um uns herum ankernden Leidensgenossen bewegt sich nichts. »Die Pier da ist so kurz, dass jeweils nur ein Schiff abgefertigt wird«, weiß der Kapitän, »und wir können nur in der Mitte laden, schlappe 120 Blechkisten. Außerdem sind Ein- und Auslaufen mit unserem Tiefgang nur möglich bei auflaufendem Wasser.« Im Raum steht die ökonomische Frage: Wozu dann überhaupt dieser zu kleine und ständig überfüllte Hafen?! Schiffsmechaniker Wolfgang Hanikow bringt das aufreibende Lotteriespiel auf einen knappen Punkt: »Das ist eben Seefahrt!«

Einziger Trost: Es wird wieder wärmer: Um neun Uhr Vormittag zeigt das Thermometer schon 20 Grad. Die kurzen Hosen kommen wieder aus dem Schrank. Verlockend die weißen endlosen Dünenstrände vor grünen Hügeln. Eine zwölf Seemeilen entfernte Illusion, nicht mehr und nicht weniger. Da bleibt nur eins: Liegestuhl raus und – vom Landgang träumen.

Ein frischer desodorierter Duft weht durch Treppenhaus und Lüfter. Für seine philippinischen Landsleute hat Bootsmann Renan Arnoco »Cabin Cleaning« angeordnet. Pop-Musik dröhnt dazu aus den offenen Kabinen, die Kapitän Laudahn kurz vor Feierabend inspiziert. Danach sieht man einige mit Angeln still an der Reling stehen.

Ein langes Wochenende steht vor der Tür. »Dann ist das Schiff wie tot«, findet Wolfgang Hanikow. Doch nicht ganz: Kapitän Jörg Laudahn lässt am Abend in der Bar zwei Fässchen »Hasentod«-Bier springen. Und der Chief nimmt Wetten entgegen, wann der ständige Verfolger CSCM FUZHOU einlaufen wird – getreu dem Hase- und Igel-Motto: Ick bünn all hier! – und wie lange unser unfreiwilliges Anker-Dasein noch anhält. Laut letzter Prognose bis zum nächsten Morgen sechs Uhr.

Die Pessimisten haben Recht behalten: Noch in derselben Nacht verholt die FUZOUH in den Hafen. Still ruht MSC LAUSANNE und mit ihr die schwarze See.

Spekulationen blühen, der weitere Fahrplan steht in den Sternen, die über uns vielsagend funkeln. »Ist mir alles egal«, kommentiert Chief Mate Heiner Schulze die Lage, »wir werden ja zum Glück nicht nach der Zahl der Reisen bezahlt.«

Doch auch in der Seefahrt geschehen noch Wunder. Tags darauf heißt es: ankerauf um 16 Uhr. Tatsächlich, die tonnenschwere Kette rasselt Glied um Glied aus dem Grund. MSC LAUSANNE nimmt langsam Fahrt auf. Vorbei an ein paar idyllischen, palmenüberwucherten Felseninseln und im Tonnenslalom hinein in eine weite, von einsamen Stränden umsäumte Bucht. Aus dem dichten Bergwald steigen Qualmsäulen in die tiefhängenden Wolken: Brandrodung. Alltäglicher Frevel in Brasiliens Natur.

Drei Schlepper werden benötigt, um den 275-Meter-Riesen in das schmale Hafenbecken zu bugsieren. Unser Schiff passt gerade so an die Pier. Zum Vordermann bleiben gerade mal fünf Meter Luft. Um 18.45 Uhr sind die Leinen fest. Kapitän Laudahn: »Das war vielleicht eine Quälerei um Tonnen herum, die gar nicht in der Seekarte verzeichnet sind! Morgen früh um sechs sollen wir fertig sein und wieder auslaufen.« Ringsum eine trostlose Industriekulisse, hinter uns eine Getreideverladeanlage. Weizenpuder und feiner Nieselregen dicken die Luft zu einem diesigen Gemisch an. Andererseits: Sao Francisco do Sul – klingt schon irgendwie verlockend. Auch das, was beim Vorbeifahren aus der Relingsperspektive zu sehen gewesen ist. Der Ort wird überragt von einem Hügel mit hohem Kreuz. Die Miniaturausgabe vom großen Bruder Corcovado in Rio.

»You go ashore?«, fragt mich der bullig-gemütliche Bootsmann Renan lächelnd, als ich noch unschlüssig an Deck stehe, weil man mich gewarnt hat, hier im Dunkeln nicht allein loszuziehen. »I'll wait and see«, kann ich nur fatalistisch antworten. Ob ich Recht damit behalte?

Listenreiche Landgangsprobleme

Erwartungsvoll steuere ich im Zick-Zack das Gate an, unter schwebenden Containern hindurch und an Lkw-Kolonnen entlang. Eingehüllt von brüllendem Lärm, beißenden Staub- und Dieselwolken. Plötzlich aus dunklem Nachthimmel eine dröhnende Stimme über mir, ich zucke unwillkürlich zusammen. Nur ein Kranfahrer, der seinen Kollegen auf der Pier per Lautsprecher etwas zugerufen hat.

Am Hafenausgang zücke ich die glänzende ID-Karte. Der Wachmann sucht meinen Namen auf der Crew-Liste: vergeblich! Als »Mr. Nobody« darf ich die vergitterte Drehtür nicht passieren. Also, vorwärts und wieder zurück! An Bord frage ich Kapitän Laudahn, was los sei. »Die Passagierliste habe ich doch dem Agenten vorhin mitgegeben«, wundert der sich. Erneut versuche ich mein Glück. »Wir haben nichts bekommen«, blättert der Torwächter in seinem Papierstapel. »Aber der Agent hat doch ...«, setze ich an und sehe nur ein Kopfschütteln. Er spricht mit seinen Kollegen, aber auch die bleiben unnachgiebig. Ein drittes Mal kehre ich frustriert um. Der philippinische Wachmatrose an Deck hat schließlich die Idee: »Eine neue Liste muss her!«, meint er und informiert umgehend den Dritten Offizier Rogelio Cartagena im Schiffsbüro. Nautik-Praktikant Christoph Kolter kitzelt das rettende Papier aus dem PC, der Steuermann muss es nur noch stempeln und unterschreiben, »because the captain is already sleeping«. Den dürfe man jetzt nicht stören.

Als ich schon von weitem mit meinem Blatt in der Hand wedele, strahlen die Uniformierten, entschuldigen sich pausenlos und wünschen mir viel Spaß beim Landgang. Der ist bis jetzt um eine bürokratische Stunde verkürzt worden. Neben dem Ausgang steht unscheinbar die kleine Statue eines betenden Heiligen. Vielleicht hat er was für mich bei seinem Chef erreicht ... Erst die »himmlische« Stimme, dann das jetzt. Nachdenklich trete ich auf die Straße.

Über 500 Jahre Kolonialgeschichte empfangen mich in der Altstadt. Ansehnlich Restauriertes darunter, aber auch maroder Charme, tropisch feucht gefleckt. Über kleine Plätze, vorbei an der gelb gestrichenen Kirche lande ich auf der langgestreckten

Uferpromenade und wandele unter rauschenden Palmen. Eine kleine Eule begleitet mich. Richtig romantisch! Alles überragend das von starken Scheinwerfern angestrahlte Deckshaus der MSC Lausanne, sozusagen zur höheren Orientierung.
Plötzlich werde ich aus meinen Betrachtungen gerissen: Jemand ruft mich aus einer finsteren Ecke an: Wie spät es sei. Da ich Spanisch spreche, kann ich nur – wahrheitsgemäß – sagen und demonstrieren, dass ich keine Uhr dabei habe. »Obligado!«, kommt es auf Portugiesisch zurück, »danke schön!«. Erschreckt sind mir die Warnungen durch den Kopf geschossen. Außer meinem Bordausweis habe ich nichts mitgenommen. Unauffällig beschleunigend und nach hinten sichernd, habe ich mich in eine belebtere Straße – das größte Geschäft gehört einem Deutschstämmigen namens Klaus Foerster und bietet Nippes an – davongemacht. Irgendwie erleichtert.
Die Kneipen locken nicht: ungemütlich neonbeleuchtet und laut. Durch die Scheiben einer Disco sehe ich ein paar unserer philippinischen Matrosen herumstehen, andere telefonieren von der nächsten Ecke nach Hause. Ein ellenlanger Getreide-Güterzug mit der Aufschrift »America Latina Logistica« rumpelt mitten durch die Stadt. Das Dreiklanghorn der schweren Lok weckt auch die letzten schlafenden Hunde, die dagegenanzukläffen versuchen. Regenschauer jagen mich zurück an Bord in meine gemütliche Kabine.

Samba-Fröhlichkeit vor Mauer-Monster

Um sieben Uhr am nächsten Morgen grummelt die Maschine wieder los. 196 Seemeilen Kurs Santos – zum Zweiten. Punkt 17 Uhr gräbt sich der Anker auf Reede in den Grund. Am Morgen des 3. Oktober, dem Tag der deutschen Einheit, rasselt er um zehn Uhr wieder in seine Halterung. Zwölf Uhr, High Noon, fest in Santos. Liegeplatznachbar: der in Stralsund gebaute 34.000-Tonner CMA CGM Brasilia aus Elsfleth, den ich selbst noch im November 2004 auf der Volkswerft besucht habe. Schräg gegenüber die gleich große CSAV Maulo, gebaut bei Aker MTW in Wismar. Zwei zu diesem Feiertag – nur die Einwanderungsbehörden fassen mal wieder Geschenke ab – passende Begegnungen. Dazu der treffende Mittagswitz vom Chief, gebürtig aus der Nähe von Torgau in Sachsen: »Warum war es DDR-Bürgern strengstens verboten, zusammen mit Bürgern aus der BRD Alkohol zu trinken? Weil sonst beide die gleiche Fahne gehabt hätten.«
Am Hafenausgang bin ich diesmal listenmäßig voll erfasst: Null Probleme! Ich kann mich ins Nachmittagsgetümmel von Santos stürzen. Entweder per Bus zehn Minuten nach rechts in die Zi-

Lotse und Kapitän beim Auslaufmanöver hoch oben auf der Brücke.

vilisation oder nach links in deren Schatten. Ich entscheide mich für Letzteres. Solange es noch hell ist, ansonsten kann es gefährlich werden, hat der Agent gewarnt.
Eine schier endlose Häuser-Landschaft im Schachbrettmuster schluckt mich. Hinein ins pralle Leben, das sich auf der Straße und in den kleinen Vorhöfen abspielt. Ob Bier trinkend, dösend oder auch etwas arbeitend – die Leute haben viel Zeit füreinander und warten hingebungsvoll. Vielleicht auf Godot? Der Supermarkt an der Ecke ist ein Quell für preis-

Sonnenuntergang über der Bucht von Santos.

Hochhauskulisse mit Strand in Santos.

Fischerdorf an der brasilianischen Küste.

Segelnder Fischerkahn neben dem Schiff.

werten einheimischen Zuckerrohr-Schnaps, günstiger als an Bord.
Jenseits der Hauptstraße hausen die an den Rand Gedrängten. In erbärmlichen Hüttchen aus Paletten, Bretter-, Planen- und Wellblechfetzen. Völlig ungeordnet, aber mit aufgemalten Hausnummern. Zusammen mit Hühnern, Enten, Katzen und Hunden. Manchmal ragt auch eine Bananenstaude aus dem Müll-Chaos, in dem manch einer noch nach verwertbaren Resten stochert. Szenen, die Bilder der berüchtigten Favelas von Rio heraufbeschwören. Die von dröhnenden Sambarhythmen untermalte Fröhlichkeit ist offenbar nicht aufgesetzt. Nachts allerdings hier herumzulaufen, wäre lebensgefährlich. Einmal werde ich sogar angesprochen, ob ich von hier sei, und nach dem Weg gefragt. Ein gutes Zeichen, wenn man in T-Shirt und kurzen Hosen nicht weiter auffällt. Mimikry oder Anpassung ist eben alles. Dazu gehört auch, dass man in diesem sozial-explosiven Umfeld nicht fotografiert.
Plötzlich stößt die schlammig-staubige Hüttengasse auf ein meterhohes, von Stacheldraht gekröntes Betonmonster. »Berliner Mauer« fällt mir dazu nur spontan ein – und das am »Tag der deutschen Einheit« mitten in Brasilien! Kilometerlang zieht sich der unüberwindbare Schutzwall, von Fernsehkameras überwacht und Lichtmasten überragt, um das Container-Terminal. Die grauen Wände – krasse Grenze zwischen Überfluss und Mangel – sind bemalt wie ihr früheres Gegenstück in der deutschen Hauptstadt: hier mit Comic-Helden, die Kraft, Schönheit und Liebe symbolisieren. Ferne Wunschträume der Bewohner?
700 Moves soll unser Schiff machen, was so viel heißt wie 700 Blechkisten laden. Geplante Dauer: rund 48 Stunden. Aber schon am frühen Morgen herrscht Stille: kein Poltern der Container, kein Piepen der Kräne mehr. Was ist los? »Die sind früher fertig geworden«, erklärt Jörg Laudahn auf der Brücke, »offenbar ist von oben Druck gemacht worden. Wir warten jetzt nur noch aufs Hochwasser und auf den Lotsen.« Endlich ist auch ein korrigierter Fahrplan gekommen: Las Palmas, dann Antwerpen ohne Bremerhaven und wieder retour nach Südamerika. »Nur so«, sagt Laudahn,

»kommen wir wieder in den normalen Rhythmus.« Chief Mate Schulze bedauert, dass er seine Frau dann nicht mal in den Arm nehmen kann. »Von zu Hause bis an die Weser bräuchte sie nur zwei Stunden.« Passé, obwohl er immer noch auf eine Reiseänderung hofft.

Epilog maritim

Nur schlappe 194 Seemeilen bis Sepetiba. Über Nacht – passé damit auch ein geplanter Tagesausflug ins nahe Rio de Janeiro – wird das Schiff dort vollgepackt bis zur Lademarke: 13,50 Meter. Ringsum eine verlockende Grün-, Berg- und Strandlandschaft. Letzte Chance, mir vor der Heimreise noch mal die Beine zu vertreten und im 23 Grad warmem Meer unterzutauchen.
Vor dem Auslaufen werden alle Winkel des Schiffes nach »stowaways«, Blinden Passagieren, durchsucht. So will es die Vorschrift.
Ruhige Seeroutine entspannt die Lage an Bord zusehends. Am Sonntagvormittag ist denn auch »Kirchgang« angesagt, sozusagen mit einem »Dankgottesdienst«: Frühschoppen in der Bar. Das Mittags-Steak wird kurzerhand auf den Barbecue-Grill-Abend verlegt.
Jetzt geht's nur noch geradeaus: 3.607 Seemeilen mit voller Fahrt bei Kurs 37 Grad quer durch Süd- und Nordatlantik – samt zweiter Äquator-Passage – vorbei an den Kap-Verdischen zu den Kanarischen Inseln, die wir mit einwöchiger Verspätung erreichen.
Am letzten Abend fragt Chief Witte mit seinem listigen Lächeln: »Kennen Sie den schon? ›Na, wie war's in Brasilien?‹, wird ein Passagier von seinem Chef gefragt. ›Ach, da gibt's nur Fußballer und Prostituierte.‹ Daraufhin der Andere beleidigt: ›Wussten Sie eigentlich, dass meine Frau Brasilianerin ist?‹ Verblüffte Gegenfrage: ›Oh, bei welchem Verein hat sie denn gespielt?‹«

Jeder Seemann möchte, wenn er über die Weltmeere fährt, immer nur eins: zurück nach Hause! Erst dann fühlt er sich als »El Navio Feliz«, wie ein Schiff heißt, das wir unterwegs treffen: »Glücklicher Seefahrer«. Auch ich zähle mich dazu.
Und das Fazit der Reise? Kein Geringerer als Christoph Kolumbus konnte es – nach seiner ersten Atlantik-Überquerung 1492 – besser ausdrücken: »Die Wirklichkeit überragt unsere Erwartungen und Wünsche.«

Info

Schiffsdaten MSC Lausanne: Taufname: Buxhai (bisherige Schwesterschiffe: MSC Leigh, MSC Geneva, MSC Carouge, MSC Monterey, fünf weitere folgen) · Bauwerft: Daewoo Shipbuilding & Marine Engeneering Co (DSME), Okpo/Korea · Bau-Nr.: 4113 · Kiellegung: 13.6.2005 · Ablieferung: 10.11.2005 · Reederei: NSB Niederelbe Schifffahrtsgesellschaft mbH KG · Flagge: Deutschland · Heimathafen: Hamburg · Charterer: Mediterranean Shipping Company (MSC) · IMO-Nr.: 9320398 · GL-Nr.: 130264 · Rufzeichen: DCRN2 · BRZ: 50.963 · DWT: 63.638 t · Schiffsgewicht: 19.033,91 t · Displacement: 82.672 t · Länge: 275,41 m · Breite: 32,30 m · Tiefgang (max.): 13,521 m · Höhe Kiel-Mast: 54,00 m · Crew: 23 · Passagiere: 6 (max.) · Klasse: GL + 100 AE5, Container Ship · TEU: 4860 in 13 Lagen breit, bis zu 7 Lagen hoch an Deck und 8 im Raum in 8 Luken mit insges. 34 Bays · Hauptmaschine: 1 x MAN B&W 7 K98 MC-C · Leistung: 39.970 kW, 54.360 PS · Durchschnitts-Verbrauch/Tag: 150 t Schweröl · Hilfsdiesel: 4 x 7L27/38 je 2.100 kW · Bugstrahlruder: 1 x 1.500 kW · Dienstgeschwindigkeit: 24 kn · Propeller: 1, fünfflügelig, Durchmesser: 7,9 m
Route (normalerweise): Bremerhaven—Rio de Janeiro—Santos—Buenos Aires—Rio Grande—Sao Francisco—Santos—Sepetiba—Las Palmas—Antwerpen—Rotterdam—Bremerhaven (Abweichungen sind jederzeit möglich); Dauer: 42 Tage (Verspätungen nicht gerechnet)
Kabinen/Ausstattung: 1 Eigner-Doppelkabine, 1 Zahlmeister-Doppelkabine, F-Deck Steuerbord- bzw. Backbordseite (sehr gut schallisoliert), 1 Schlaf-, 1 Wohnraum (ca. 34 qm inkl. Bad mit Dusche/WC), 1 Doppelbett (2,05 x 1,80 m), Kleiderschrank, Kühlschrank, TV, Video/DVD, Hifi-Anlage, 2 Sofas, Tisch, 2 Stühle, Teppichboden, viel Stauraum in Sideboards und Schubladen, Ausblick (4 Fenster: 2 nach vorn, 2 seitlich; 2 davon zu öffnen, nur nach vorn manchmal durch Container verstellt).
1 Supercargo-Doppelkabine (ca. 27 qm inkl. Bad mit Dusche/WC), F-Deck Mitte, 1 Schlaf- u. 1 Wohnraum, 1 Bett (2,05 x 1,80 m), Kleiderschrank, Kühlschrank, TV, Video/DVD, 2 Sofas, Tisch, Schreibtisch, 2 Stühle, Teppichboden, Ausblick nur nach vorn (3 Fenster, davon 2 zu öffnen), manchmal durch Container verstellt.
Nutzungsmöglichkeiten: Sauna, Whirlpool, Fitnessraum · Video-TV im Aufenthaltsraum mit Bar, Büchern, Zeitschriften, DVDs, Videokassetten · Liegestühle (G-Deck) · Waschmaschine, Trockner, Trockenraum · Handtücher, Bettwäsche, Reinigung der Kabine (wöchentlich) durch Steward.
Buchung, Preise: NSB Reisebüro GmbH, Frachtschifftouristik, Markus Hüneke, Violenstraße 22, 28195 Bremen · Tel.: 0421-3388020 · Fax: 0421-3388090 · hueneke@nsb-reisebuero.de
Buchungen sind auch bei den übrigen genannten Vermittlern möglich.
Eignerkabine, Zahlmeisterkabine pro Person/Tag: 95,00 €, Alleinbuchung: 110,00 €
Doppelkabine pro Person/Tag: 90,00 €, Alleinbuchung: 105,00 €

Ans Ende der Welt

Auf Magellans Spuren rund um Südamerika

Der Kontinent klingt nach Sonne, Strand und Meer. Und doch hat er weit mehr zu bieten. Nämlich abenteuerliche Kontraste zwischen pulsierenden Metropolen und einsamem Feuerland, dem Ende der Welt. Was früher nur Großseglern nach wochenlangen, stürmischen Kämpfen glückte, kann man heuzutage auch per Frachter genießen.

Selbst wenn man noch etwas müde vom langen Nachtflug ist, sollte man sich auf eigene Faust einen Tag lang in das Getümmel der 600 Meter hoch gelegenen Andenstadt Santiago de Chile stürzen. Es lohnt sich! Kulisse: schneebedeckte Fünftausender.

Wachwechsel vor dem Regierungspalast in Santiago de Chile.

Andenkulisse von Bord aus.

Von den im Zentrum aufragenden Hügeln Santa Lucía und Cerro San Cristóbal genießt man das Panorama mit seinem eleganten europäisch anmutenden Zentrum samt großen Parks, Plazas und modernen Wohnvierteln. In der Ferne ahnt man öde Indurieansiedlungen. Die allerdings haben viele Bewohner aus anderen Regionen des Landes angelockt. Sie erhofften sich Arbeit. Neben Wohlstand zeigt auch die Armut ihr Gesicht. Zehn Prozent der Menschen vegetieren in den Callampas, den Slums des Regierungs- und Verwaltungszentrums. Man sollte sie besser meiden. Ein sonniges Parkbankplätzchen verschafft vielfältigere und gefahrlose Eindrücke.

Überraschung: Weinberge

Auch die etwa dreistündige Busfahrt durch fruchtbares Hügelland mit Wäldern, Weiden und Äckern hinunter an die Pazifikküste. Eine Überraschung am Wegesrand: zahlreiche Weinberge und -güter. Chablis und Burgunder lassen grüßen. Bis sich der Blick weitet auf den mondänen Badeort Vina del Mar, traditioneller Sommersitz der Hauptstädter. Was auf Spanisch »todos los casas con vista al mar« heißt, bedeutet auf Deutsch: »Alle Häuser haben Meerblick.« Und wie bestellt ist in dem Gewirr von Kränen und Containergebirgen auch unser Containerfrachter in der weit geschwungenen Bahia de Valparaiso zu erkennen. Nicht viele koloniale Bauwerke der ältesten Stadt Chiles haben die häufigen Erdbeben und Piraten-Attacken überlebt. In den »goldenen« zwanziger Jahren boomte es hier. Damals war die Bucht gespickt mit den Masten Dutzender Großsegler aus aller Welt. Darunter auch solche legendären Flying-P-Liner wie PAMIR und PASSAT der Hamburger Reederei Laeisz, die einst hier Salpeter luden.

1.600 Kilometer unzerstörte Natur

Schon am nächsten Tag ist Landgang angesagt. Von Ferne grüßt majestätisch der Osorno mit seiner Schneehaube, das Idealbild

eines Schichtvulkans. Festmachen in Puerto Montt. Wir nutzen die eintägige Lade- und Löschzeit und schauen uns um.
Deutsche gründeten die Stadt im Jahre 1854. Ein Denkmal erinnert daran. Wer kein Spanisch spricht, kann auch mit Deutsch Glück haben. 125.000 Einwohner leben hier überwiegend von der Krabben- und Muschelfischerei. Gleichzeitig gilt der Ort als »Tor zur chilenischen Schweiz«. Seen und Wälder dominieren das bergige Landschaftsbild der Küstenkordillere: Region de los Lagos oder auch »Wald-Chile« genannt. Uns zieht es per Taxi zum legendären Lago Llanquihue. Im blauen Spiegel des Sees steht der Vulkan Kopf. Mit einem Weitwinkelobjektiv lassen sich Original und Spiegelbild problemlos einfangen. Archaische Baumgiganten, von hellgrünen Farnschleiern behängt, säumen seine stillen Ufer. Früher ein ideales Jagdrevier der Araukaner. Die übrig gebliebenen 135.000 Indianer leben heute angepasst und zurückgezogen in Reservaten.
Die Szenerie von Puerto Chacabuco bietet eine Steigerung. Vor dem Auge entfaltet sich ein Panorama, von dem man schon zu Hause geträumt hat: tief eingeschnittene, schlauchenge Fjorde, natürliche Kanäle – schönster ist der Canal de Montanas –, türkisfarbene Gletschergiganten, gekrönt von den schneebedeckten Anden. Einziges »Geräusch« in dieser Einsamkeit: tosende Wasserfälle, die über die Klippen der Canyons herabdonnern. Nicht nur Freunde unzerstörter Landschaft kommen auf ihre Kosten, auch Hobby-Ornithologen. Ihre gefiederten Freunde können sie hautnah beobachten. Das raue Klima dieser labyrinthischen Welt der Region de los Canales – über ein Drittel des Landes gehört dazu, ist aber nur zu drei Prozent besiedelt – beschert allerdings auch Nebeltage. Die Kulisse der Schären-Inseln, die wie Walrücken aus dem Wasser ragen, wirkt dann gespenstisch. Aber sie schützen die Schifffahrt vor starken Westwinden. Nicht so vor heftigen Niederschlägen, die sich mit denen der Tropen durchaus messen können: zwischen 3.000 und 5.000 Millimeter pro Jahr (zum Vergleich Deutschland: 760 Millimeter). »Schuld« daran sind die steile Küstenkordillere als Regenfänger und der kalte Humboldtstrom.
Über 1.600 Kilometer erstreckt sich das windige und feuchtkalte Naturparadies bis in den tiefen Süden. Die nächsten zwei

Typische Wald-Berg-Landschaft Patagoniens.

Seetage gehören ganz dieser faszinierenden, nicht von Menschen beeinflussten Gegend Patagoniens.

Magellan und die Folgen

Den Nautikern auf der Brücke steht am neunten Tag eine andere maritime Raffinesse bevor: die Ansteuerung der Magellan-Straße. Kurzer Blick zurück. 1520 entdeckte der portugiesische Seefahrer Fernando Magellan die 583 Kilometer lange Passage, die Atlantik und Pazifik miteinander verbindet. Sie war früher nur wenig befahren worden, da sie Segelschiffen kaum Manövrierspielraum ließ. Mit der Erfindung des Dampfschiffes – erst 70 Jahre später wurde der Panama-Kanal gebaut – gewann die Meerenge, die den südamerikanischen Kontinent von Feuerland und den vorgelagerten Inseln trennt, plötzlich an Bedeutung. Die Knüppelei um das stürmische, wrackgespickte Kap Hoorn war damit überflüssig geworden.

Der stellenweise sehr enge, gewundene Wasserweg, der 1881 zu einer internationalen Schifffahrtsstraße erklärt wurde, mit seinem tückischen, von Klippen durchsetzten Westausgang, starken Winden, schnellen Strömungen und hohem Tidenhub, verlangt allerdings auch heute noch aufmerksames Navigieren. Wir erleben in erster Linie den abwechslungsreicheren chilenischen Westteil mit schroffen Berghängen und einem fjordartigen Charakter. In gespannter Erwartung, auch des nächsten Hafens natürlich.

Passagiere bestaunen einen Wasserfall neben der Fahrrinne.

Spektakuläre Seespiegelungen in Südchile.

Bunte Wellblechdächer leuchten uns entgegen. Punta Arenas voraus! 1843 als Strafkolonie gegründet, mauserte sich der Ort zur Schafzuchthochburg Chiles, ist allerdings heute in erster Linie Schifffahrts- und Verwaltungszentrum sowie Versorgungsbasis für Antarktisexpeditionen. Die 120.000 Einwohner können auf ein weiteres Prädikat verweisen: die südlichste Großstadt der Welt zu sein! Gelegen auf dem Felsvorsprung der sanft gewellten Brunswick-Halbinsel zwischen Anden und Magellan-Straße. Erfreulich, dass es hier weniger regnet, dafür aber stürmischer wird. Windgeschwindigkeiten von 120 Kilometern pro Stunde sind hier keine Seltenheit. Doch der Wettergott meint es gut mit uns: Er beschert lauen Himmel und eine leichte Brise.

Als Landgangs-Hauptattraktionen gelten der Friedhof mit aufwändigen Grabstätten reicher Schafbarone und das Heimatmuseum. In der Stadtmitte die Plaza und das Standbild Fernando Magellans. Ersten Vorboten der Antarktis – Punta Arenas liegt in der Provinz Magallanes y Antarctica Chilena – begegnet man in der nahen Kolonie von Magellan-Pinguinen. Wer es weiterhin tierisch mag, kann auch eine Schaffarm besichtigen.

Der verlockendste Ausflug per Bus jedoch führt in einen der schönsten Nationalparks der Welt: Torres del Paine. Wir sind überwältigt von dem machtvollen Dreiklang spektakulärer Berge, glasklarer Seen und kalbender Gletscher. Inzwischen ein international beliebtes Ziel für Bergsteiger, Trekker und Wanderer. Naturfreaks können jubeln: 200 Pflanzen- und 105 Tierarten sind hier heimisch.

Orkas, Guanako und Schatzinsel

Schon am nächsten Tag steuert unser Schiff den Beagle-Kanal an, links und rechts flankiert von den schneebedeckten Bergen Feuerlands oder tierra del fuego. Eine Schule von schwarzweißen Orka-Walen eskortiert uns durch das Insel-Labyrinth, das von dichtem Urwald bedeckt ist. Am Punta Guanako äst doch tatsächlich ein wildes Guanako am Strand. Als es uns entdeckt, verschwindet es scheu im Gebüsch. Auf der anderen Seite lockt Lennox, die Goldgräber- oder Schatzinsel.

In der Hauptstadt Ushuaja des argentinischen Teils von Feuerland wird festgemacht. Auch diese Stadt entwickelte sich aus einer Strafkolonie und ist heute Marine- und Flugstützpunkt mit Antarktisanbindung. An der Marinebasis-Pier wartet der in Finnland gebaute Eisbrecher »Almirante Irizar« auf seinen nächsten Forschungseinsatz.
Über eine staubige Piste – Teil der rund 18.000 Kilometer langen Panamericana Alaska—Feuerland – rumpelt das Taxi durch den Nationalpark »Tierra del Fuego«, gesäumt von unzähligen Felsbuchten, Lagunen, Stränden, Krüppelwäldern, Wiesen und verlassenen Gehöften. Immer wieder zu beobachten: Kaninchen, Biber, Reiher und Gänse. Ein wahres Feuerland-Idyll.

Kap Hoorn – ein Jugendtraum

Dann heißt die Parole nur noch: Auf zum Kap! Vor uns eine 120-Seemeilen-Strecke. Über Nacht dem stürmischsten Ende der Welt entgegen.
Die erste Nachricht über diese schicksalsträchtige Felsnase stammt von dem spanischen Segler »San Lesmes«, der 1525 hierher verschlagen wurde. 1616 stieß die holländische Expedition unter Jakob Le Maire und Wilhelm Schouten auf das 300 Meter hohe granitene Vorgebirge einer brandungsumtosten Insel. Sie tauften das Kap zu Ehren der Stadt am Ysselmeer, die ihre Expedition ausgerüstet hatte: Hoorn. Erst im 18. Jahrhundert sammelte der Weltumsegler James Cook genauere Informationen.
Unfriedlich geht es hier zu, weil Atlantik und Pazifik sich treffen – mit brutalen Stürmen und furchterregenden Wellenhöhen. Westwinde erreichen eine Stärke wie sonst nur in wenigen Erdregionen. An mehr als 300 Tagen im Jahr herrschen Nebel und Regen. Würde das Guiness-Buch der Rekorde einen Platz für das schlechteste und unwirtlichste Klima vergeben – diese Region würde an erster Stelle liegen, natürlich nur aus menschlicher Sicht. Angst vor Seekrankheit? Die Magellan-Pinguine, Riesensturmvögel, Kormorane und Albatrosse hingegen stört es nicht, im Gegenteil. Freudig scheinen sie die Besucher von der Nordhalbkugel zu begrüßen.
800 Schiffswracks sollen hier auf Grund liegen. Kein Grund zur Panik! Wir haben gute Nautiker und ein riesiges Wetterglück: Die Wolkendecke reißt plötzlich auf, als wir bei Sonnenschein und frischem Wind weitab den berühmten Felsen passieren. Cap Hoornier ist man dann aber noch lange nicht. Dazu muss man schon an Bord eines Seglers sein. »Trostpflaster«: ein vom Kapitän unterzeichnetes Zertifikat, dass man Kap Hoorn gerundet hat. Den südlichsten Punkt Südamerikas auf 55° 59' südlicher Breite.

Vorposten im Südatlantik

Kurs Nordwest. Schon am nächsten Morgen heißt es: individueller Landgang in Port Stanley. Die fußläufige Hauptstadt der Falklandinseln präsentiert sich ohne Kampfspuren. Vom 1980er-Krieg mit Argentinien ist nichts mehr zu sehen. Segler-Wracks indes zeugen von ganz anderen Kämpfen. In freundlichen Farben die sauberen Holzhäuschen mit blühendem Ginster im Vorgarten. Torfstapel zeigen an, womit die Falkländer heizen. Der nacheiszeitliche Brennstoff stammt aus eigenem Abbau.
In einem Schaufenster handbemalte Pinguin-Puppen, Heimarbeitsprodukte. Über einer Garage lesen wir: »No Whaling!« Gesinnungswandel nach langen Walfangjahren der Insulaner? Walknochen und Harpunen vor einigen Häusern und sogar auf dem Friedhof sind anscheinend bewältigte Vergangenheit.
Rundgang auf der Küstenpromenade. Mit Abstechern zum Government House, der Insel-Kathedrale und dem Stanley House. Im Shop kann man Ansichtskarten und bunte Sondermarken kaufen und von einem gemütlichen Pub aus beim Bierchen schreiben.
Malvinas oder Falklands: früher Stützpunkt für Kap-Hoorn-Fahrer zur Schiffsreparatur, Brennstoff- und Proviantergänzung, heute Englands Vorposten im Südatlantik.

Galapagos und Großstadtluft

Diese Fülle von Eindrücken lässt man am besten während der folgenden Tage sacken, um sie besser verarbeiten zu können und frei zu sein für neue.
Noch einmal Entspannung und Ruhe auf hoher See. Bis unser Frachter in den Rio de La Plata einläuft. Braune Sedimentmassen kämpfen hier mit den blauen Atlantikfluten. Vor uns an Steuerbord die jüngste, südlichste und schönste Hauptstadt des Kontinents: Montevideo, das Eingangstor nach Uruguay. Großstadtluft weht uns entgegen. Gewöhnungsbedürftig nach zwei Wochen Natur pur.
Eine Rundfahrt zeigt uns die verschiedenen Gesichter der Metropole: einmal das quirlige, moderne Verwaltungs-, Regierungs-, Handels- und Finanzzentrum mit zahlreichen Parks; aber auch die durch Häuser im Kolonialstil geprägte Altstadt am Abhang des »Cerro«-Hügels. Ein architektonisches Freilichtmuseum. Entlang der von weißen Stränden, Kiefern- und Eukalyptuswäldern gesäumten Bahia dehnen sich elegante Wohnviertel, Hotels und Kasinos.
Im Nachtsprung dampfen wir über den bis zu 200 Kilometer breiten La Plata dem »Paris Südamerikas« entgegen: Buenos Aires, Argentiniens Hauptstadt.
Drei individuell gestaltete Tage bleiben zum Entdecken. Das kulturelle Zentrum des Kontinents lockt mit der Prachtstraße Avenida de Mayo; der Avenida 9 de Julio, mit 150 Metern breiteste Straße der Welt; dem kitschigen Regierungspalast Casa Rosada, der Tango-Hochburg San Telmo, dem papageienbunten Quartier La Boca, dem pompösen Monumentalfriedhof Recoletta. oder dem alten Hafen mit Museumsschiffen und gemütlichen Restaurants. Wer möchte, kann auch harte Pampa-Gauchos und elegante Tangotänzer in Aktion erleben oder – ein Tipp für Bahn- und Busindividualisten – das Naherholungszentrum Tigre im 30 Kilometer entfernten Paraná-Delta ansteuern. »Subte«,

Skyline von Buenos Aires querab.

die U-Bahn von Buenos Aires, sollte man unbedingt für eine Rundfahrt besteigen. Wenn man Glück hat, verkehrt gerade ein offener Oldtimer-Zug.

Die Zeit vergeht wie im Fluge. A propos: Nach rund drei Wochen startet wieder unser Flieger. Bepackt mit Köpfen und Koffern voller einmaliger Erinnerungen auf den Spuren von Magellan. Adios und – quer über Atlantik und Äquator – auf nach Alemania!

MS Maruba Africa unterwegs zur Magellanstraße.

Info

Die Reise gilt unter Kennern als Rarität, das heißt, man muss schon Glück haben, um sie buchen zu können. Weil Schiffe und Häfen in diesem Chartergeschäft schnell wechseln und Festlegungen schwierig sind, werden in erster Linie landschaftliche Impressionen beschrieben.

NSB bietet eine ähnliche Reise wie die beschriebene an mit MS Maruba Africa (31.200 tdw, 204 m lang): 42 Tage ab Buenos Aires nach Puerto Madryn, durch die Magellanstraße nach San Antonio/Valparaiso, Callao, Guayaquil, Ilo, Antofagasta, San Antonio, Magellanstraße, Imbituba, Sepetiba, Santos zurück nach Buenos Aires.

Der Kapitän – ganz klein und hoch oben in der Brückennock.

Ausgerechnet zu Weihnachten!

Einmal einfach Hongkong und Hamburg

Der Tannennadelduft stimmt, auch der meterhohe Lichterbaum. Nur will die klassische chinesische Musik nicht so recht dazu passen: schrille Klänge, für europäische Ohren gewöhnungsbedürftig. Weihnachtseinstimmung auf Chinesisch eben. Schauplatz »Auditoria House«.

Vor diesem hypermodernen Kulturtempel Hongkongs rauschen Palmen im lauen Abendwind. Richtig winterlich hat sich nur das verschneite Tibet gezeigt: während des Überflugs ein paar Stunden zuvor. Kontraste mit sieben Stunden Zeitunterschied zwischen Nordeuropa und Asien.

Irgendwie peinlich – mitten im Konzert bimmelt mein Handy. Am anderen Ende NSB-Reederei-Agent Mr. Cheng: »Ihr Schiff, die LT Cortesia, läuft erst morgen früh ein. Ich hol Sie um acht Uhr im Hotel ab.« Schön! Heißt das doch, noch genügend Zeit zu haben für einen Bummel durch die festlich herausgeputzte Metropole am Südchinesischen Meer.

In erster Linie lockt die Uferpromenade von Kowloon mit fantastischem Blick hinüber nach Victoria. Überdimensionale Weihnachtsmänner und »Merry-Christmas«-Schriftzüge blinken knallbunt an vielen Wolkenkratzer-Fassaden, tausendfach gespiegelt und gebrochen im unruhigen Hafenwasser.

Jungfräuliche Suite und verpatzte Bierrunde

Der Morgen-HIT, Hongkongs International Terminal. Containergebirge ringsum. Eine blaue Stahlwand schiebt sich ins Bild: LT Cortesia lese ich am Steven und seitlich L. Triestino, der überdimensionale weiße Schriftzug des italienischen Charterers Lloyd Triestino. Angekommen! Schon von außen ist der Frachter überwältigend. Man starrt hinauf, man starrt entlang, man schickt den Blick wieder nach unten: was für ein Riese!

Der 25-Meter-Aufstieg über die Gangway an der haushohen Bordwand entlang gerät zur Kletterpartie. »Ihre Kabine ist noch jungfräulich«, öffnet mir IV. Offizier Andreas Kiel aus Sassnitz die Tür zur Owners Cabin, der Eignerkabine, »Sie sind nämlich der erste Passagier, der hier einzieht«. Er hat es eilig. Nach seiner Fahrtzeit freut er sich auf Heimflug und Urlaub mit den Feiertagen. In meinem Gepäck erinnern nur ein paar Lebkuchen daran.

Staunend richte ich mich in meiner sonnendurchfluteten, sehr wohnlichen und komfortablen 40-Quadratmeter-Suite im F-Deck (siebtes von insgesamt neun) an Steuerbord ein – sogar mit eigenem Sonnendeck. Unverbaubarer Seeblick in 32 Meter Höhe inklusive. Für die nächsten Wochen mein Zuhause. Alles ist noch so frisch wie der erst im April 2005 in Dienst gestellte rund 90 Millionen Dollar teure 100.205-Tonner. Mit seinen 334 Metern Länge, 42,80 Metern Breite und 14,50 Metern Maximaltiefgang zählt der 8.100 TEU-Riese (»Twenty Foot Equivalent Unit«, 20-Fuß-Standardcontainer) zu den größten und modernsten der

Eignerkabine: Wohnraumsitzecke (oben), Schreibecke im Wohnraum (Mitte), Schlafraum mit Doppelbett (unten).

Welt. In 17 Lagen sind die Container an Deck nebeneinander gestaut, jeweils acht darüber. Zusammengenommen würde das eine Länge von rund 70 Kilometern ergeben. Auf dem Hauptdeck hätten dreieinhalb Fußballfelder Platz. Und das gewaltige Brückenhaus ist so hoch wie ein 17-stöckiger Wohnblock.
Doch das ist noch nicht das Ende der Fahnenstange. Realisiert sind bereits die ersten 9.200 TEU-Frachter, 18.000 TEU-Giganten gelten als technisch machbar. Das Problem: Schiffe und Containeraufkommen wachsen schneller als die Häfen, von denen viele schon jetzt an ihre Grenzen stoßen. Aber die Einfuhren steigen ständig: allein aus China nach Deutschland um 25 Prozent im ersten Halbjahr 2005 und der Containerumschlag im gleichen Zeitraum um 12 Prozent. Der meiste Schiffsverkehr herrscht heute mit 3,6 Millionen TEU zwischen Hamburg und Asien. LT Cortesia hat ihren Anteil daran.
Wieder klingelt das Handy. Aus Manila meldet sich diesmal ein Stralsunder Nachbar. Er fährt als Erster Offizier auf dem NSB-Frachter YM Xingang I. Für Hongkong war eine gemeinsame Bierrunde verabredet. »Wir legen gerade erst in Manila ab«, informiert mich Udo Wölms. Bedauerlich, dass unser Treffen ins Wasser gefallen ist. »Schöne Feiertage, gute Reise und Tschüß bis Mitte Januar am Sund!«, verabschieden wir uns.

Zwischen China und Malaysia

»Dass du dir das antun willst«, begrüßt mich kurz darauf Kapitän Jörg Laudahn, als er zum »Antrittsbesuch« in meine »Kammer« kommt. Er hatte schon vom Suezkanal aus angerufen und ungläubig gefragt, ob ich wirklich vorhabe, über Weihnachten an Bord zu bleiben. Meine Frau kommentierte diesen Wunsch nur mit einem vielsagenden »Wenn Du unbedingt meinst und das nicht jedes Jahr passiert ...«. Welche ist schon so tolerant? »Wir dagegen wollen alle nichts anderes als dann zu Hause sein«, erklärt der 41-jährige Rostocker Familienmensch. Wir kennen uns von einer früheren Ostasien-Reise mit der CMA CGM Balzac, auf der er damals als Erster Offizier fuhr. Aber er kennt auch mein Faible für Seefahrt und Schiffe. Auf der Cortesia, die sich locker mit den weltgrößten Passagierschiffen messen kann, bin ich allerdings der einzige Gast. Und privilegiert wie auf keinem Kreuzfahrer.
Wie es zur Verspätung gekommen sei, möchte ich wissen. »Bei Windstärke zehn und mehr«, so Laudahn, »konnten wir in Shanghai nicht anlegen und mussten den Sturm vor Anker abwettern.« Das sei zwar ärgerlich, »aber bis zum nächsten Hafen Tanjung Pelepas in Malaysia legen wir die Hebel auf den Tisch«. Sonst fahre man ökonomisch, aber Zeitgewinn sei in diesem Fall wichtiger als Spritverbrauch, so Chief Dieter Kremtz aus dem Seebad Sellin auf Rügen. Rund 250 Tonnen täglich schluckt jetzt die zwölfzylindrige 68.666-kW-Hauptmaschine, stärkste der Welt. Sie könnte problemlos über 300.000 Haushalte mit Strom versorgen.
Bald nachdem der Hongkonger Lotse von Bord gegangen ist, erreicht LT Cortesia mit 25,1 Knoten ihre geplante Marschgeschwindigkeit. Beginn der 10.500 Seemeilen langen Reise nach Hamburg. Passend dazu flimmert abends »Das Boot« über den Bildschirm. »It's a long way to Tipperary, its a long way to home«, singt die U-96-Crew.
Rollend prescht der Koloss durch die schräg von achtern anlaufende Südchinesische See. »Kein Schiff mag das«, sagt der Kapitän und verzieht sich hundemüde in die Koje: »Nach fünf stressigen China-Häfen in kurzen Abständen mit Tag- und Nachteinsätzen

MS LT Cortesia vollgepackt mit Containern.

Der zweite Ingenieur mit der Riesenwelle.

und Minustemperaturen brauchen wie alle hier erst mal 'ne Mütze voll Schlaf, um die Batterien wieder aufzuladen.« Auch der Biorhythmus, der durch die ständigen Zeitumstellungen gestört sei, müsse wieder halbwegs ins Lot kommen. Dritter Offizier Romeo Cancio von den Philippinen tritt seine Acht-Zwölf-Wache an. Ruhe im Schiff. Das gleichmäßige Vibrieren durch die mächtige Maschine – eine Kombination aus Hören und Fühlen – und die sanften Schiffsbewegungen sorgen bald für süße Träume.

Sicherheit vor Unterhaltungsprogramm

Doch schon am nächsten Morgen klingelt mein Bordtelefon. Zweiter Offizier Hans-Joachim Schröder aus Bremerhaven bittet zur Sicherheitseinweisung. Ich treffe ihn nach dem Frühstück im Schiffsbüro, wo neben ihm Erster Offizier Jan-Marcus Mauritz über Listen brütet und Aktenordner wälzt. »007, aha, der geht nach Hamburg«, murmelt er und meint damit nur einen Container. »So, und jetzt muss ich wieder auf meinen Hochsitz mit der schönen Aussicht«, steuert er die Treppe zur Brücke an, auf der er gleich Wache hat.
Derweil führt Schröder durchs Schiff und zeigt alle wichtigen Rettungseinrichtungen, von den Fluchtwegen bis zum Boot. Nach meiner Unterschrift auf dem Belehrungspapier bekomme ich noch einen Überlebensanzug verpasst. Am Nachmittag wird wie jede Woche eine Boots- und Feueralarm-Übung ausgelöst. »Denn«, sagt der Zweite, »das muss wie im Schlaf sitzen.«
Draußen, östlich von Vietnam, bläst es feuchtwarm. Mit sieben Windstärken von achtern – zu unserem Glück. Der regenschwangere Nordost-Monsun lässt grüßen und schiebt kräftig mit. Satte 28,5 Knoten zeigt der »Tacho«. »Wieder Zeit gewonnen«, freut sich der Alte. Entgegenkommende Schiffe stampfen schwerfällig und schieben hohe Gischtbärte vor sich her, während LT Cortesia sich kaum rührt. »Weil wir drei Wellentäler auf einmal nehmen und die anderen jedes«, erklärt Jörg Laudahn den Unterschied.
Zum Mittagessen mit Kapitän, Chief und Erstem Offizier – noch ein Privileg von Frachter-Passagieren – serviert Steward Jerick Rosales wie jeden Samstag »One soup«, zu deutsch Eintopf. Von Smutje Eduardo Caminian mit Würstchen angereichert. Als Dessert kommen Melonenhäppchen auf den Tisch. Die Runde danach ums Schiff – rund 750 Meter oder eine Viertelstunde –, unter ächzenden und knarrenden Containerstapeln muss sein.

Ingenieur auf der gewaltigen Zwölf-Zylinder-Hauptmaschine.

Treppensteigen inklusive, denn Fahrstuhlfahren ist bei den Offizieren weitgehend verpönt – aus Schlankheitsgründen. Ein Verdauungsschläfchen gönne ich mir allerdings. Später, zum Munterwerden, sind Fitness auf dem Hometrainer, Sauna, Sonnenbad im Liegestuhl und ein paar Solorunden im Swimmingpool mit frischem, warmem Seewasser angesagt. Oder einfach nur am Bug stehen, wo man außer Wind und rauschendem Wasser nichts hört, und auf die endlose See schauen. »Da komm auch ich ins Träumen«, gesteht der weltbefahrene Kapitän, »fast wie auf einem Großsegler, aber wir haben viel mehr Segelfläche.«

Für Passagiere Urlaub und Kur auf dem Frachter eben, kurz: Kurlaub.

Auf der tanzsaalgroßen Brücke ist man jederzeit willkommen. Nur für den Maschinenraum verlangt Chief Kremtz eine Anmeldung – aus Sicherheitsgründen: »Sonst findet Sie in dem Labyrinth keiner, wenn Ihnen da was passiert.«

Laptop, Fotoapparat, Bücher, Videos, CDs, DVDs und immer wieder Gespräche mit den Seeleuten sorgen für reichlich Unterhaltung. Dazu die wechselnden Stimmungen von See und Himmel. Am Abend ist Chance für ein paar Bierchen an der mit echten Kokospalmen ausstaffierten Bar oder manchmal auch ein Malefiz-Spielchen mit dem Kapitän.

Verrückte im Nadelöhr

Zweieinhalb Tage später. Die Ansteuerung der Singapur-Straße erfordert volle Konzentration für Wachoffiziere und Kapitän. »Bei dem Verkehr hier und den dazwischen fahrenden Fischerbooten und Fähren bin ich ständig auf der Brücke, da muss man aufpassen wie'n Schießhund«, erklärt Jörg Laudahn. Für den Sonnenuntergang haben die Männer keinen Blick. Der ist auf die Radarschirme und per Fernglas voraus gerichtet. Aus allen Himmelsrichtungen dampfen Tanker, Containerschiffe, Autotransporter und Bulkcarrier auf das Nadelöhr zwischen Pazifik und Indischem Ozean zu, als würden sie angesaugt werden. Malaysische und indonesische Küste zeichnen sich ab, wenig später die strahlende Skyline von Singapur.

Vor dem Steven plötzlich hektische Taschenlampensignale. Der Ausguck erfasst mit dem Scheinwerfer ein winziges Fischerboot. Es ist so klein, dass kein Echo auf dem Radarschirm erscheint. Jörg Laudahn flucht: »Diese Idioten haben nichts im Hauptfahrwasser verloren, dazu noch unbeleuchtet! Unglaublich, dieser lebensgefährliche Leichtsinn!« Mühsam schwenkt der nur mit acht Knoten dahinschleichende Koloss nach Steuerbord, während die Nussschale gerade noch so an der Backbordseite entlangrutscht. »Die erwarten allen Ernstes, dass wir ihnen ausweichen«, schüttelt Laudahn den Kopf. Die Besatzung eines Coast-Guard-Bootes interessiert das anscheinend nicht, selbst als uns ein zweiter Kahn blinkend zum Ausweichen auffordert. Die Szene wird gespenstisch durchzuckt von grellem Wetterleuchten.

Immer wieder kreuzen von Singapur auslaufende Schiffe den LT Cortesia-Kurs. Dank AIS, dem automatischen Identifizierungs-System, das Namen und Daten der Schiffe im Umkreis angibt, kann der Kapitän problemlos Manöver mit seinen Kollegen absprechen. »Richtig stressig wird's erst bei Sturm, unsichtigem Wetter oder beidem«, lehnt sich Laudahn in seinem Pilotensessel zurück. Noch zweieinhalb Stunden verschärfte Wachsamkeit bis zum Anlegen nach zweieinhalb Tagen oder 1.500 Seemeilen in Tanjung Pelepas. Erst drei Jahre jung ist das malaysische Container-Drehkreuz vor den Toren des äquatornahen Stadtstaates Singapur.

Malakka – Straße der Piraten

Container-Gebirge auf der einen, Urwald auf der anderen Seite. So präsentiert sich der aus dem Boden gestampfte Hafen am nächsten Morgen. Schweißtreibend jede Bewegung bei über 30 Grad im Schatten. Landgang downtown ist aus Zeitmangel nicht drin. Aber eine Fahrt mit dem Terminalbus zum Shop innerhalb des Hafengeländes. Am T-Shirt klemmt mein Bordausweis. »Dank der ISPS-Sicherheitsvorschriften«, grinst der Zweite und wünscht einen erfolgreichen Einkauf. Daraus wird jedoch nichts. »24 hours open« verkündet das eine Schild, »closed« das andere. Also Kommando zurück. Kapitän Laudahn hatte sich schon auf Zigarillo-Nachschub gefreut. Doch er hat andere Sorgen: »Man erfährt hier nie genau, wann die mit dem Laden und Löschen fertig sind. Meisten wird's später.« So auch diesmal. »Aber Silvester bin ich zuhause«, verrät er sichtlich erleichtert, »denn unser Zeitplan wird doch nicht geändert, wie ich gerade erfahren habe.«

Gegen Mittag zerren zwei Schlepper LT Cortesia von der Pier weg und drehen sie im Fahrwasser. Voraus die wegen der weltweit größten Zahl von Piratenüberfällen berüchtigte 800 Kilometer lange Malakka-Straße, die von Schiffen nur so wimmelt. Jährlich sind es über 60.000. »Verschärft Wache gehen, dazu alle Schotten dicht sowie Scheinwerfer und Wasserschläuche entlang der Bordwände«, zählt Jörg Laudahn friedliche Abwehrmaßnahmen auf. Waffen an Bord wie auf russischen und israelischen Schiffen lehnt er ab: »Sie würden nur Unheil anrichten und zu weiteren Gewalteskalationen führen.«

Meistens werden die Schiffe über das niedrige Heck geentert. »Im Kielwasser können sie sich fast unbemerkt anschleichen«, weiß der Kapitän aus Berichten betroffener Kollegen. Bei ruhiger See könne man kleine Boote auf dem Radarschirm ausmachen, nicht jedoch bei Seegang. In dessen Echos verschwinden sie. »Wenn man sie in Schiffsnähe entdeckt«, erklärt Laudahn seine Strategie für den Fall der Fälle, »könnten sie durch Ruderlegen ausmanövriert und zum Abdrehen gezwungen werden. Ein Schlag mit der Bordwand würde sie sofort zum Kentern bringen«. Gegen die superschnelle Cortesia hätte das Gesindel außerdem wenig Chancen. Mehr Sicherheit soll der UN-Sicherheitsrat schaffen. Schifffahrtsnationen drängen jetzt verstärkt dazu, internationale Marine-Patrouillen in die Gefahrengebiete zu entsenden. Wie

Wohntürme am Ufer.

Eine Motordschunke passiert knapp das Heck.

Auslaufen Hongkong.

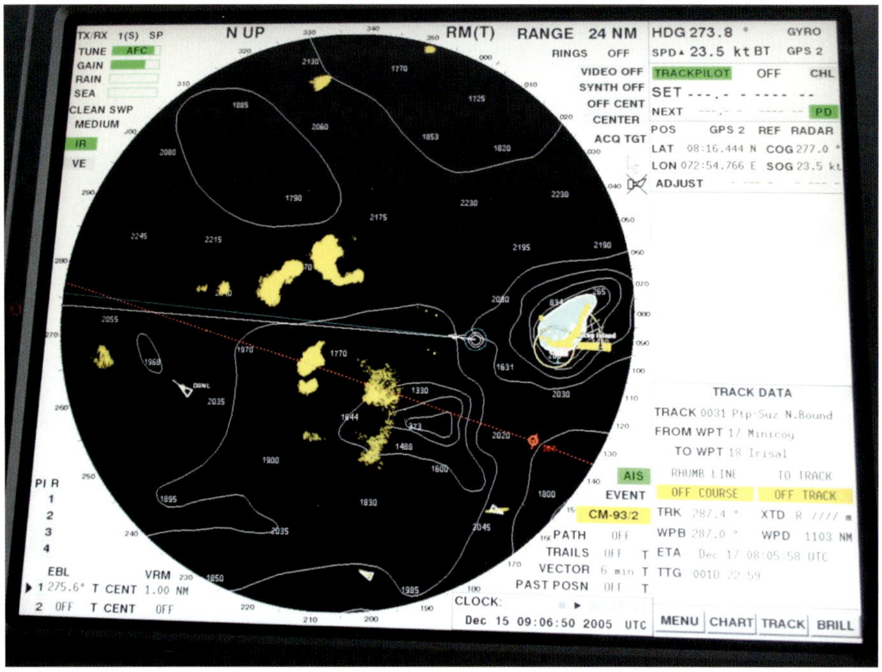

Der Leuchtturm von Minicoy.

Regenschauer westlich Minicoy im Radar.

Malaysisches Fischerboot in Malakka.

passend: Über den Ticker kommt eine aktuelle Meldung, die Warnung vor einem weißen Trawler, der einen Frachter verfolgt habe. Nur durch eine höhere Fahrtstufe konnte er den Verfolger schließlich abschütteln, teilt das Internationale Zentrum zur Bekämpfung von Piraterie (IMB) in Kuala Lumpur mit. Die Nacht verläuft – Gott sei Dank! – störungsfrei. Letzte Leuchtfeuersignale mischen sich mit zuckenden Blitzen über Land.

Captains Dinner mit Inseltraum

Nachdem die nördlichen Ausläufer der indonesischen Insel Sumatra und die indische Nikobaren-Gruppe passiert sind, entspannt sich die Lage an Bord. Das Frachtergewimmel löst sich beinahe schlagartig auf. Bald sind wir allein auf weiter Ozean-Flur. Noch zehn hafenstressfreie Seetage für die Crew oder 5.000 Seemeilen immer nur geradeaus durch den Indischen Ozean bis zum Suez-Kanal. Ein Grund zum Feiern. Begünstigt auch dadurch, dass die Uhren um eine Stunde – insgesamt sieben Mal während der Reise – zurückgestellt werden.

Jörg Laudahn lädt zum Captains-Dinner der besonderen Art: »Fünf Kilo Shrimps hab' ich in Hongkong eingekauft, die müsst ihr heute Abend schaffen!« Dazu von dem Hobbykoch selbst kreierte raffinierte Dipps aus Curry, Knoblauch, Tomaten, Gewürzen und Majonäse. Ein Fässchen Bier habe er auch schon in der Bar kalt gestellt. Weit nach Mitternacht endet die unterhaltsame Runde. Einen Tag später: Die Seekarte ist inselgespickt, im Norden Lakkadiven, im Süden Malediven. LT Cortesia steuert genau in der Mitte hindurch. Dann eine Überraschung: »Land in Sicht!« – das letzte Mal bis zum Horn von Afrika. In zwei Meilen Passierabstand und bei 1.500 Metern Wasser unterm Kiel kommt ein flacher grüner Streifen an Steuerbord voraus in Sicht: das Inselchen Minicoy. »Siehst Du schon die winkenden schwarzen Mädels unter den Palmen?«, fragt Jörg Laudahn im Scherz und ergänzt: »Ich muss doch meinem Passagier was bieten.« Zweiter Offizier Hans-Joachim Schröder reibt sich seinen Stoppelbart: »Früher, als es noch keinen Zeitdruck gab, da hätte man mal ein Boot ausgesetzt und wäre zum Baden in die Lagune gefahren«. Das türkisfarbene Wasser und der schneeweiße Strand sind reale Südseeträume. Wohl weniger für die Leprakranken, die hier

Kapitän Jörg Laudahn bei seinem Lieblingsmahl: Shrimps.

einst ausgesetzt wurden. Zwei Fischerboote, die sich neugierig dem Containerriesen nähern, begrüßt der Kapitän mit dröhnendem Typhon. Die Männer in gelbem Ölzeug – es herrscht Wintermonsun – winken freundlich zurück. Minuten später – im Radarbild schon lange als heller Fleck voraus auszumachen – zieht eine dunkle Wand auf den Frachter zu. Die Matrosen sind gerade am Malen. »Die Wolke umfahren wir einfach«, sagt der Kapitän und dreht die LT Cortesia nach Steuerbord. Weitab an Backbord öffnen sich die Regenschleusen und die frische Farbe bleibt trocken.

Höllenhitze, Sashimi und Bombenalarm

Wochenend' und Sonnenschein im Golf von Aden. Auf dem D-Deck steigt eine Open-Air-Grillparty mit Schwein am Spieß. Kühles Freibier mildert die Saunatemperaturen. Später folgen heiße Spiele: Malefiz am Horn von Afrika. Der Kapitän entpuppt sich dabei als raffinierter Barrikadenbauer. Piraterie zum Glück nur auf dem Brett.

Außentemperatur brennend heiße 32 Grad. Voraus das »Tor zur Hölle«, auf arabisch Bab-el-Mandeb. Schiffe werden davon wie magisch angezogen. Ansonsten wüstenhafte, braun verbrannte Leere an der schmalen Pforte zum Roten Meer zwischen Jemen und Dschibouti. Friedlich die paradiesischen, menschenleeren Strände in türkisfarbenen Buchten, doch vor der Festung recken verrostete russische T-34-Panzer ihre Rohre bedrohlich in den Himmel. Wir hingegen halten es völlig unmilitant mit der Bibel und dem Wort des Vormittags: »Uns dürstet.« Axel Bohlmann spendiert zum sonntäglichen Advents-Frühschoppen ein Fässchen Bier. Auch seine Beförderung zum Zweiten Ingenieur soll gefeiert werden. Abends sorgt der Kapitän für ein weiteres kulinarisches Highlight: japanisches Sashimi mit gefrostetem rohen Thunfisch, Lachs in zarten Scheibchen und Tintenfischhappen samt scharfen Zutaten. Das ist kreuzfahrtverdächtiger Genuss!

Morgens um neun Uhr im Golf von Suez, zwischen den schroffen Bergen von Sinai und Ägypten: Sieben kurze und ein langer Ton schrecken die Crew auf. Jörg Laudahn verkündet Bombenalarm. Systematisch wird jeder Winkel des Giganten durchsucht. »Das wird bis zu drei Mal im Jahr nach einer Checkliste exerziert«, erklärt der Kapitän, »da entgeht uns nichts, auch nicht Drogen oder Stowaways, also Blinde Passagiere.« ISPS lässt wieder mal grüßen.

Schleichende Wüstenschiffe mit Einblicken

MS LT Cortesia dampft in die Bucht von Suez im nautischen Slalom zwischen flammenspeienden Bohrinseln hindurch. Der kühle Wind heult in Sturmstärke. Die steilen Berge der Wüstenhalbinsel Sinai und Ägyptens demonstrieren ihre Düsenwirkung.

Am frühen Nachmittag rasselt der Anker auf Suez-Reede in den Grund. »Gut, dass wir so früh hier sind«, freut ich Kapitän Laudahn, »dann bekommen wir auch einen günstigen Platz im Konvoi.« Das bedeute wiederum Zeitgewinn, da das Schiff dann

als eines der ersten den Kanal verlassen und schneller Fahrt aufnehmen kann.
Sechs Uhr, kurz vor Sonnenaufgang. Ungewohnt die nur 18 Grad »kühle« Morgenluft. T-Shirt und Bermudas verschwinden im Schrank.
Schwerfällig formiert sich unser Northbound-Konvoi zu einer kilometerlangen Frachter-Schlange mit Kurs auf das 165 Kilometer entfernte Port Said. Ein unaufhörlich telefonierender Lotse nervt Jörg Laudahn, der jetzt zum Wüstenschiff-Kapitän geworden ist. Die Ufer sind gespickt mit militärischen Anlagen: Kasernen, Panzer, Kanonen, alle hundert Meter Wachtposten und Kontrollen auf den Straßen am Suez. Ein Bollwerk gegen den Terrorismus. Jeglicher Anschlag auf die Weltschifffahrt und damit einen der wichtigsten Devisenbringer Ägyptens hätte katastrophale Folgen.
Von hoher Brückenwarte bieten sich außerdem sichere Einblicke in den Alltag und die Natur des Landes: ob lautes, pulsierendes Stadtgewimmel oder mittelalterliche beschauliche Landwirtschaft, bittere Armut oder luxuriöser Lifestyle. Besonders am Großen Bittersee, wo Nobelvillen unter Palmen den Strand säumen. Ein paar hundert Meter davon entfernt ankert der Southbound-Konvoi, um uns durchzulassen. Andere Frachter haben in einer Kanalweiche festgemacht. Vom untersten Deck aus scheint es, als ob sie auf Sand liegen: Wüstenschiffe eben.
Nach zehn Stunden Schleichfahrt mit acht Knoten, für die der Charterer 250.000 US-Dollar hinblättern musste, schiebt sich LT CORTESIA ungeduldig ins Mittelmeer. Es herrscht wieder Ruhe auf der Brücke, sind doch die arabischen Kehllaute endlich verstummt. An Backbord wird Port Said von der Sonne vergoldet. Hebel auf den Tisch und voll voraus! Noch schnelle 950 Seemeilen: an Kreta mit schneebedeckten Berggipfeln und dem Peloponnes vorbei Kurs Taranto an der süditalienischen »Stiefelspitze«.

Im Northbound-Konvoi durch die Wüste Sinai (links).

Blick von der Brücke auf Ismailia (oben).

Autor im Vormast: Land in Sicht!

Weihnachten unter Palmen und auf See

Beim fünfstündigen Landgang unter Palmen und Olivenbäumen samt makellos blauem Himmel will einfach keine Weihnachtsstimmung aufkommen. »Auch weil wir auf See den ganzen Rummel vorher nicht mitbekommen. Wenn man bedenkt, dass morgen schon Hei-

Das Grillschwein wird präpariert.

ligabend ist …«, sinniert Jörg Laudahn beim Anblick der Kunststoffbäumchen in den Schaufenstern. Auch Geschenke kaufen und Pizza essen – Fehlanzeige. Chiusa – geschlossen! »Hier fängt schon Afrika an«, entschuldigt das der Taxifahrer und brettert mit uns zurück in den Hafen. An Bord macht sich Steward Jerick Rosales – unter Anleitung des Kapitäns – ans Schmücken der Plastiktannen in den beiden Messen: bunte Kerzen, Kugeln und Lametta. »Das geht hier alles stressfreier zu als an Land«, meint der Alte zufrieden.

Früher als gedacht ist LT CORTESIA wieder seeklar. Ab 20 Uhr werden die letzten 2.900 Seemeilen unter den Kiel genommen. Am Morgen des 24. Dezember vor der sizilianischen Küste: das Mittelmeer in Feiertagslaune, fast spiegelglatte See und strahlende Sonne. Auf der Brücke starre ich in unsere 360-Grad-Welt hinaus. Der Horizont auf See, das Ende der Welt, fasziniert den Abenteurer in mir immer wieder. Das gilt besonders, wenn das Meer so ruhig und leer ist. Gelegenheit zum Träumen bei einem Schläfchen in der wärmenden Sonne. Zweiter Hans-Joachim Schröder indes träumt von seinem Ferienhaus auf der Karibik-Insel Bequia. Vorbeiziehende Wale und Delfine scheinen uns grüßen zu wollen.

Heiligabend? Das Grillschwein harrt bereits seines Schicksals in der würzigen Marinade von Zweitem Ingenieur Axel Bohlmann. Nachmittags »Telefono Island«, wie der Kapitän die kleine Insel zwischen Tunesien und Italien grinsend nennt: »Da können wir noch mal nach Hause telefonieren.« Die traditionelle NDR-Sendung »Gruß an Bord« hören wir wegen fehlender Satellitenempfangs-Anlage nicht. »Das ist wohl nur ein Trost für die an Land«, meint Chief Kremtz und steigt wieder hinunter in den Maschinenkontrollraum. Feiertage sind an Bord normale Arbeitstage: Wache, Abrechnungen und Listen schreiben, damit zum Einlaufen in Hamburg alles vorbereitet ist. Bootsmann Hilario Zerrudo und seine Matrosen spülen das Schiff »feiertagsfein«. Schließlich soll an Deck gegrillt werden.

»Frohes Fest!«, »Merry Christmas!« und Frühstücksüberraschung: bunte Teller unterm Christbaum. Vom Weihnachtsmann, sprich: Kapitän höchstselbst arrangiert und spendiert. Die Wetterkarte kündigt für Deutschland einen Kälteeinbruch an. Schon im Englischen Kanal wird die bunte Containerlandschaft von Schneeschauern über Nacht in ein weißes Gebirge verzaubert. »Denn mal guten Rutsch und zieht euch warm an!«, rät Laudahn vorsorglich. Er freut sich nach vier Monaten Fahrtzeit auf Silvester mit seiner Familie an der Ostsee.

Info

Reiseroute: Europa—Mittelmeer—Fernost—Europa: Rundreise ca. 56 Tage (auch Einweg möglich).

Hamburg—Rotterdam—Thamesport/England—Taranto/Süditalien—Suez Kanal—Tanjung Pelepas/Malaysia—chinesische Häfen: Kaohsiung—Shanghai—Ningbo—Yantian—Hongkong—Tan-

jung—Pelepas—Suez-Kanal—Taranto—Hamburg (Änderungen vorbehalten)
Buchung: NSB Reisebüro GmbH, Markus Hüneke, Frachtschifftouristik · Violenstr. 22, 28195 Bremen · Tel.: 0421-3388020 · E-Mail: hueneke@nsb-reisebuero.de
Buchungen sind auch bei den übrigen genannten Veranstaltern möglich.
Kabinen: an Steuerbord Eigner (Owner)- und an Backbord Zahlmeister (Purser)-Kabinen, F-Deck: Wohnraum (Möbel in Kirschbaumton) · 5 Fenster (3 zur Seite, 2 nach vorn) · ein meterlanger Schreibtisch mit unverbaubarem Seeblick · zwei Sofas, drei Stühle, Teppichboden, Tisch, Sideboard, reichlich Schrankraum, Garderobe · Fernseher, DVD-, CD-, Video-Anlage, Radio-Weltempfänger, Kühlschrank · Bad mit Dusche und WC · Schlafraum (1 Fenster nach vorn) mit Doppelbett (2,00 x 1,80 m) und Frisierkommode · Tischlampe, Bilder und zwei Blumenarrangements sorgen für eine wohnliche Atmosphäre. Gesamtgröße: 40 qm. Preis: 95 € bei Doppel-, 110 € bei Einzelbelegung.
1 Supercargo-(Einzel-)Kabine (Steuerbord achtern), G-Deck: 1 Schlaf-/Wohnraum, 1 Bett (2,00 x 1,20 m), Bad mit Dusche und WC, Kleiderschrank, Kühlschrank, TV, Sofa, Sessel, Tisch, Stuhl, Schreibtisch, Teppichboden, Ausblick hinten · Gesamtgröße: 20 qm. Preis: 95 €.
Ausstattung: Fahrstuhl, Innenschwimmbad (5 x 5 m) mit (bei Bedarf erwärmtem) Meerwasser, Sauna, Fitnessraum (2 Trimmräder, Tischtennis, Gewichte, Aufenthaltsraum mit Video-, CD- und DVD-Anlage, Bar, Büchern, Filmen), Liegestühle, Waschmaschine und Trockner (Waschmittel inklusive), Handtücher/Bettwäsche, Reinigung der Kabine wöchentlich, Steward in der Offiziersmesse · Essenszeiten: Frühstück von 07:30 bis 08:30, Mittag von 11:30 bis 12:30, Abendbrot: 17:30 bis 18:30.

Schiffsdaten MS LT Cortesia (Schwesterschiffe: Hudson Courage, Ever Charming, Ever Champion): Projektname: Conti Cortesia, Taufname: LT Cortesia · Auftraggeber: Beteiligungsgesellschaften Conti-Gruppe, München · Bereederung: NSB Niederelbe Schifffahrtsgesellschaft GmbH & Co KG, Buxtehude (mit 86 Schiffen größte Reederei Deutschlands) · Charterer: Lloyd Triestino, Triest/Italien · Bauwerft: Samsung Heavy Industries, Geoje Shipyard, Korea · Kiellegung: 29.11.2004, Ausdockung: 5.2.2005, Ablieferung: 25.4.2005 · BRZ: 90.449, Deadweight: 100.863,8 t, Suez Gross Tons: 93.720,7 BRZ · Leerschiff-Gewicht: 34.025 t · Panama: Post-Panmax, 8084 TEU (gestaut in 9 Lagen unter und 8 Lagen an Deck bei 17 Lagen breit · davon 17 Lagen breit · Reefer/Kühlcontaineranschlüsse: 700) in 9 Luken, 20 Laderäumen/Bays und auf 75 Lukendeckeln mit je 35 t Gewicht · Länge über alles: 334,00 m, Breite über alles: 42,80 m, Seitenhöhe: 24,60 m, Tiefgang (max.): 14,50 m, Höhe Kiel-Mastspitze: 61,30 m · Flagge: Marshall Islands, Heimathafen: Majuro (ab April 2006 Hamburg) · Besatzungsstärke: 24 · max. Anzahl Passagiere: 5 · max. Personenzahl: 34 · IMO-Nr: 9293753 · Klassifikation: GL+100 A5 Cont. Ship IW · Hauptmaschine Hersteller/Type: ISD SULZER 12RTA96C-B, Leistung: 68.640 kW/93.350 PS, 12 Zylinder-Langsamläufer, Trockengewicht: 2.030 t, Höhe: 13,5 m, Länge: 24 m, Verbrauch (max.): 248 t/Tag, Geschwindigkeit: 25,2 kn · Propeller (Hersteller: Mecklenburger Metallguss, Waren/Müritz): Gewicht: 87,3 t, Durchmesser: 8,8 m, Flügelzahl: 6 · Hilfsdiesel (MAN B & W 9L 27/38): 2 à 1.485 kW, 3 à 770 kW · Notdiesel: 500 kW · Bugstrahler: 2.500 kW · Tankkapazitäten: Schweröl: 10.587 m^3, Dieselöl: 428,50 m^3, Schmieröl: 687,70 m^3, Frischwasser: 412,50 m^3, Ballastwasser: 24.905 m^3 · Frischwassererzeugung: 40 m^3/Tag · Müllverbrennung, Abwasseraufbereitung · Ruderblatt: Höhe 11,5 m, Länge: 7,35 m, Fläche: 71,43 m^2, Gewicht: 63 t.

Nachtrag: Captains Dinner im Kloster

Ostasiatisches Versprechen am Sund eingelöst

Kapitän Jörg Laudahn aus Rostock versprach an Bord, während seines Urlaubs im Stralsunder Heilgeistkloster, dem Wohnsitz des Autors, vorbeizuschauen ...

Ein stürmischer Wind fegte über den Sund. An Deck der Gorch Fock (I) meinte er nur trocken: »So' ne steife Brise und der Dampfer bewegt sich nicht, das ist ungewohnt.« Acht Monate im Jahr ist der 43-Jährige auf See. »Wenn's da richtig pustet, kommt in mein 334 Meter langes Schiff auch schon mal Bewegung.« Diesmal war er an Land, sozusagen auf der sicheren Seite.
Während wir auf dem Weg von Ostasien nach Europa Weihnachten feierten und er Shrimps satt mit einem leckeren selbst gemachten Dipp – auf Majo-Basis mit Curry, Ketchup und Knoblauch – servierte, versprach er: »Das machen wir bei Euch zu Hause noch mal!«
Jetzt war es so weit. Samt Frau Silke und den Jungs Tom und Ben stand er lachend vor der Klostertür – mit einer großen Kühlbox: »Den Inhalt habe ich tiefgefroren direkt aus China mitgebracht.«
In der 278 Jahre alten Kloster-Kombüse machte er sich gleich an die Arbeit. Bald duftete das ganze Haus nach Knoblauch, den er zusammen mit Butter in zwei Pfannen anbriet. Dann die Shrimps und Riesengarnelen hinein. Fertig war das klösterliche Captains Dinner. Dazu kühlen, trockenen Weißwein und Baguette – köstlich! »Noch besser als an Bord«, fand Kapitän Laudahn zufrieden, »weil mich nämlich nachher meine Frau zurück nach Rostock fährt.« Das nennt man Arbeitsteilung in einer Seemannsehe.

Willkommen in Ägypten – Gruß an der Kanalböschung.

Einmal durch den Suez

Welt(schifffahrts-)geschichte im ägyptischen Wüstensand

»Malboro Channel« – so nennen Seeleute weltweit den Suez-Kanal – wegen der Zigarettenwährung. Pro Nase eine Stange, Bakschisch, das die Lotsen wie selbstverständlich erwarten.

Der Suezkanal mit seinen 171 Kilometern Länge zwischen dem Roten Meer und dem Mittelmeer ist eine der meistbefahrenen Seestraßen der Welt. Hafenstädte sind Suez am Roten Meer und Port Said am Mittelmeer. Der Kanal zerschneidet die Landenge von Suez durch den Timsah-See und den Großen und Kleinen Bittersee. Es sind keine Schleusen notwendig. Befahren werden kann der Wasserweg von Schiffen mit einem Tiefgang von 19 Metern. Seine maximale Breite beträgt 365 Meter.

Historischer Hintergrund

Die alten Ägypter waren weniger an einer direkten Verbindung vom Mittelmeer zum Roten Meer interessiert, mehr an einer Verbindung vom Nil zum Roten Meer. Erste Vorhaben dazu werden schon Sesostris I. in der 12. Dynastie des Mittleren Reiches zugeschrieben. Das Projekt Bubastis/Suez wurde allerdings erst unter Necho II. begonnen und durch Darius I. beendet.
Napoleon beauftragte 1799 eine Kommission zur Planung eines Kanals. Sie kam allerdings zu der Ansicht, dass dieses Projekt nur unter größten Problemen zu realisieren sei. Grund hierfür waren fehlerhafte Messungen des Wasserstandes und daraus resultierende Niveauunterschiede zwischen Rotem und Mittelmeer. 1846 wurde durch eine Expertengruppe aus Österreichern, Franzosen und Engländern festgestellt, dass die Höhenlage beider Gewässer annähernd gleich ist. Damit war der Weg frei zum Bau. Auf Bestreben des französischen Konsuls in Kairo, Ferdinand de Lesseps, erteilte der ägyptische Vizekönig Said Pascha 1856 der »Compagnie Universelle du Canal Maritime de Suez eine auf 99 Jahre ab Fertigstellung befristete Konzession. Die Pläne zum Bau des Kanals stammen von dem Österreicher Alois von Negrelli, im April 1859 war Baubeginn, die Fertigstellung im März 1869 und die feierliche Eröffnung mit 6.000 geladenen Gästen aus aller Welt am 17. November 1869.
Durch den Bankrott des ägyptischen Staates sicherte sich 1875 England die Mehrheit der Kanalaktien und die militärische Kontrolle über den Kanal, allerdings garantierte eine Konvention von 1888 die freie Durchfahrt für Handels- und Kriegsschiffe aller Nationen.
1956 wurde durch den ägyptischen Staatspräsidenten Nasser der Suez-Kanal verstaatlicht. Als Folge dieser Maßnahme kam es

zu einem kriegerischen Überfall durch englische, französische und israelische Truppen. Noch im gleichen Jahr wurde ein Waffenstillstand geschlossen. Während des ägyptisch-israelischen Krieges 1967 wurde der Kanal wieder geschlossen – mehrere Schiffe, u. a. die deutschen Frachter »Münsterland« und »Nordwind«, waren damals im Großen Bittersee eingeschlossen – und 1975 durch den ägyptischen Präsidenten Saddat wieder für die internationale Schifffahrt geöffnet.

Erweiterungspläne

Der Suezkanal bringt Ägypten 50 Jahre nach der Suezkrise Rekordeinnahmen. Der Kanal ist heute mit dem Tourismus die wichtigste Einnahmequelle für das Land. Rund 20.000 Schiffe befahren den Kanal jährlich und bescheren Rekordeinnahmen von 2,7 Milliarden €. Weil die Schifffahrt boomt und die Zahl der Frachter weltweit in den nächsten Jahren steigt, gibt es auch Pläne für einen weiteren Ausbau im Kampf gegen die drohende Staugefahr in dem Nadelöhr. Bislang kann der Kanal nur jeweils in eine Richtung befahren werden.
Die Passage dauert elf bis 16 Stunden im Konvoi. Für Großtanker ist die Fahrrinne nicht tief genug. So soll es nach den neuen Plänen bis 2010 möglich werden, dass Schiffe mit bis zu 22 Meter Tiefgang den Suezkanal passieren können.
Zu einem der schwersten Zwischenfälle kam es am 8. November 2004: Während der Durchfahrt erlitt ein Tanker Maschinenschaden. Die TROPIC BRILLIANCE lief 70 Kilometer von Port Said auf Grund und blockierte drei Tage lang den Kanal. Das unter liberianischer Flagge fahrende Schiff hatte 85.000 Tonnen Kraftstoff an Bord. Davon wurden 25.000 Tonnen in ein anderes Schiff umgeladen. Bergung und notdürftige Reparatur erwiesen sich als extrem schwierig. Mehr als 40 Schiffe standen im Stau. An beiden Eingängen des Kanals drängten sich zuletzt bis zu 100 Schiffe. Der Unfall hatte weitreichende Auswirkungen auf den weltweiten Handel. Mehrwöchige Verzögerungen waren die Folge. In den letzten Monaten des Jahres herrscht im Suezkanal stets besonders starker Verkehr. Im Durchschnitt passieren 50 Schiffe täglich den relativ engen Kanal.

Ein VLCC-Tanker in Ballast – maximale Größe für die Kanalpassage.

Überblick

- Länge: 171,25 km zwischen Mittelmeer und Rotem Meer
- Erbauer: Ferdinand de Lesseps (1805–1894)
- Bauzeit: April 1859 bis November 1869 (erste Bauversuche schon 1290 v. Chr. Durch Ramses II.) · Kontrolle der Kanalzone bis 1956 durch britische Truppen, danach durch Ägypten (trotz vertraglicher Nutzungsregelung bis 1968)
- feierliche Eröffnung: 17. November 1869 durch den Khediven Ismail Pascha mit Premiere der Verdi-Oper »Aida«
- erstes Schiff: mit der französischen Kaiserin an Bord
- Erdbewegungen: 75 Mio. Kubikmeter durch 25.000 Arbeiter
- Baukosten: rund 20 Mio. Pfund Sterling
- Seewegverkürzung: rund 56 %
- Fahrtzeit: rund ein Tag (11 bis 16 Stunden) unter Lotsenberatung (interessante Einblicke in Landschaft und Leben links und rechts des Wüstenkanals)
- Transitkosten: z.B. für einen 100.000-Tonnen-Containerfrachter: 250.000 US-Dollar (Gebühren drittwichtigste Einnahmequelle Ägyptens) · zeitlich und kostenmäßig günstiger als eine über 24-tägige Umrundung Afrikas ab Hamburg
- Konvois: Start zwei Mal täglich in Suez (Süden) bzw. Port Said (Norden) unter Nutzung von Ausweichstellen, u. a. im Großen Bittersee
- Schiffsgrößenbegrenzung: voll abgeladene 150.000-Tonnen-Tanker (max. Tiefgang: 19 m)
- Passagen: ca. 20.000 pro Jahr.

*Krasser Gegensatz:
wartendes Motor-»Wüstenschiff«
und segelndes Fischerboot.*

Kurs Kap – zwei magische Linien gekreuzt

Über Äquator und Nullmeridian nach Südafrika

Es läuft nicht immer alles nach Plan. Das gilt nicht nur im täglichen Leben, sondern auch für die moderne computergestützte Containerschifffahrt.

»Shore leave expire: 2.3., 00« – so steht es auf der Tafel neben dem Schiffsbüro in Kreideletten, unterzeichnet mit »C/O«, darunter »Cpt«. Soll heißen: Alle an Bord um Null Uhr, Auslaufen zwei Stunden danach. Chief Officer im Auftrag des Kapitäns. Wann ist das soweit gewesen?
Doch schon um Mitternacht. Das breite Doppelbett fängt an, heftig zu vibrieren oder besser: die Maschine im »Keller«. Soll es jetzt tatsächlich losgehen? Durch die vier Fenster flutet das warme Lichtermeer der Kanarenhauptstadt Las Palmas ins geräumige Wohnzimmer. Mit Fernblick aus rund 30 Meter Höhe. Der Vollmond direkt über dem Frachter hat sich wie angekündigt genau um diese Zeit verkrochen: Er glänzt mit seltener Totalfinsternis. Ein Fingerzeig? Auf der vorigen Reise ankerte MSC GENEVA drei Tage vor Kapstadt. Wegen Sturm war das Einlaufen unmöglich. Da kann man schnell seinen Rückflug verpassen, wenn man keine Rundreise machen möchte.
Die Reise beginnt, ein bewegter Traum mit einer gehörigen Portion Neugier.
Zwischen Pier und Bordwand verbreitert sich der schwarze Wasserspalt im Zeitlupentempo. Die Kaimauern ziehen sich demütig zurück. Knapp unter dem Steven zerrt ein kräftiger

Blick in die Tiefe des Laderaums.

MS MSC GENEVA läuft ein.

Bugsierer den 275 Meter langen 63.638-Tonnen-Koloss nach Steuerbord, am Heck sein Kollege in Gegenrichtung. MSC GENEVA wird sozusagen auf dem Teller gedreht. Das lässt sich auch der allmählich wieder aus dem Erdschatten tretende Mond nicht entgehen.
Gut eine halbe Stunde dauert es, bis die Schlepper loswerfen und das Lotsenboot längsseits geht. Ganz allmählich bringt Chief Dietrich Jürgensen seine 54.320-PS-Maschine auf Touren. Die quirlige Hafenstadt fällt bald in der schäumenden Hecksee als schwacher Schein hinter den Horizont zurück. Auftakt eines langen Törns – mit dem Generalkurs immer nach Süden, unaufhaltsam durch die Wasserwüste.

Touristengucken und Kapitänsauftrag

Beim Mittagessen am nächsten Tag erfahre ich von Kapitän Schneider, wie er den Auslaufzeitpunkt so exakt bestimmen konnte: »Als der letzte Container an Bord kam, so gegen 22 Uhr. Dazu das Laschen. Das Ganze hat noch mal rund eineinhalb Stunden gedauert.« Informationen aus erster Hand. Derweil musste Chief Mate/Erster Offizier Udo Wölms die Papiere entgegennehmen und auf Richtigkeit hin checken. Gegen ein Uhr konnte er sich endlich in die Koje legen, denn ab sechs Uhr musste er wieder seine Brückenwache antreten. »Ich habe das so eingeteilt«, erklärt mein Stralsunder Bekannter, »weil wir hier mit vier Nautikern fahren.« Nach dem Dinner reicht die Zeit noch für ein südafrikanisches Willkommens-Bier.
Den Liegetag im sonnigen Las Palmas nutzen wir beide für einen ausgiebigen Landgang: mit Bummel durch die Altstadt, Bankpause und lästerlichem Touristengucken, Baden im Atlantik. Zum Abschluss gönnen wir uns ein Mittagessen samt kühlem Bierchen auf der Strandpromenade unter Palmen. Doch Udo Wölms hat noch einen Auftrag von Kapitän Andreas Schneider zu erledigen: Brötchen einkaufen. »Die sind«, so der Chief Mate, »bei der letzten Versorgung nicht dabeigewesen.« Der Supermarkt wird gnadenlos leergekauft. Bepackt mit einem riesigen nach frischem Brot duftenden Plastiksack geht es per Taxi wieder zum Hafen. Der Wachmann am Tor zum Containerterminal winkt uns lässig durch. Sicherheitsvorschriften? Vergiss sie! Locker hätten wir alles andere als harmlose Baguettes einschmuggeln können.
Das Laden und Löschen läuft nur schleppend. Schließlich ist Samstag.

Spanische Rechnung ohne uns

Eigentlich hätte ich schon am Donnerstag an Bord sein müssen. In den vorangegangenen Häfen Antwerpen, Felixstowe, Le Havre und Sines klappte alles wie am Schnürchen. »Da waren wir sogar früher fertig«, ergänzt Wölms. Ich hielt ständig Kontakt zum Schiff und zum NSB-Reisebüro in Bremen. Schließlich erfuhr ich, dass es ab Las Palmas doch erst am Freitag Abend losgehen würde. Nach einigem Hin- und Herüberlegen und Rechnen entschloss ich mich, auf einen Flug am Freitag Morgen umzubuchen. Es klappte. Marcus Hüneke von der Bremer NSB-Frachtschiff-Touristik gab zuvor grünes Licht dafür. Dann eine neue SMS-Nachricht von Udo Wölms: Es könnte auch früher werden. Ich sah das Schiff schon ohne mich abfahren und ärgerte mich, dass ich nicht doch bei dem früheren Flug mit eventueller Hotelübernachtung geblieben war. Doch man sollte keine Rechnung ohne die Spanier machen. Es kam allerdings wieder anders.
Ein Fahrer des MSC-Agenten holte mich am Flughafen ab. Als wir über die Küstenautobahn fuhren, sah ich weit draußen ein Containerschiff mit den überdimensionalen weißen Buchstaben MSC auf der Bordwand. Es schien zu treiben. Das konnte nur die GENEVA sein, schoss es mir durch den Kopf, denn ich hatte ihr Bild vor Augen. »Si, Si, eso es el barco!«, bestätigte der Fahrer und meinte: »Dann bring ich Sie am besten erst mal ins Hotel.« Im Hafen sah ich schließlich die Erklärung: Alle Liegeplätze waren von anderen MSC-Frachtern belegt und GENEVA musste daher draußen warten.

Gelandet mit sportlicher Moral

Ich richtete mich auf den Abend und die Nacht in Las Palmas ein. Auch nicht schlecht, dachte ich, obwohl ich lieber gleich an Bord gegangen wäre.
Am Kreuzfahrtterminal lag gerade die schneeweiße AIDABLU. Die steuerte ich erst mal an, denn mich hatte der Barmanager zu einem Schiffsrundgang eingeladen. Maik Römer ist einer meiner Stralsunder FH-Seetouristik-Studenten, der als gelernter Gastronom gerade ein Praktikum absolviert. Auf dem voll belegten Sonnendeck bimmelte plötzlich mein Handy: »Kommen Sie bitte sofort ins Hotel!«, wies mich der Agent an. »Sie müssen gleich an Bord!« Zurück ging es im Laufschritt. Sachen zusammenpacken, ab ins Auto und zum Hafen. Tatsächlich, GENEVA lag schon da.
»Du hättest Dich aber gar nicht so zu beeilen brauchen«, beruhigt mich Udo Wölms nach der Begrüßung, »vor morgen Abend wird das hier sowieso nichts.« Viel wichtiger: Ich war erst mal an Bord gelandet, konnte meine Papiere abgeben, die luxuriöse Kabine beziehen, einen ersten Orientierungsrundgang durch alle Decks unternehmen und in Ruhe Abendbrot essen. Gemeinsam mit Kapitän und Offizieren – und nur noch zwei weiteren Passagieren. Kontrastprogramm zur ausgebuchten AIDABLU mit rund 1.800 Gästen, einem strikten Fahrplan und keinem täglichen Captains Dinner für alle Passagiere.
Die Moral von dieser Geschichte: Selbst als »alter Frachtschiffreisen-Hase« lernt man anscheinend nie aus und muss sich immer wieder auf veränderte Situationen einstellen können.
Zum Beispiel auch auf ein mehr oder weniger unfreiwilliges Fitness-Programm: das Treppensteigen. Von der Kabine zur Messe sind es schlappe 70 Stufen – und das allein zu den Mahlzeiten

Erster Offizier erklärt die Instrumente.

Las Palmas voraus.

Wachmann an der Gangway.

Uhrenstellen nach dem Überqueren der Zeitzone.

Vierte Offizierin Matleena am Kartentisch.

dreimal runter und wieder rauf, meistens ist es öfter. »Ich hasse diese Kletterübungen!«, stöhnt Zweiter Ingenieur Reinhard Müller aus tiefster Seele. Wer allerdings noch so wie ich täglich zehn Runden ums 600 Meter lange Hauptdeck dreht, muss noch mal 30 Stufen nach unten nehmen. Da kommt, wenn man nachrechnet, Einiges an Höhen- und Längenmetern zusammen. Aber: gut zum Kalorienabbau. Unterstützt von Kapitän Schneider, der später eine Waage kauft – zur Gewichtskontrolle.

In der »Mucki-Bude«, dem »Gymnasium«, kann man Sport »intelligent« weiterbetreiben: beim computergesteuerten Radeln, Steppen, Gewichtestemmen, Dartspielen. Chief Mate Udo und Second Mate Michael dreschen den Tischtennisball über die Platte. Noch Playmates oder schon Playboys? – das ist hier die Frage.

Karatelehrer Udo Wölms schneidert mir ein Programm nach Maß zurecht. Er selbst bereitet sich akribisch auf seine Wettkämpfe im Urlaub vor, ich auf die Kajaksaison an der Ostsee. Den nachmittäglichen Trainingshöhepunkt vor dem Dinner bilden Sauna und Whirlpool. Da kann man sogar mit dem Alten baden gehen. Andreas Schneider ist Fan der heißen Sprudel-Badewanne.

Seefrau lädt zur Party

Abends steigt eine Geburtstagsparty im »Officers Recreation Room«. Bei 22 Mann und einer Frau passiert das schon hin und wieder. Zum ersten Mal auf dieser Reise am ersten See- und Sonntag. Alle sind eingeladen, wie die Mitteilungstafel neben der Messe verkündet. Die Vierte Offizierin, Matleena Mäkelä aus dem finnischen Rauma und einer Familie mit maritimer Tradition, wird 30 Jahre jung. Drum pilgert die gesamte wachfreie Crew, auch die freundlichen Philippinos, die sonst gern unter sich bleiben, nach dem Abendbrot ins E-Deck. Auch weil Alkohol gratis ausgeschenkt wird. Um die Bar versammeln sich die Offiziere und die beiden deutschen Schiffsmechaniker. Vor dem Videogerät hocken die Philippinos und sind fasziniert von den dröhnenden Musikshows. Matleena spielt Barfrau und bedient, zur Genugtuung der Männer. Sie ist nicht nur ganz ansehnlich, sondern auch temperamentvoll. Dass sie manch einem den Kopf verdrehen kann, ist kein Geheimnis. Auf einer der vorigen Reisen kam es wegen ihr auch schon mal zu einer tätlichen Auseinandersetzung. Die balzenden Kampfhähne mussten gehen. Das Thema »Frauen an Bord« wird trotzdem unterschiedlich bewertet. Das ist auch auf dem Mikrokosmos Schiff nicht anders. Chief Dietrich Jürgensen, ein freundlich-besonnener Mann aus Schleswig-Holstein mit bewegtem Seemannsleben, spricht aus Erfahrung: »Die meisten sind fachlich sogar besser als manche Männer, wenn auch nicht so kräftig. Aber das spielt heute keine

Chief Mate Udo Wölms beim täglichen Fitness-Training (oben).

Vierte Offizierin Matleena als Barfrau.

Rolle mehr. Viel wichtiger ist Köpfchen.« Kapitän Schneider und Erster Offizier Wölms meinen allerdings, »dass eine Frau nicht die isolierte Situation der Besatzung ausnutzen darf, »indem sie die Männer provoziert und mit ihnen spielt. Klare Verhältnisse wären da besser.«

Auf jeden Fall trägt die quirlige Matleena, die schon von Kindesbeinen an Kapitänin werden wollte und Seefrau aus Überzeugung ist, zur Auflockerung des geselligen Abends bei.

Bei Bier und Wein entspannt sich die Stimmung zusehends und man kommt sich näher. Jeder gibt Geschichten zum Besten. Unglaubliches darunter. So zum Beispiel, als der Chief den Krimi seiner sechsmonatigen Zwangsliegezeit vor Guatemala erzählt: »Wir mussten in direkter Nähe einer Marinestation ankern und konnten daher nicht einfach verschwinden. Verpflegung und Geld gingen uns aus und wir wurden immer dünner.« Die Ursache war ein Container voll Zimtstangen, die verdorben waren. Der Auftraggeber, ein deutschstämmiger Großfarmer, schickte seine Anwälte vor und ließ anscheinend die Behörden schmieren. »Irgendwann«, lächelt Jürgensen, »machten wir uns bei einem schweren Regenschauer aus dem Staub. Der Farmer wurde kurze Zeit später erschlagen.«

Sterne beobachten und Sonne schießen

Am dritten Seetag rutscht der Hamburger Frachter mit rund 3.900 Containern zwischen den Kapverdischen Inseln und Dakar an Kap Bon, dem westlichsten Punkt Afrikas, durch. Wie auch schon Napoleon auf dem Weg zu seiner Verbannungsinsel Sankt Helena. Nur haben wir es heute wesentlich komfortabler. Auch als die deutschen U-Boot-Fahrer, die hier hindurch 1941/42 bis tief in den Südatlantik vorstießen. Der Horizont ist wie leergefegt, wir sind auf unserem einsamen Track allein. Die vielbefahrene »Nord-Süd-Autobahn« lassen wir weit im Osten. »Hier haben wir nicht die Strömung gegenan«, begründet das der Kapitän, »sondern sie schiebt uns mit einem Knoten plus.« Time is money.

Spiegelglatt gibt sich der Atlantik, die warme Luft ist feuchtigkeitsgesättigt und diesig. Der Nordost-Passat bläst feinsten gelben Staub von der Sahara herüber und überpudert alles damit. MSC GENEVA – ein Wüstenschiff?

Mit Chief Mate Udo Wölms verbringe ich den Rest seiner Abendwache auf der Brücke. »Kennst Du den Planeten da oben?«, zeigt er auf einen hell leuchtenden Stern. Ich tippe richtig: der Orion. Ob ich mal sehen möchte, wie der Nachthimmel jetzt über Norddeutschland aussieht? Mit seinem PC-Programm kann der Computerfachmann jedes aktuelle Bild der Erde aufrufen. Für mich ein Novum. Ich kann nur staunen, auch über die neueste Navigationselektronik im Fahrstand. Wo wir gerade langfahren? Udo hat dafür eine wahrhaft einleuchtende Erklärung: »Immer dem kleinen blauen Licht nach, dass du da vorn auf dem Vormast siehst«. Aber Spaß beiseite: Die Seefahrtsthemen gehen uns nicht aus. Für Fachsimpelei ist der Stralsunder immer zu haben.

Nach Dienst wird es noch heißer – in meiner Kabine. Ein paar zünftige Malefitz-Schlachten um Barrikaden und Figuren stehen auf unserem Unterhaltungsprogramm. Das kann sehr reichhaltig sein, wenn man versteht, es selbst zu organisieren.

Navigationsübungen gehören genauso dazu wie Lesen, Laptop-Schreiben, ein gutes Gespräch in entspannter Runde oder ein gemeinsamer DVD-Abend. Die Zeit rennt einem weg, auch wenn man meint, genug davon an Bord zu haben.

Mitpassagier Dr. Ulrich Schrader (64) ist passionierter Segler und möchte seine nautischen Kenntnisse auffrischen und vertiefen. Ich schließe mich begeistert an. Dritter Offizier Michael Barbera hat nichts dagegen, dass wir den Sextanten hervorkramen. »Der wird sowieso nicht benutzt«, sagt er und lässt uns machen. In der Steuerbordnock »schießen« wir die Sonne, ihre Mittagshöhe, und errechnen anhand des Winkels über dem Horizont und der nautischen Tafeln unseren Standort. »Passt«, meint Ulli stolz, als er Breiten- und Längengrade mit dem GPS vergleicht. In die Seekarte tragen wir die aktuelle Position ein, die wir mit Zirkel, Dreiecken und Bleistift vorsichtig markieren.

Gedanken beim Wein

»Genug der Arbeit«, findet er und verabschiedet sich von der Brücke: »Du findest uns, wo gelacht und getrunken wird«, weist er mich auf das Nachmittagsprogramm hin. Zwei Decks tiefer ein schattiges Plätzchen: Im Decksstuhl auf ihrem Backbord-Balkon genießen er und sein langjähriger Freund Hans-Peter Cahrmanns (74) mit einem Gläschen Wein die tropische Sonne. An Bord ist man schnell »per Du«. Wir stellen fest, dass wir auch mal zu unterschiedlichen Zeiten auf dem Kühlschiff HANSA LÜBECK gefahren sind. Als S.N.s, sogenannte Supernumeries. »Drei Überflüssige«, witzelt Peter, »da darf man fast alles, muss aber nichts. Wie hier.«

Die beiden humorigen Rentner, auf Frachtern und Seglern befahren und immer zu einem Spaß aufgelegt, steigen leider schon in Kapstadt aus. »Hier an Bord können wir in aller Ruhe lesen und uns auf Südafrika vorbereiten. Zu Hause schaffen wir das einfach nicht«, blättert Ulli in einem Reiseführer, »wir wollen das Land nämlich auf eigene Faust erkunden. Zurück geht's dann per Flieger.«

Weil man nicht unterhalten wird, muss man sich selbst beschäftigen und vor allem mit sich (und anderen natürlich auch) auskommen können. Für Ulli, den promovierten Wein-Chemiker, und Peter, der Vertriebschef eines großen Medienkonzerns war, keine Frage. Das sei, vor allem, wenn man allein reist, das A und O auf einem Frachter, meinen sie, als wir bei einer abendlichen Weinprobe den Gedanken- und Erfahrungsaustausch vertiefen. Die leeren Buddeln fliegen später als Flaschenpost über die Kante. Antworten bekam ich übrigens von früheren Törns schon einige. Frachter-Reisende sind Individualisten, die das Ambiente von Kreuzfahrtschiffen nicht mögen wie Peter: »Hier kann ich tun und lassen und anziehen, was ich will.« Für Seefahrt pur, so beide, sollte man sich schon interessieren. »Die Bordatmosphäre«, ergänzt Ulli, »steht und fällt allerdings mit dem Kapitän. Das ist wie mit Fisch, der fängt am Kopf an zu stinken.« Wir drei können da auf unterschiedlichste Erfahrungen verweisen. »Manche haben infolge ihrer langen Seefahrtszeiten eine normale Kommunikation völlig verlernt«, begründet Ulli, »da kann man es ganz schön schwer haben, vor allem, wenn nur Ausländer an Bord sind.« Der Kapitän, an Bord scherzhaft auch »Reiseleiter« genannt – mit ihm sind fünf weitere Deutsche an Bord –, gehört zum Glück nicht zur schweigsamen Sorte. Im Urlaub reist der Sachsen-Anhaltiner viel mit seiner Frau. Da verliert man seine Weltläufigkeit nicht so schnell. »Auch wenn wir als Seeleute dauernd unterwegs sind«, sagt er, »sehen wir kaum mehr als die Häfen. Manche gehen auch gar nicht an Land.«

Linien-Fieber mit Liebesbeweis

»Gleich müsste es rumpeln«, lacht Peter und meint die Überquerung des Äquators. Am vierten Seetag um 12.53 Uhr ist es so weit. Mit GPS und Sextant lauern wir in der Brückennock auf den magischen Moment. »Achtung Null!«, ruft Ulli, als er die Sonne genau auf den Horizont »heruntergeschraubt« hat. Unsere Geräte zeigen exakt an: 00 Grad, 00 Minuten, 00 Sekunden Nord. In Sekundenbruchteilen hat sich MSC Geneva mit fast 23 Knoten auf die Südhalbkugel geschoben. Ohne dass die Neulinge vom Schmutz der Nordhalbkugel gereinigt werden oder eine Zeremonie abgehalten wird. Zweiter Offizier René Santiago kann über unser äquatoriales Fieber nur lachen: »Na, habt Ihr wenigstens die Linie gesehen?«

Peter zeichnet schnell ein Bild mit Neptun und faxt es mit Grußzeilen an seine Frau: »Sie soll doch wissen, dass ich drübergefahren bin.« Auch wenn er statt Null Grad Nord zehn Grad Ost schreibt. »Nur der Beweis zählt«, meint er grinsend, »von wo aus man liebt, ist doch unwichtig.« Vom immer strahlenden Dritten, Michael Babera, bekommen wir sogar noch ein offizielles Dokument, den »Equatorial Passport« in die Hand gedrückt. Eine harte

Dr. Ulrich Schrader und sein Freund Hans-Peter Cahrmann genießen Wein und Sonne.

Taufe wie zu meiner Junggradzeit bleibt uns – zum Glück! – erspart. Abends lese ich ein paar Zeilen zum Thema in den Lebenserinnerungen »Nach Kompass« von Karl-Friedrich Merten. Der spätere Kommandant von U 68 fuhr damals auf dem »Kreuzer« Karlsruhe um die Welt. »Nach dem Auslaufen passierten wir die Linie. Die Äquatortaufe beherrschte das Schiff für einen Tag vollkommen. Sie war ein besonderer Eindruck für die Kadetten. Und gehört nun mal mit allem Firlefanz zur Seefahrt. Ich habe selbst dann im Kriege unter

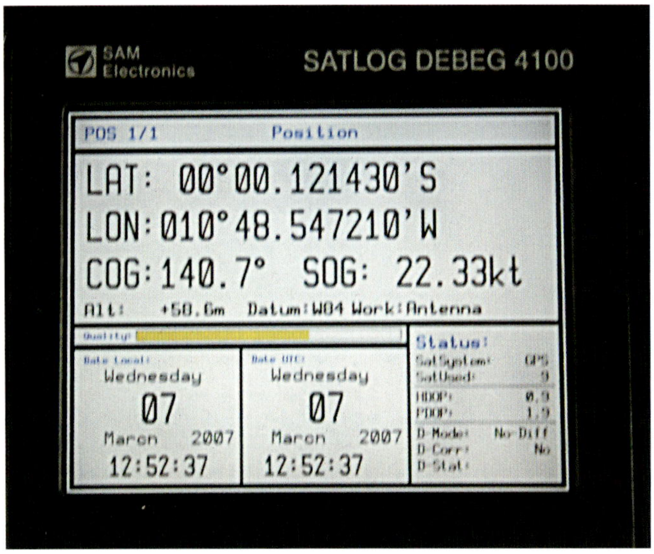

Der GPS-Beweis: Äquator überschritten.

doch wirklich sehr ernsten Bedingungen nie auf diesen alten Seemannsbrauch verzichtet.« Nur auf Kreuzfahrtschiffen wird das Zeremoniell noch praktiziert, an den Polarkreisen und am Äquator. Unser Sohn Johannes, der auf der ASTOR fährt, berichtete via Satellit, wie es bei ihnen im Pazifik, uns sozusagen gegenüber, zuging. »Mit allem Firlefanz« eben. Auf einem modernen Containerfrachter hat man dafür nichts mehr übrig.

Vor der obligaten Mittagsruhe begießen die beiden Freunde das Ereignis des Tages stilvoll mit einem Gläschen Rosé. »Weindoktor« Ulli schwört darauf, »um das Linien-Fieber zu bekämpfen und die kommende Zeit locker anzugehen«. Einmal im Jahr treffen sich die Familienväter zu einem gemeinsamen Törn und genießen die Zeit ganz nach ihren Vorstellungen. »Wir haben lange genug dafür gearbeitet, jetzt wollen wir auch was davon haben«, betonen sie. Nur ihre Frauen können sie nicht auf einen Frachter locken. Da muss dann ein gemeinsamer Landurlaub zum Ausgleich her. Obwohl es immer mehr Frauen gibt, die sich vor diesem »Abenteuer« nicht fürchten. Klagen, so die Agenturen, hätte es bislang noch keine gegeben, im Gegenteil.

Kaum den Südatlantik unterm Kiel, brist es zu sechs ruppigen Windstärken auf, vierkant von vorn. MSC GENEVA verbeugt sich dauerhaft respektvoll vor dem gewellten Ozean, aber hält ihr 22,5-Knoten-Tempo problemlos. Das Brückenthermometer zeigt 33 Grad. Wem das nicht reicht, kann noch 50 Grad drauflegen – in der Sauna. Die Temperatur des Leitungswassers, vom Meer gekühlt, sinkt hingegen spürbar ab. Verantwortlich dafür: der Agulhas-Strom aus der Antarktis. Wir dampfen, ungewohnt die Mittagssonne im Norden, westlich von Namibia, nach Süden, voll in den Herbst und die beste Reisezeit hinein.

Am Ende dieses fünften Seetages werden wir wieder an Napoleon erinnert: In rund 360 Seemeilen Entfernung passieren wir St. Helena. Ihm zu Ehren wurde der bis 150 Meter unter die Wasseroberfläche reichende Seamountain, eine aus 5.000 Metern steil aufragende Bergspitze nördlich davon, »Bonaparte« genannt. Vielleicht aus ironischen Gründen.

Großsegler-Feeling in TITANIC-Pose

Plötzlich schrillt die Alarmsirene: siebenmal kurz, einmal lang, immer wieder. Wir werden aus unseren rückwärts gerichteten Gedanken wieder an Deck geholt – Generalalarm! Ich schnappe mir die Rettungsweste und renne zur Musterstation auf dem C-Deck, Steuerbord-Seite. An mir vorbei hastet Vierte Offizierin Matleena – noch verschlafen von ihrer Nachtwache – mit wehenden Haaren und Helm in der Hand auf die Brücke. Überraschung: Am Rettungsboot bin ich allein! Über Lautsprecher verkündet der Erste schließlich: »Fehlalarm! Alle zurück an die Arbeit!« und erklärt später: »Beim Deckwaschen hat jemand den Auslöser mit Wasser getroffen, das reicht, weil die Schutzkappe abgerissen ist.« Zu 90 Prozent, so der Kapitän beim Essen, gebe es Fehlalarme. »Dann nimmt man einen echten Alarm irgendwann möglicherweise nicht mehr ernst«, erwidert Doc Schrader.

Doc Schrader auf der Back in TITANIC-Positur.

Er freut sich, gewissermaßen als sportliche Übung, mit mir auf die überdachte Back zu klettern. Über eine senkrechte Eisenleiter und durch eine Luke gelangt man nach oben. »Herrlich, dieses Sonnenplätzchen«, ist Ulli angetan. Das schwarze Deck allerdings glüht förmlich, so dass man ein Spiegelei drauf braten könnte. Nur noch der Fahrtwind, der uns beinahe die Hemden über die Ohren zieht und die Haare zu Berge stehen lässt, verschafft etwas Kühlung. Maschinenlärm? Fehlanzeige! Erst recht nicht im Mast, den ich mit Genehmigung und Sicherheitsgurt besteige für ein paar Fotos. Der zwei Fußballfelder füllende Container-Parkplatz vor den auf Wohnhausformat geschrumpften Aufbauten reizt besonders. Hobby-Seemann Schrader strahlt und fühlt sich »wie auf einem Großsegler«. TITANIC kann man hier auch spielen. Mit ausgestreckten Armen posieren wir über tintenblauer See an der Steven-Reling. »Wenn unsere Pfoten größer wären«, ruft Ulli gegen den Wind, »würden wir jetzt abheben.« Als dann noch die Sonne glutrot untergeht und am Abendhimmel rechts voraus das markante Kreuz des Südens auftaucht, ist die Frachter-Romantik anno 2007 komplett.

Mit Übungen über die Ost-West-Linie

Noch ein magischer Moment: Fernab der angolanischen Küste kreuzen wir den Null- oder Greenwich-Meridian, der die Erde in Ost- und Westhalbkugel teilt. »Den hatten wir schon im Englischen Kanal«, ist Ulli nicht ganz so begeistert wie ich. Dennoch: Die elektronische Seekarte auf der Brücke muss als Foto-Beweis herhalten – 00 Grad, 13 Grad Süd –, denn Peter schickt diesmal kein Fax an seine Frau. Er guckt lieber in die »Braunsche Röhre« und meint damit eine Flasche Bier. Bis einen wieder Alarmsignale aus der Mittagsruhe reißen. Steward Dolrich Solana sammelt uns ein und geleitet seine Schäflein in die Crew-Messe: »For further orders from the bridge.« Peter scherzt: »Erst war nix und jetzt sitzen wir hier auch wieder nur rum.« Dolrich empfängt über Sprechfunk die Meldung, dass der »Brand« im Schiffsinnern jetzt bekämpft werde. Nach einer halben Stunde ist die Übung – natürlich erfolgreich – gelaufen und wir werden entlassen.

Als ich meine tägliche Sechs-Kilometer-Walking-Runde ums Schiff drehe, kommt mir plötzlich einer entgegengerannt: Schiffsmechaniker Wolfgang Hanikow. »Na, auch sportlich unterwegs?«, frage ich ihn im Vorbeilaufen. Keine Antwort. Er muss es anscheinend sehr eilig haben. Plötzlich krängt der 275-Meter-Riese hart nach Steuerbord. Container knallen wie Maschinengewehrsalven, öliges Wasser schießt von oben aus irgendwelchen Ritzen an Deck. Bange Frage: Ist was passiert? Auf der Back treffe ich Schiffsmechaniker Corey Wernitzky, der angestrengt aufs Wasser starrt. Ich stoppe und sehe ihn fragend an. Er reagiert cool: »Nur ein Mann-über-Bord-Manöver, der Alte fährt jetzt den Williamson-Turn mit Hartruderlage.« Damit meint er eine riesige Acht, die man jetzt schön aus der Luft sehen könnte. Knapp eine Viertelstunde später wird der »Schwimmer« gesichtet, ein großer Pappkarton:

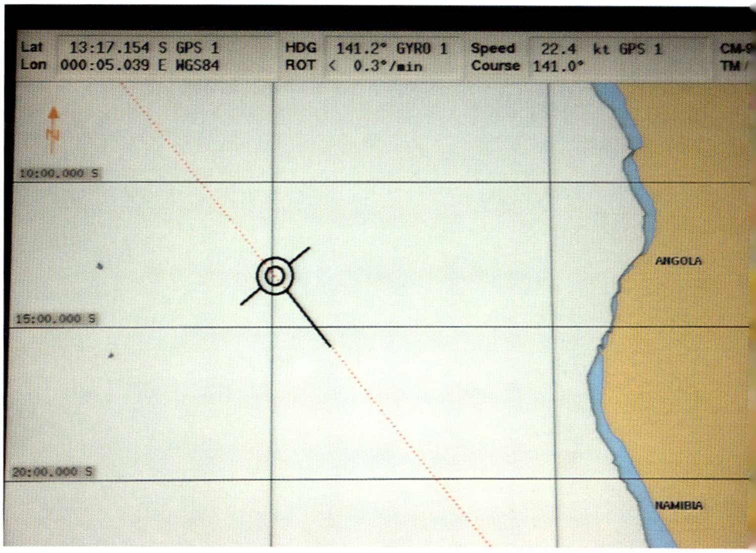

Vor Angolas Küste wird der Nullmeridian gekreuzt.

gerettet! MSC GENEVA schwenkt wieder auf ihren alten Kurs ein und nimmt grummelnd Fahrt auf, bis die autobahnbreite Hecksee kocht wie zuvor. Während tief unten im Schiffsbauch das kräftige Herz wummert, stimmen die verspannten Stahlkisten ihre eigene Melodie an: Es knistert, ächzt, brummt, klopft, quietscht, schnarrt, scheppert, sirrt, zirpt und knallt in den Kartons. Aus der Achterkante der Aufbauten brüllen die Maschinenraum-Lüfter. Ständiger Begleitsound beim Laufen. Die Walkman-Musik in den Ohren ist nichts dagegen.

Würstchen und Seestimmungen

Höhepunkt der Woche: das Samstagabend-Barbecue. Smutje Rex Alerta und Steward Dolrich Solana haben ein Büfett auf dem Brückendeck angerichtet. Fleisch und Würstchen brutzeln auf dem Grill, dessen verlockende Düfte sich mit rußigen Schweröl-Abgasschwaden vermischen. Sogar der wachhabende Erste Steuermann Udo Wölms kann sich zwischen Radar und Seekarte verpflegen. »Der Dampfer läuft ja fast sowieso wie von allein«, grinst er kauend, »aber keine Angst, ich hab alles im Griff.« Nautiker sind scheinbar Zauberer. Sie können das stählerne Monstrum am Stück schweben lassen, rückwärts einparken und sogar Achten drehen. Respekt!

Ulli genießt bei Freibier still die letzten Sonnenstrahlen des Tages an einem geschützten Plätzchen. »Die See ist für mich die lebendigste Landschaft, Wasser das Element der Verwandlung«, philosophiert er schwärmerisch, »es ist weich und hart, glatt und rau, manchmal still und dann wieder aufwühlend wild. Farben, Oberflächen, Licht und Stimmungen ändern sich ständig. Der Stand der Sonne und der Wolkenzug geben dem Wasser und seiner Weite ein Gesicht. Freundlich-einladend oder abweisend kalt. Man muss das nur sehen können und wollen.«

Ulrich Schrader mit Sundowner vor dem Sonnenuntergang.

Maschinenreparatur.

Wir erleben diesen Wechsel hautnah: Es hat inzwischen zu acht bis neun Windstärken vierkant von vorn aufgebrist. Das Meer gibt sich nicht mehr ozeanblau – der Stoff, aus dem die Träume sind –, sondern nordseegrau, denn es spiegelt den Himmel. Vom friedlich säuselnden Glitzerteppich zur finster anschwellenden Bedrohung. Der meterhoch aufschäumende Südatlantik wird zur ruppigen Schlaglochpiste. Das Schiff verbiegt sich, im Fachjargon »Torsion« genannt. Je höher man an Bord kommt, desto durchdringender vibriert und rappelt alles. Vierzig Meter über dem kochenden Wasser orgelt und pfeift der Wind noch wütender um die Aufbauten.
Wenn MSC GENEVA mit ihrem Gesicht wuchtig ins Wasser knallt, dann ist die Gischt über zweihundert Meter unterwegs, um dich in der Brückennock nass zu machen. Du schmeckst die herbe Salzigkeit des Atlantiks. Wie mag es im tiefen Innern aussehen, fünftausend Meter unterm Kiel? Frank Schätzings Bestseller »Der Schwarm«, den ich gerade lese, gibt Antworten darauf. Erschreckende.

Zwischendrin und mehr denn je: Nervensache

Die Männer indes bewegt anderes. Kapitän und Chief, beide lang befahrene Realisten, steht der Sinn nicht nach romantischen Stimmungen. Seefahrt ist, auch wenn die Schiffe nicht mehr aus Holz und die Matrosen aus Eisen sind, nach wie vor ein harter Job. Man lebt an Bord vier Monate und länger ständig mit denselben Leuten auf engstem Raum zusammen, oft unter schwierigsten See- und Wetterbedingungen. Sympathien, Macken, Abneigungen, Stärken und Schwächen, mit all dem muss man hier zurechtkommen. Auch mit sich selbst.
Eine strikte Trennung von Arbeit und Freizeit? Kaum machbar, da man irgendwie immer im Dienst ist, Tag und Nacht. Ohne jegliche Chance zur Flucht. Seefahrt, das ist auch unbarmherzige Psychologie und nichts für labile, zartbesaitete Gemüter mit Illusionen.
Jederzeit auf dem Sprung, werde daher auch nicht geschlafen, sondern nur »geruht«. »Das zerrt auf Dauer an den Nerven. Letztlich ist man froh,« so Chief Jürgensen, »dass alles weitgehend reibungslos funktioniert.« Trotzdem, meint er kopfschüttelnd, halte sich hartnäckig die Mär, dass Seefahrt ein Beruf mit hohem Freizeitwert sei. »Aber haben diese Leute mal ernsthaft darüber nachgedacht«, ergänzt er, »auf was wir hier alles verzichten müssen?!« Dazu komme, dass die totale PC-Vernetzung viel Chaos anrichtet und Papierberge produziert. Quittiert wird diese Bemerkung mit allgemeiner Zustimmung.
Für Kapitän Schneider beginnt das Privatleben erst dann, wenn er in Urlaub nach Niedersachsen geht und die Gangway verlassen hat: »Dann will ich von Seefahrt nichts mehr wissen.« Gartenarbeit und am Haus bauen sind für ihn Ausgleich, der Chief hingegen liebt kilometerlange Waldspaziergänge im Umkreis seines norddeutschen Dorfes bei Flensburg. Jeder wie er mag.

Tafelberg voraus!

Am neunten Seetag bläst es uns kalt entgegen. Nur noch 18 Grad. Die Außendeckstüren lassen sich nur mit viel Kraft aufstemmen. Pullover und lange Hosen kommen wieder aus dem Schrank. »Schuld« ist der kalte Benguela-Strom aus der Antarktis, der Nambia weitab an unserer Backbordseite die Wüste beschert hat.

Die See rennt dunkelgrün und ruppig schräg von vorn gegen den Frachter an. Der schüttelt sich unwillig bockend und schwänzelt in sich hin und her, sichtbar. Als würde er laufend Ohrfeigen bekommen. Zu lang im Verhältnis zur Breite mit den achtern liegenden Aufbauten, sagt der Fachmann. »Verdammt unangenehm!«, bringt Ulli es auf einen menschlichen Punkt, »und das am Ende unserer Reise.« Was nicht niet- und nagelfest gestaut ist, fliegt ruckartig zu Boden.

Wir stehen vor dem berüchtigten »Kap der Stürme«. So hat es sein portugiesischer Entdecker Batholomeu Diaz 1488 genannt. Zu Recht. Immer mal wieder soll hier der »Fliegende Holländer« mit zerfetzten Segeln gesichtet worden sein. Später hieß der Felsen am Südzipfel Afrikas dann »Gasthaus der Meere«. Damals frischte man hier die Vorräte zur Weiterreise nach Indien auf. Das verschaffte Einnahmen. Bis jetzt hat sich »Kap der Guten Hoffnung« gehalten. Wobei eher Geldgier für die Namensgebung ausschlaggebend war. Weniger der Wunsch, dem tückischen Seegebiet endlich zu entkommen.

Nach rund 4.500 Seemeilen seit Las Palmas schält sich das hohe Küstengebirge aus dem Dunst. GPS-Position: 33 Grad 52 Minuten Süd, 18 Grad 24 Minuten Ost. Wenn sich früher ein holländischer Segler dem Felsen näherte, kassierte der Seemann, der als erster den Tafelberg sichtete, zehn Gulden und eine Flasche Wein. Heute zählt die Landmarke zu den meistfotografierten Motiven der Welt. Auch für uns. »Die Buddel steht uns zu!«, lacht Peter. Mit seinem Freund wartet er schon seit Stunden in der Steuerbord-Brückennock auf den entscheidenden Augenblick.

Hafenschlepper in Kapstadt.

Tafelberg und Kapstadt voraus!

Bald darauf präsentiert sich der charakteristische Tafelberg: ein Traumblick bei ebensolchem Wetter. Wolkenballen wabern über den Kamm, das »Tischtuch« des Felsens. Der »Cape Doctor«, ein berüchtigter heftiger Südostwind, treibt sie zu Tal. Beim Absinken in die wärmere Luft über der »Mother City« lösen sie sich allmählich auf.

Containers große Nachtmusik

MSC Geneva stampft dem markanten Wahrzeichen Kapstadts und Südafrikas ungebremst entgegen. »Unser Liegeplatz ist frei«,

Bulleye-Blick auf den Tafelberg. Festmacher in Kapstadt (unten).

hat der Kapitän erfahren. Ulli und Peter sind froh darüber und haben ihre Sachen schon »zum Absprung« gepackt. Sie fiebern vor allem den Weingegenden entgegen, betonen die beiden Genussmenschen. Beim dortigen Zoll hält man offensichtlich wenig davon, denn Chief Mate Wölms rät mir: »Dann räum mal den Kühlschrank leer, mehr als zwölf Flaschen Bier sind nicht erlaubt. Die schwarze Gang durchsucht jeden Winkel wie die letzten beiden Male.« Um keine Zollstrafe zu riskieren, packe ich die überzähligen Buddeln in einen Karton und gebe ihn dem Steward. Bis zum Auslaufen bleibt das unerwünschte Getränk unter Verschluss. Paradox! Kein Seemann käme auf die abstruse Idee, auch nur eine Flasche Bier von Bord zu schleppen. Das kann man downtown nun wirklich preiswerter haben.

Zwei Stunden treibt MSC Geneva in der Tafelbucht, an Backbord Robben Island. Auf der berüchtigten Gefängnisinsel wurde Nelson Mandela 18 Jahre lang festgehalten.

Um 16 Uhr schwingt endlich das Lotsenboot längsseits. Mister Pilot kommt an Bord, rotblond, vollbärtig: Hemd mit vier goldenen Streifen – wie jetzt auch Kapitän Schneider – kurze Hosen, lange Strümpfe, Schuhe, alles komplett in Weiß. Britischer Kolonialstil eben. Er dreht den langen stählernen Lulatsch mit Unterstützung von drei Schleppern souverän auf dem Teller. Trotz 40-Knoten-Böen. Die erste Wurfleine fliegt auf die Pier, von bulligen Festmachern aufgenommen mit den dicken Leinen im Anhang. Ruckzuck sind die Poller belegt. »16.50 Uhr, fest in Kapstadt«, schreibt der Chief Mate ins Schiffstagebuch. »Wenn der Wind zunimmt«, runzelt Udo Wölm die Stirn, »fangen die hier erst gar nicht an, zu gefährlich.« Für ihn beginnt wieder der übliche »listenreiche« Hafen-Papierkrieg samt Lade- und Löschbetrieb und Ballast pumpen. Einklarierung und Immigration sind Kapitäns-Job: »Mit Chance dauert's 30 Minuten, sonst eine Stunde«.

Ein paar Philippinos marschieren los zum Billig-Telefonieren im Seemanns-Club. Mehr ist nicht drin. Die anderen haben an Deck zu tun und müssen sich immer mal wieder beim Chief Mate melden. »Please repeat in English«, weist Wölms sie an, »I cannot understand your language Tagalo!« Das sei für den internen Funkverkehr so ausgemacht, »außerdem müssen sie ihre Sprachkenntnisse trainieren. Dadurch zwinge ich sie dazu.«

Draußen fängt es sofort an zu brummen und zu summen, untermalt von pausenlos warnenden Kran- und Truck-Signalen. Weltweit das gleiche vielstimmige Konzert. Containers große Nachtmusik, diesmal vor der funkelnden Lichtermeer-Kulisse von Capetown. Über allem erhebt sich der Tafelberg, mystisch angestrahlt. Die Landwelt hat uns wieder.

Blick vom Signal Hill auf Kapstadt und MSC GENEVA (links).

Chief Mate auf Bergwanderung bei Kapstadt.

Berauschende Aussichten

Acht Uhr morgens, das Telefon neben meinem Bett bimmelt. Udo Wölms am Apparat: »Moin, wir können los. Hast du alles beisammen? Ich bin im Ladebüro. Mach hinne!« Klar doch: Pass, Geld, Fotoapparat, Reiseführer wandern in meinen kleinen Rucksack. Wie lange wir Ausgang haben, hängt vom Laden ab – wie immer. »Der Alte ruft mich an, sobald er Genaues weiß«, treibt Udo zur Eile an. Ein Terminal-Bus karrt uns zum Hafentor. Der freundliche schwarze Wächter bestellt das Taxi für uns. Fahrtziel: Victoria and Alfred Waterfront.

Wir erleben eine blitzsaubere Glitzerwelt aus restaurierten Lagerhäusern und Dockanlagen mit Kneipen, Kinos, Geschäften und ihrem Wahrzeichen, dem roten Clock Tower. Jetzt sind Bummeln und Schauen angesagt. Im Wasser spielende und sich sonnende Robben sind ein tierisches Highlight, denen sogar ein vielbesuchtes Denkmal gewidmet wurde. Irgendwo an einer Beach »um die Ecke« sollen sich sogar Brillenpinguine tummeln. Das Wasser im nahrungsreichen Grenzbereich von Atlantik und Indischem Ozean ist kalt genug für sie.

Wir hingegen genießen die warme Herbstsonne bei Fish and Ships und südafrikanischem Bier mit Blick auf Tafelberg und Hafen.

Bis wir uns von einem klapprigen seitlich und nach hinten offenen Kleinbus – die Firma »Rickies« kennt hier jeder – aufpicken lassen. Preiswerter Tipp einer freundlichen jungen Frau der Tourismus-Information.

In höllischem Tempo brettert der Fahrer durch das quirlige Downtown der Vier-Millionen-Stadt über Palmenalleen an Betonburgen, aber auch malerischen kapholländischen und viktorianischen Häusern vorbei immer höher hinauf. Allerdings an der Abfahrt zum über 1.000 Meter hohen Tafelberg, wohin wir eigentlich wollten, vorbei. »Die Seilbahn ist wegen zu viel Wind nicht in Betrieb«, sagt der Fahrer und empfiehlt uns stattdessen den nur 350 Meter hohen Signal Hill. Wir steigen schon früher aus. Der Pfad, unterhalb des 669 Meter hohen Monolithen Lions Head, zu dessen Füßen islamische Gesänge aus einer Mini-Moschee dringen, soll sich lohnen. Und tatsächlich, die Aussichten auf Stadt und Bucht sind mehr als berauschend. Auch für ein Liebespaar, das hier sich ein paar romantische Augenblicke gönnt.

Punkt Zwölf, wir zucken zusammen, knallt es, als wir durch die dornige, trockene und würzig duftende Macchie wandern. Der Polyglott kennt den Grund: »Die Noonday Gun feuert einen Schuss ab, nach der die in der Bucht früher ankernden Schiffe ihre Chronometer stellten.« Unsere MSC GENEVA entdecken wir tief unter uns, jetzt klein wie ein Buddelschiffchen.

Auf dem Parkplatz ein sich sonnender Deutscher, wie wir bald feststellen, nachdem die ersten Worte natürlich auf Englisch gewechselt worden sind. Roland Schmidel, stellt er sich vor, ist Germanist aus Düsseldorf mit Schwerpunkt südafrikanische Literatur. Er sei in Kapstadt auf Tagung und genieße mal eben zwischendurch die Sonne. »Wenn Sie wollen«, bietet er an, »bringe ich Sie zum Hafen.« Wir sind heilfroh, denn die Zeit drängt. Roland Schmiedel ist begeistert, als er hört, dass wir per Frachter am Kap sind. Wir können ihn aus erster Hand beraten. »Die Fliegerei ist zu teuer«, freut er sich, »und ich könnte dann mehr mitnehmen.«

Einen Bord-Besuch schlägt er aus: »Ich weiß nicht, wie die Wächter reagieren, wenn ich allein zurückgehe«. Als vor uns das mächtige GENEVA-Heck auftaucht, kommt Freude auf: »HAMBURG« steht da in fetten weißen Lettern, darüber flattert Schwarz-Rot-Gold im Kap-Wind.

Auf den Chief Mate wartet Arbeit. Ein Kranfahrer hat durch Unachtsamkeit eine Luke schwer beschädigt. Kapitän Schneider ist sauer, und Udo Wölms muss einen Bericht an den Charterer MSC und die Reederei schreiben. Zwiespältiges Ende eines relaxten Tages. Nicht umsonst der 13.
Zwei Stunden später als geplant springt rumpelnd und zitternd die Hauptmaschine an. Durch das Lichtermeer von Kapstadt steuert unser Frachter auf die offene See. Das Kap der Guten Hoffnung bleibt als schwarzer Klotz an Backbord, eineinhalb Stunden später auch Kap Agulhas, der wahrhaft südlichste Zipfel Afrikas.

Entspannung total oder doch nicht?

Tiefblau, glitzernd, leicht gekräuselt die See. Mild fächelt ein Säuselwind um die Nase. Der kühle Kapwind ist wie weggeblasen. Statt kaltem Benguela- wirkt hier der warme Agulhas-Strom. Der am nächsten Tag auch mal Regenschauer über Deck peitscht, so dass das satte Tiefblau sich urplötzlich in tristes Nordseegrau verwandelt.
Zeit für ein vormittägliches Liegestuhl-Sonnenbad im Indischen Ozean. Das große Schiff wiegt sich weich in den Hüften, als würde es ihm Freude machen. Die Füße über der Reling, lasse ich die Seele baumeln. Bis ich eingenickt bin. Entspannung total. In der Ferne zieht im bläulichen Mittagsdunst die von gebirgigen »Mäusezähnen« und hohen, schneeweißen Dünen gesäumte Küste vorüber. Über dem Cape St. Francis kräuseln sich senkrechte Rauchsäulen – Signale des nächsten Hafens Port Elizabeth? Dass wir 21 Stunden oder 416 Seemeilen bis hierher gebraucht haben, zeigt, welche Dimensionen Südafrika hat. Und es geht ja noch weiter die Nordostküste hinauf.
Dann doch eine reale Unterbrechung der Idylle. Plötzlich steht die Vierte vor mir: Matleena will mich fotografieren – »aber ohne zu lächeln, bitte!« – für die Crew-Identitätskarte zum Anheften. ISPS, die international vorgeschriebenen Sicherheitsvorschriften, lassen grüßen. Der Zweite, mein Kabinennachbar von gegenüber, bringt mir das Kärtchen später: »You look younger than ever!«

Einlaufen in den Hafen von Port Elizabeth.

Der Lotse kommt vor Durban per Hubschrauber an Bord.

Einer der geläufigen Sprüche aus »Dinner for One«. Das geht doch runter wie Öl.
»18.50 h, fest in Port Elizabeth«, schreibt der Chief Mate ins Logbuch. Die bedeutende Hafenstadt trägt unterschiedliche Namen, die »freundliche« und die »windige« oder neuerdings, mit Querstrich, auch »Nelson Mandela Bay«. Meistens wird sie nur kurz P.E. genannt. Ein Industriezentrum mit den unübersehbaren Produktionsstätten von Ford und Volkswagen. Am Stadtrand liegen die bedrückenden Armenviertel der Townships. Ich sehe sie durchs Fernglas. Steward Dolrich Solana rät von einem abendlichen Stadtbummel ab: »There are some no-go-aeras, very dangerous.« Ausgeraubt zu werden, dazu habe ich einfach keine Lust. Ich bleibe also sicherheitshalber an Bord. Kapitän Schneider jedoch hält nichts von seiner kilometerlangen Wanderung ab. Für ihn ist das schon ein Landgangsritual und Ausgleichssport, der ihn zusammen mit FdH schlank und fit hält.
Vom »Juwel des Südens«, der malerischen Gardenroute mit ihrer unverfälschten Wildgarten-Natur, werde ich nichts, bis auf die vielbefahrene Uferstraße, aus der Nähe sehen. »Um acht Uhr morgens laufen wir aus«, informiert mich der Kapitän. Na, mal sehen … Vielleicht klappt es beim zweiten Anlauf auf der Rückreise.
Den Abend in P.E. gestalte ich notgedrungen mit DVDs: Informationen über Kolonialismus und Südafrika. Zum Schluss ein Kontrastprogramm, der Spielfilm »Die weiße Massai«. Eine dramatische Liebe in Afrika. An meinen Kabinenfenstern schweben unablässig Container vorüber. Sie verdunkeln jeweils für Sekunden die grell hereinstrahlenden Hafenlichter.
Es wird doch Viertel nach neun, als die Leinen wieder losgeworfen werden und wir Kurs auf Durban nehmen. »Alles noch im normalen grünen Bereich«, meint Chief Mate Wölms, der sich erst mal ins Ladebüro zu seinen Computern und Listen zurückzieht. Vorbereitung auf den nächsten Hafen.
Der Indik gibt sich regnerisch-verhangen, zeigt meterhohe Wellenzähne. Sie sägen uns schräg an und lassen das hohe, schlanke Deckshaus wieder unvermittelt ruckartig erzittern. Abstützen und Festhalten!, lautet dann die Devise.
Nachts zuckt es lichtstark und himmelhoch über die Kimm – ein flammendes Wetterleuchten im 180-Grad-Blickfeld der Brücke, die jedes Mal wie die Wolkentürme über uns magisch erhellt wird. Eine gespenstische Stimmung.

Chief als Insider

Nicht so am nächsten Morgen ab zehn Uhr im Ladebüro. Da treffen sich die Deutschen bei Kaffee und Keksen zum Klönschnack über Dienstliches und Privates. Man könnte dieses tägliche Ritual auch als Nachrichtenbörse bezeichnen. Wir liegen schon seit rund vier Stunden zu Anker vor der Drei-Millionen-Stadt Durban, mit dem offiziellen Zulu-Zusatz »e Thekwini«. Nach 382 Seemeilen von Port Elizabeth. Schon ein gutes Dutzend anderer Schiffe wartet auf einen Liegeplatz in der größten Küstenmetropole Südafrikas, der Provinzhauptstadt von KwaZulu-Natal, nach Westen begrenzt von den Drakensbergen.
»Wir lagen vor Madagaskar …«, das gar nicht so weit entfernt liegt, fällt mir zu unserer Situation spontan ein. Wann wir dran sind? Ob es nach der Reihenfolge des Ankommens geht? »Nichts Genaues weiß man nicht«, so der Kapitän zur Lage und sein Chief Mate ergänzt: »Über Spekulationen spekuliere ich nicht.« Eins ist sicher: Die Ladungsmengen wachsen schneller als der Hafen, wie weltweit fast überall.
Verlockend die »Golden Mile«. Ein palmengesäumter Vergnügungs-Boulevard am weitläufigen Strand der Bay of Plenty. Nützt uns jetzt nur nichts. Was bleibt: ein Sonnenbad vor der Sunshine Coast. »Im Wasser wär's zu gefährlich«, weiß Chief Dietrich Jürgensen aus eigener Anschauung, »hier gibt es viele, große Haie. Nur einige wenige Badestellen sind durch Netze geschützt.« Der 64-Jährige, mit dem ich an der Reling stehe, hat eine besondere Beziehung zur Region. »Ich bin vier Jahre mit einem deutschen Frachter an jedem Wochenende zwischen Kapstadt und Durban

gependelt.« Nicht lange, und er hatte auch eine Wohnung an Land – und lernte seine südafrikanische Frau Su kennen, »mit schottisch-holländischen Wurzeln, die bis ins 16. Jahrhundert zurückreichen«. Ob die Beiden sich hier ihren Altersruhesitz vorstellen können, möchte ich wissen. »Dafür kennen wir die hiesigen Verhältnisse zu gut. Was uns fehlt, ist Sicherheit auf vielen Gebieten«, erwidert er, »in Schleswig-Holstein fühlen wir uns wohl und zu Hause.«

Am frühen Nachmittag, ich aale mich gerade im Liegestuhl, plötzlich ein Knattern in der Luft. Anfrage auf der Brücke. »Der Lotse kommt«, freut sich Kapitän Schneider, »das gibt wieder ein paar schöne Fotos für Sie!« Diesmal kommt kein Boot, sondern ein Hubschrauber mit der Aufschrift PILOT am Leitwerk. Im Nu schwebt er über dem Heck. An einem Stahlseil baumelt der Kapitäns-Berater und wird sekundenschnell abgewinscht. Mit verwehten Haaren, vom Treppensteigen leicht außer Atem, begrüßt er uns. Der Wind habe zu stark aufgefrischt, so dass er sich für die luftige Versetzung entschieden hat. Vorzeitig, denn eigentlich sollten wir erst abends einlaufen. »Nachts wäre das zu riskant. Und weil Ihr Liegeplatz noch nicht frei ist«, informiert er den Kapitän, »parken wir das Schiff solange anderswo.« Andreas Schneider ist angetan von diesem Service: »Wir hätten sicher noch länger draußen warten müssen. So spart uns das 28.000 US-Dollar Schiffs-Tageskosten.« Gegen Mitternacht soll an ein Containerterminal verholt werden, trotz erneuter Lotsen- und Schlepperkosten dafür immer noch preiswerter. »Das geht aber nur«, schiebt Chief Mate Wölms nach, »wenn der Wind nachlässt, gerade im Hafen. So lange ruhen die Arbeiten sowieso.« Andere Länder, andere Sicherheitsvorschriften.

Beim Abendessen überlege ich laut in der Messe, vielleicht noch zum Baden an den nahen Strand zu gehen. »Um Gottes Willen«, wehrt Landeskenner Chief Jürgensen ab, »machen Sie das bloß nicht, die ganze Gegend hier ist No-go-aerea! Besonders bei Dunkelheit. Selbst wenn Sie nichts mitnehmen. Bei einem Weißen vermuten die Typen immer das Gegenteil! Außerdem gehen fast nur Schwarze zu Fuß.« Ich bleibe sicherheitshalber lieber an Bord.

Südafrikanisches Roulette

Es ist verdächtig ruhig. Nichts rührt sich an der Ersatzpier. Bis auf einen Pulk von anrückenden Zoll- und Polizeibeamten. Mit Stapeln von Listen zum Unterschreiben und Stempeln. Der Kapitän fügt sich augenrollend. Dann checken die Damen und Herren den Whiskey-Vorrat. »Da fehlt doch ein Karton«, stellen die Uniformierten fest. Eine Fehlleistung des Computers. Wirkungslos der Protest und die Erklärungsversuche des Alten. Macht mal eben 500 US-Dollar Strafe.

Chief Jürgensen hat ganz andere Probleme. Zwei Reparaturtrupps des südkoreanisch-dänischen Maschinenherstellers ist zu Garantiearbeiten eingeflogen. Nur haben die Männer ein wichtiges Spezialwerkzeug vergessen. Für 2.000 US-Dollar könnte es der Schiffshändler beschaffen. Die Zeit drängt, aber dann fehlt eine passende Gasflasche zum Auffüllen. »Könnte sein«, sagt einer der Dänen, »dass wir unverrichteter Dinge wieder abziehen müssen.« Der sonst so ruhige Jürgensen rauft sich seine spärlichen Haare. Doch schon am übernächsten Tag können er und sein rühriger Zweiter, Ex-Mariner Reinhard Müller, vermelden: »Wir liegen gut im Zeitplan.« Eine Operation sozusagen am offenen Herzen von MSC Geneva. Allein die Nockenwelle, als fast zierliches Teil den meisten Autofahrern bekannt, ist ein meterlanges tonnenschweres Monstrum. Wie das bei einem Riesen so ist: beeindruckend. Selbst Kapitän und Chief Mate lassen es sich nicht nehmen, in den heißen Keller hinabzusteigen.

Eine entspannte »Bauernnacht« ohne Lade- und Löschbetrieb? Der Verholzeitpunkt ist bis dato nicht gekippt worden. Udo Wölms kann allenfalls auf der Couch ruhen: »Was bleibt einem anderes übrig, wenn du jeden Augenblick damit rechnest, hoch zu müssen.«

Baden kann man auch im bordeigenen Whirlpool.

Antilopen im Wildtierreservat Tana.

Giraffen neben der Piste vor den Tafelbergen.

Mitternacht ist lange vorbei – wieder nichts! Die spannende 28.000-Dollar-Gretchenfrage bleibt: ablegen oder warten? Südafrikanisches Container-Roulette. Auch der Countdown für meinen Rückflug läuft. »Da müssen Sie wohl umbuchen«, so der Kapitän. »Wird schon klappen«, beruhigt sein Erster.

Blick aus dem Fenster am nächsten Morgen: Wir liegen immer noch am selben Platz. Udo Wölms und seine Kollegen haben die Restnacht nur unruhig geschlafen. »Vor heute Abend kommen wir hier nicht weg«, erklärt der Kapitän bei der Vormittags-Kaffeerunde. Seine Freude über eine mögliche Kostenersparnis ist wie verflogen.

Mit dabei ein neues Gesicht: Pfarrer Hans-Werner Casper von der Deutschen Seemannsmission. »C-a-s-p-e-r wie Selbiger, the friendly ghost«, stellt er sich mir lachend vor. Der schnauzbärtige drahtige Fünfziger aus dem Hunsrück, wie Udo Wölms Kampfsportler, ist an Bord wohlbekannt und gern gesehen. »Dann schiebt mal los!«, gibt Kapitän Schneider das Go zum Landgang für die Vierte Offizierin, den Chief Mate, Schiffsmechaniker Corey Wernitzky und mich.

Safari unter Anker mit Kreuz

An der Gangway parkt der dunkelblaue Casper-Bully mit der weißen Aufschrift: Deutsche Seemannsmission – German Seaman's Mission. Hintendran, sozusagen als Firmenlogo, ein Anker- und Kreuz-Aufkleber. Der seebegeisterte, welterfahrene Gottesmann mit »Bodenhaftung« gibt Gas. Am Hafentor nur ein kurzer Stopp. Hans Casper, nach fünf Jahren in der Stadt schon eine Institution, wird durchgewinkt. Durch die sonntägliche City steuert er auf die sechsspurige Autobahn mit Fußgänger- und Radfahrerverkehr, über grüne Hügel nach Nordwesten Richtung Pietermaritzburg. Zeit zum Fragen und Reden. Angesichts der Wohnfestungen, die wir sehen, möchten wir etwas über die persönliche Sicherheit wissen. In sein neues Haus sei jetzt schon drei Mal versucht worden einzubrechen. »In diesem Land besteht kein Schwarz-Weiß-, sondern ein Arm-Reich-Gegensatz«, erklärt er die hohe Gewaltkriminalität. Bei einer Arbeitslosenquote von 50 Prozent sei das auch nicht anders zu erwarten. Dazu die höchste Aidsrate der Welt und die Angst der Weißen, dass ihr Arbeitsplatz durch einen Afrikaner ersetzt werden könnte.

Seine Frau und er führen daher überwiegend ein Leben zu Hause, hinter Stacheldraht, mit zwei Wachhunden und Alarmanlage.

Die Pinkelpause an der Leitplanke muss, auch aus Sicherheitsgründen, kurz ausfallen. »Haltende Autofahrer werden gern überfallen«, warnt Hans Casper, »und zwar oft mit tödlichem Ausgang.« Da nütze auch nichts sein »göttlicher Schutz«.

Nach rund einstündiger Fahrt lesen wir TANA auf einem Hinweisschild. »The land of plenty«, übersetzt Hans das Zulu-Wort, »ein Wildtierreservat in natürlicher Umgebung, da fahren wir hin.« Kaum haben wir den Eingang passiert und die ersten Meter staubige Holperpiste im »Land der Hülle und Fülle« zurückgelegt, stoppt der Pfarrer jäh an einem Tümpel. »Schaut mal da, lauter Flusspferde!«, weist er über das Gewässer. Gleich mehrere tonnenschwere Exemplare räkeln sich genüsslich in der Sonne. Die seien gefährlicher, als sie aussehen, weiß Hans. »Jedes Jahr verletzen sie mehr Menschen tödlich als andere Tiere.« Unsere Fotoapparate klicken pausenlos. Hinter den nächsten Kurven im Busch und auf den Weiden, mit weitem Fernblick auf die südafrika-typischen Tafelberge, grasende Zebras, Gnus, Büffel und Strauße, die Wappentieren des Landes. Antilopen – 20 Arten gibt es hier – preschen vor unserem nur langsam rollenden Wagen über den Weg. Unter einem Baum schubbern sich Nashörner an der Rinde. Über einen Hügel ragen »Telegrafenmasten«. Die entpuppen sich beim Näherkommen als eine Herde von Giraffen. Wir kommen allen Tieren zum Greifen nahe – mit dem Auto, denn Aussteigen ist verboten. Auch wenn sie keine Scheu haben, scheinbar. Heia Safari!

Mittagspause in der landschaftsangepassten Lodge mit üppigem Büfett, namibischem Bier und – für uns – niedrigen Preisen. Auch Souvenirs. Ich kaufe ein mit Schnitzereien verziertes Straußenei. Dann klingelt Udos Handy, am Apparat der Kapitän. Wir können uns Zeit lassen, denn verholt werde nachts oder am Montag Morgen. Auslaufen erst drei Tage später. Wir diskutieren über meine Abreisemöglichkeiten. Hans Casper gibt mir den wertvollen Tipp, Mittwoch Abend einen Billigflieger nach Kapstadt zu nehmen und dort zu übernachten. »Dann hast du noch einen Tag in Capetown und kannst deinen Rückflug nach Deutschland stressfrei starten.« Gesagt, getan.

Auf dem Rückweg nach Durban parken wir den – von der Internationen Seeleute-Gewerkschaft ITF – gesponserten Kirchenbus vor einem bombastischen Konsum- und Vergnügungstempel. Udo und ich wollen ins Internet-Café, E-Mails abrufen und schreiben.

Komplett leergeräumte Ladeluken in Durban.

Matleena und Corey gehen einfach nur Bummeln. »Das«, so Hans, »wollen die Seeleute immer wieder gern« und blättert erst mal in den neuesten PC-Magazinen. Mit Eisbechern bewaffnet schlendern wir zurück.

An Bord wird es noch mal dramatisch. Hans-Werner Casper stößt auf einen »Kollegen«, der keiner ist: »Zum Teufel noch mal, diesen dubiosen Vogel kenne ich nicht!« Der pfiffige echte Pfarrer gibt den Sherlock Holmes. Er entlarvt den trickreichen Inder, angeblich von der »Mission to Seamen«, als Betrüger mit gefälschter Legitimation. »Eingeschlichen hat er sich gegen Schmiergeld an die Torwächter«, faucht Hans. Anscheinend, so vermuten wir, hat der Unbekannte es nur auf das Geld der gutgläubigen Philippinos abgesehen. Der Andere erhebt beschwörend die Bibel gegen den »Ungläubigen«. Der kontert das Ablenkungsmanöver cool mit »Firlefanz!« und droht Polizei an. Bis Matleena als Sicherheitsoffizierin aufspringt und ihn aufgebracht von Bord jagt. Hans will am Ball bleiben, um den Fall zu lösen. Don Camillo und Peppone oder Christliche Seefahrt live.

Nach dem Bord-Krimi Abschiedsstimmung. Dazu passt unser zweites Zulu-Wort: »Siyabonga!« Dankeschön! Das gilt sowohl Hans-Werner Casper, unserem Safariführer unter Anker und Kreuz, für den eindrucksstarken Tag; auch Kapitän Andreas Schneider samt seiner Crew für eine unvergessliche 19-tägige 5.387-Wohlfühl-Seemeilen-Reise auf MSC Geneva – über die beiden bekanntesten und wichtigsten (erdum-)spannenden Linien nach Südafrika.

Infos

Blick aus einem der beiden vorderen Kabinenfenster.

MS MSC Geneva (bisherige Schwesterschiffe: MSC Lausanne, MSC Leigh, zehn weitere folgen) · Bauwerft: Daewoo Mangalia Heavy Industries (DMHI), Mangalia/Rumänien · Bau-Nr.: 4052 · Ablieferung: 7/2006 · Reederei: NSB Niederelbe Schifffahrtsgesellschaft mbH KG · Flagge: Deutschland · Heimathafen: Hamburg · Charterer: Mediterranean Shipping Company (MSC) · IMO-Nr.: 9320472 · GL-Nr.: GL111704 · BRZ: 50.963 · DWT: 63.581 t · Schiffsgewicht: 19.033,91 t · Displacement: 82.672 t · Länge: 275 m · Breite: 32,30 m · Tiefgang (max.): 13,521 m · Höhe Kiel-Mast: 54,00 m · Crew: 23 · Passagiere: 6 (max.) · Klasse: GL + 100 AE5, Container Ship · TEU: 4892 in 13 Lagen breit, bis zu 7 Lagen hoch an Deck und 8 im Raum in 8 Luken mit insges. 34 Bays · Hauptmaschine: 1 x MAN B&W 7 K98 MC-C · Leistung: 40.000 kW, 54.320 PS · Verbrauch/Tag: 150 t Schweröl · Hilfsdiesel: 4 x 7L27/38 je 2.100 kW · Bugstrahlruder: 1 x 1.500 kW · Dienstgeschwindigkeit: 24 kn · Propeller: 1, fünfflügelig, Durchmesser: 7,9 m

Route: Hamburg—Antwerpen—Le Havre—Sines/Portugal—Las Palmas—Kapstadt-Port Elizabeth—Durban—Kapstadt—Las Palmas—Felixstowe—Hamburg · Abweichungen möglich

Kabinen/Ausstattung: 1 Eigner-Doppelkabine, 1 Zahlmeister-Doppelkabine, F-Deck Steuerbord- bzw. Backbordseite (sehr gut schallisoliert), 1 Schlaf-, 1 Wohnraum (ca. 34 qm inkl. Bad mit Dusche/WC), 1 Doppelbett (2,05 x 1,80 m), Kleiderschrank, Kühlschrank, TV, Video/DVD, Hifi-Anlage, 2 Sofas, Tisch, 2 Stühle, Teppichboden, viel Stauraum in Sideboards und Schubladen, Ausblick (4 Fenster: 2 nach vorn, 2 seitlich · 2 davon zu öffnen, nur nach vorn manchmal durch Container verstellt).

1 Supercargo-Doppelkabine (ca. 27 qm inkl. Bad mit Dusche/WC), F-Deck Mitte, 1 Schlaf- u. 1 Wohnraum, 1 Bett (2,05 x 1,80 m), Kleiderschrank, Kühlschrank, TV, Video/DVD, 2 Sofas, Tisch, Schreibtisch, 2 Stühle, Teppichboden, Ausblick nur nach vorn (3 Fenster, davon 2 zu öffnen), manchmal durch Container verstellt.

Nutzungsmöglichkeiten: Sauna, Whirlpool, Fitnessraum · Video- TV im Aufenthaltsraum mit Bar, Büchern, Zeitschriften, DVDs, Videokassetten · Liegestühle (G-Deck) · Waschmaschine, Trockner, Trockenraum · Handtücher, Bettwäsche, Reinigung der Kabine (wöchentlich) durch Steward.

Buchung, Preise: NSB Reisebüro GmbH, Frachtschifftouristik, Markus Hüneke, Violenstraße 22, 28195 Bremen · Tel.: 0421-3388020 · Fax: 0421-3388090 · hueneke@nsb-reisebuero.de

Buchungen sind auch bei den übrigen genannten Veranstaltern möglich.

Eignerkabine, Zahlmeisterkabine pro Person/Tag: 95,00 €, Alleinbuchung: 110,00 €

Doppelkabine pro Person/Tag: 90,00 €, Alleinbuchung: 105,00 €

Deckwaschen nach dem Löschen der Erzladung.

Riesenfrachter im Orkan

Größtes deutsches Schiff kräftig durchgeschüttelt

Im Hamburger Hafen verdunkelt eine graue Stahlwand den Himmel: PEENE ORE verraten die weißen Lettern am hoch aufragenden Steven. Die Kletterpartie über die 16 Meter hohe Gangway an Bord des größten deutschen Schiffes verlangt Schwindelfreiheit – und Handschuhe.

Erzstaub hat die Geländer rot eingefärbt wie alles an Deck. Kapitän überwacht die Beladung der PEENE ORE – inzwischen heißt sie PARADISE N –, die mit einer Ladefähigkeit von 320.000 Tonnen als zweitgrößter Massengutfrachter der Erde gilt. Der very large ore carrier (VLOC), benannt nach dem längsten Fluss in Mecklenburg-Vorpommern, fuhr als Flaggschiff der Reederei F. Laeisz, die seit 1993 ihren Hauptsitz im Rostocker Seehafen hat. Ihr traditionsreicher Hamburger Ableger war Eigner so berühmter Flying-P-Liner wie PAMIR und PASSAT, die einst unter Segeln Getreide, Phosphat und Salpeter von Südamerika über den Atlantik karrten.

Mit Blaulicht

Morgens 5.00 Uhr lässt ein tiefes Grummeln den Schiffsgiganten erzittern: Auslaufen. Schlepper zerren den 332 Meter langen und 58 Meter breiten, 1997 gebauten 78-Millionen-Dollar-»Dampfer« von der Pier ins Hafenbecken und dann unter die Köhlbrandbrücke hindurch. Voraus läuft ein Boot der Wasserschutzpolizei unter Blaulicht. »Elbe Traffic« warnt über Funk vor dem »außergewöhnlichen Fahrzeug« und gibt der PEENE ORE freie Fahrt. Eine schifffahrtspolizeiliche Sondergenehmigung macht es möglich. Mit 11,70 Meter Ballasttiefgang und neun Knoten rutscht der gewaltigste Frachter, den Hamburg je gesehen hat, elbabwärts. In den Blankeneser Villen schläft man noch. »Bei Tage hätten wir für Verdunkelung gesorgt«, scherzt der Kapitän. Acht Stunden später gehen die Lotsen von Bord. Der wachhabende Zweite Offizier Georgi Russak legt die Hebel auf »volle Fahrt voraus«.

Unter Gischtkaskaden

PEENE ORE nimmt jetzt allein ihren Weg Kurs Englischer Kanal und Atlantik. 34.000 PS bringen sie auf 16 Knoten bei einem Tagesverbrauch von 98 Tonnen oder vier Tanklastzügen Schweröl. Davon sind 6.800 Tonnen gebunkert worden. Der Zehn-Meter-Propeller mit seinem 95-Tonnen-Gewicht bringt die autobahnbreite Hecksee zum Kochen. Die Nordsee empfängt den Bulk-Carrier-Koloss stürmisch und kühl. Erste Gischtkaskaden steigen über die 24 Meter hohe Back. Via Ticker laufen Warnungen über extreme Sturmstärken und Seegangshöhen ein. »Das kann uns wenig anhaben«, meint der Kapitän. Das zweieinhalb Fußballfelder lange Hauptdeck biegt sich im Rhythmus der anrennenden Brecher durch: über einen Meter auf und nieder. Mit nur noch fünf Knoten boxt sich der Riese voran – und überholt dabei noch alle anderen Mitläufer. Die inzwischen über zwölf Meter hoch gehende See überschüttet die kleineren Frachter mit Wasserbergen. Keiner an Bord der PEENE ORE möchte jetzt mit den gebeutelten Kollegen dort drüben tauschen.

Aus der Fassung

Kaum ist die legendäre Ile d'Ouessant, der nordwestlichste Punkt Frankreichs, gerundet, setzt die Biskaya noch eins drauf. Der Wind heult in Orkanstärke 12 mit über 75 Knoten um die Aufbauten. Der Koloss gerät allmählich aus der Fassung. In den Kammern fliegt alles, was nicht niet- und nagelfest gezurrt ist, durcheinander. Geräte werden aus der Verankerung gerissen, Schreibtischlampen splittern, Geschirr und Gläser gehen zu Bruch. Selbst

Bis zu 50 Meter hohe Gischtkaskaden explodieren am Steven.

MS Peene Ore kämpft sich durch den Orkan.

der Schiffsfahrstuhl bleibt hängen. Bis zu 30 Grad rollt und torkelt der zitternde Gigant nach jeder Seite. An Deck könnte man Bergsteigen, doch das tobende Orkantief »Oratia« würde einen Menschen glatt über Bord fegen.

Selbst der Kapitän kann sich nicht erinnern, jemals solche Bewegungen bei diesem Schiff erlebt zu haben. Mit Betroffenheit hört die Besatzung vom Untergang eines Chemikalientankers im gleichen Seegebiet. Zum Glück konnten alle Mann des 6.000-Tonners gerettet werden. Irgendwo bei Cap Finisterre treiben noch 20 von Deck eines Frachters losgerissene Container, vor denen die Küstenwache warnt.

Querab der Kanarischen Inseln hat sich der Atlantik beruhigt. Die Sonne bekommt täglich mehr Kraft, heizt Luft und Wasser auf. Gelegenheit zum Bad im 28 Grad warmen Meerwasser-Pool, der täglich zwei Mal frisch gefüllt wird.

Für leichte Mädchen keine Chance

Nach 4.302 Seemeilen heißt es erst mal Ende der Reise. Der 23-Tonnen-Anker rasselt auf Reede vor Punta do Madeira im brasilianischen Bundesstaat Maranhon in den Grund. Zwei Tage sind für das Laden der gigantischen Erzmenge eingeplant. Sie entspräche 40 Eisenbahnzügen mit je 100 Waggons à 80 Tonnen. Zusammen mit dem Wasser müssen in nur 28 Stunden 550.000 Tonnen umgeschlagen werden, ungefähr so viel wie der Jahresumschlag des Hafens Stralsund kurz nach der Wende. Für Landgang mit heißen Samba-Rhythmen, kühlen Drinks und »leichten Mädchen« bleibt keine Zeit. Schon in wenigen Stunden läuft die Peene Ore mit Erz ums Kap der guten Hoffnung nach Japan aus.

Info

MS Paradise N (ex Peene Ore): 155.051 BRZ · 322.398 tdw · 332 m Länge · 58 m Breite · 23 m Tiefgang · geb. 1997 bei Daewoo Shipbuilding, Korea · Maschine: MAN B & W 25.502 kW · 14,7 Knoten

Buchung: Diese Reise (mit Fortsetzung zu weiteren Häfen bzw. Rundreise) kann man u. a. buchen bei F. Laeisz Schifffahrtsgesellschaft, Frau A. Bartsch, Trostbrücke 1, 20457 Hamburg · Tel.: 040-36808248 · bartsch@laeisz.de

MS Hanse auf ruhiger Kanalfahrt.

Vorbeiziehende Landschaft – kleine Kirche zwischen Düsseldorf und Neuss.

MS Hanse – zwei Passagiere auf Binnentörn-Premiere

Ungewöhnliche Alternative und Geheimtipp ohne Seegang

Mal ehrlich, hätten Sie's gewusst, dass man auf einem Binnenschiff mitreisen kann? Quer durch Europa, samt Familienanschluss, viel Landgang sowie völlig neuen Aus- und Einblicken. Nur ohne den endlosen Horizont einer Seereise.
Ich habe das Ehepaar Beate und Dag Richter aus Kempen am Niederrhein um ihre Eindrücke gebeten.

Was hatten Sie eigentlich geplant?
Geplant hatten wir ursprünglich eine Frachtschiffreise nach Marokko, aber daraus wurde aus terminlichen Gründen nichts. So begannen wir, nach Alternativen zu suchen: Camping- oder Wanderurlaub, das war zunächst die frustrierende Frage. Bis Frachtschiff-Reisen-Vermittler Werner Pfeiffer uns auf eine Idee brachte: Warum nicht mal Urlaub auf einem Binnenschiff, nachdem

wir bereits 14-mal auf Hochseefrachtern unterwegs waren?
Irgendwie hatten wir das schon immer vorgehabt, aber jetzt so plötzlich? Wo bleiben die raue See, der Horizont, die freundlichen Philippinos? Stattdessen: Rhein rauf, Rhein runter oder wie? So richtig mit Herzblut waren wir nicht dabei. Schiffsplanken, das war schon ein gewisser Trost, dachten wir. Schließlich hatten wir noch anderthalb Tage Bedenkzeit bis zur Abfahrt.

Hat alles auf Anhieb geklappt?
Vor der Schleuse Hannover-Anderten, unserem vereinbarten Treffpunkt, staunen wir: MS Hanse – ein ganz respektabler »Dampfer«. Seine Abmessungen können es ohne Weiteres mit einem Küstenfrachter aufnehmen: 100 Meter lang, 10,50 Meter breit und, je nach Ladung und Wasserstand, maximal 2,80 Meter tiefgehend. Der 1.360-PS-Frachter, 1968 gebaut und 2005 modernisiert, ist ein sogenannter Selbstfahrer. Dazu zählen Radargerät, Selbststeueranlage, Echolot, Funk, GPS, Telefon/Fax, Internetanschluss.
Kapitän Wolf-Peter Jahn und seine Frau Gerda, auch mit Kapitänspatent, begrüßen uns höchstpersönlich an der Gangway. Sie sind gerade per Auto, das sie samt unserem Gepäck an Bord verladen, vom Einkaufen zurückgekommen.
Treffpunkt und Kommunikation haben dank Handy gut geklappt. Das Schiff ist pünktlich. Wenn man glaubt, in ein dunkles Wohnlogis abtauchen zu müssen: Fehlanzeige! Die zur Passagierkabine umfunktionierte Steuermannskammer hat ihren Komfort: breite Doppelkoje für Zwei, Bad mit Dusche und Toilette, Koch- und Spülecke, Tisch, Stühle, Einbauschrank, fertig.
Ein großes Fenster, kein »Bullauge«, lässt Licht und Landschaftsimpressionen herein.
Alles pieksauber und gepflegt, die Farbe sogar auf Hochglanz poliert. Da zieht man sich einfach die Schuhe aus und geht besser auf Socken.

Was ist Ihnen zu Anfang so aufgefallen?
Kaum an Bord, legt MS Hanse auch schon ab. Immer brav den schnurgeraden Mittelland-Kanal entlang. Die Back wird zu unserem bevorzugten Aussichtsplätzchen und damit für

die nächsten zwei Wochen« annektiert. Der Steuerbord-Tau-Korb wird kurzerhand zum Liegestuhl umfunktioniert.
Wie langsam alles vorbeizieht. Stehen wir noch oder fahren wir schon? Radfahrer, auch ältere Semester, überholen uns ohne jede Anstrengung. Hier stimmt doch was nicht ... Bis uns Frau Jahn zum Kaffee ruft. Sie serviert Waffeln mit heißen Kirschen und Sahne. Sehr zur Verwunderung des Kapitäns. Anscheinend hat es eine nachmittägliche Kuchenzeit noch nie an Bord der HANSE gegeben. Eine Neuerung zu Ehren der ersten offiziellen Passagiere.
Draußen zieht unablässig Landschaft vorbei, drinnen versteht man wegen des Dieselgebrumms kaum das eigene Wort. Wir schauen uns im Wohnraum um: eigentlich wie jede normale Miet- oder Eigentumswohnung. Was wir uns vorgestellt haben? Nichts Bestimmtes – einfach nur was anderes.

Was haben Sie besonders genossen?

Das Lesen und Schauen. Und die Beantwortung von vielen Fragen: Wie weit es denn heute noch geht, wo über Nacht angelegt wird, ob dort Landgang möglich ist. Zwei Stunden vergehen wie im Flug. Wo ist die Zeit geblieben? Unglaublich, aber ein Zeichen, dass die Erholung beginnt. Der Marokko-Ärger ist vergessen.
Abendbrot: kalte Platte. Dazu eine nähere Unterhaltung mit den Schiffersleuten über die Probleme der deutschen Binnenschiffer: Bahnsubventionen, Lkw-Konkurrenz, Wirtschaftlichkeit. Aber das kennt man ja aus der Seefahrt. A propos: Uns fehlt der Blick ins weite Rund. Der Elbe-Seitenkanal bietet nur Deiche und Gestrüpp.
Die erste Nacht an Bord – herrlich, diese Stille! Ein Liegeplatz mitten in der Pampa. Kein Ort, kein Haus, keine Kneipe. Nur der Kanal, das Schiff und wir. Radio hören ist vorbei, den Laptop aufladen auch, denn der Generator schweigt und die Beleuchtung läuft allein über 24-Volt-Batterien.

Wie verläuft das Leben an Bord?

Morgens um fünf Uhr ist die Nacht zu Ende. Gemächlich dampfen wir den Kanal entlang. Nach der Schleuse Uelzen dann das erste Mittagessen auf MS HANSE. Nicht der angekündigte Samstags-Eintopf, sondern Schnitzel mit Gemüse und Kartoffeln. Wieder wundert sich der Haus-, besser: Schiffsherr über diese Neuerung, und Steuermann Michael Hollmann freut sich. Er verschlingt Unmengen und liebend gerne Fleisch. Er hat sich einen extra großen Teller mit dreißig Zentimetern Durchmesser besorgt: »Da passt mehr drauf«, begründet er. Frau Jahn ist noch etwas unsicher beim Umsorgen von »zahlenden Gästen« und fragt mehrfach, ob denn alles recht sei. Wir beteuern das mehrfach und meinen es auch so. Michael Hollmann sitzt nicht mit in der Runde. Er isst in seiner Kammer vorn auf der Back. Für uns verwunderlich, »aber«, so hören wir, »das wird an Bord seit Jahr und Tag so gehandhabt«.
Wir einigen uns mit Frau Jahn, dass wir in unserer Kammer frühstücken und nicht mit der Schiffer-Familie schon um sieben Uhr. Das ist uns einfach zu früh. Vom Abendbrot nehmen wir deshalb Brot und Aufschnitt mit. Das hat für uns den Vorteil, dass wir ausschlafen, den Tagesbeginn genießen können und Frau Jahn nicht ein zweites Mal aufdecken muss.
Die Highlights des Tages sind für uns das Schiffshebewerk Scharnebeck und die nächtliche Passage von Hamburg. Da plätschert die Elbe schon vernehmlicher, weil bewegter, gegen den HAN-

Highlight des Tages: Schiffshebewerk Scharnebeck.

SE-Rumpf und es kommen auch schon mal Gischtspritzer über. Fast wie auf den großen Pötten.

Wie ist das mit den Liegezeiten?
Hamburg-Finkenwerder zum Beispiel von nachts zwölf Uhr bis übernächsten Tag früh morgens. Gelöscht wird eine Partie Silicium-Mangan.

Aluminium-Hydroxid im Laderaum.

Landgang ist möglich am Vormittag und am frühen Abend. Endlich können wir bei Schiffshändler Schmeding das lang ersehnte Barometer kaufen und in der maritimen Buchhandlung Fuchs stöbern, aber auch durch die Elbmetropole bummeln.
Zurück an Bord, fangen Schiffersohn Henning und Matrose Michael gerade an, den Laderaum zu waschen. Beate schnappt sich ein Buch und ich mir Gummistiefel. Ich will »schiffsdienlich« sein und mithelfen.
Abends bleibt die Kombüse kalt: Wir gehen Fisch essen.
Früh um vier Uhr geht es weiter zum Laden von Aluminiumhydroxid nach Stade. Wir bleiben genüsslich liegen, denn die Unterelbe sehen wir ja auch noch auf der Rückreise. Die beginnt um zwölf Uhr. Querab des Hamburger Containerterminals am Burchardkai entdecken wir unseren Frachter vom letzten Jahr: die ROGALAND, ein modernes Container-Feederschiff. Mit dem haben wir eine Ostsee-Reise unternommen. Erinnerungen werden wach an den 360-Grad-Blick, stürmische See und interessante Häfen. Und wir sitzen hier auf einer Nussschale und tuckern durch deutsche Lande! Eine Welle spült diese Gedanken weg und nässt mich bis auf die Haut. Das hat doch auch was …

Hatten Sie Probleme Ihre Zeit zu verbringen?
Die HANSE-Tage vergehen nicht nur wie im Flug, sie dauern scheinbar auch

Hundstage – Baden im Mittellandkanal.

Grillabend auf dem Achterdeck.

unendlich lange. Gedanken an die »Großen« gibt es nicht mehr. Jetzt zählen nur noch die unterschiedlichen Binnenschiffs-Typen: ob Tanker, Autotransporter, Container-, Stück- oder Schüttgutfrachter aus allen europäischen Ländern. Vornweg Holländer. Dazu das weite

Land um uns herum; Hafenanlagen, wo man sie nicht vermutet hat; alte und neue Häuser und Gärten direkt am Wasser. Deutschland hat, stellen wir fest, vom Wasser aus gesehen viel zu bieten.

Die Tage werden heißer und unsere Kammer auch: 37 Grad! Da ist ein Bad im Kanal angesagt. In Münster mitten unter vielen Studenten, die genau wie wir untertauchen. Vom Schiff aus haben wir es natürlich am leichtesten.

Unser Übernachtungs-Liegeplatz ist zu einem »Eventhafen« mutiert. Der Umschlag ging so weit zurück, dass man überlegt hatte, den Hafen zu schließen. Inzwischen sind Kneipen und ein Kino entstanden. Während unserer Liegezeit läuft eine Strandparty. Klar, dass wir uns unters fröhliche Volk mischen.

Wieder einen Tag später. Auf unserer Reise nach Maastricht nähern wir uns heimischen Gefilden. Dortmund-Ems-, Wesel-Datteln-Kanal mit sechs Schleusen – alles nur ein Katzensprung von zu Hause weg. Dennoch: Wir kommen aus dem Schauen nicht mehr heraus.

Steuermann Michael hat sich inzwischen an die Gäste gewöhnt und genießt auch. Hat er doch jetzt schon drei Tage nach dem Mittagessen frei machen können, weil ich ihm bei Malarbeiten fleißig geholfen habe. Während Beate schon das »hundertste« Buch gelesen hat.

Eine Woche schon an Bord – wie ist das gewesen?

Die Schifferfamilie Jahn hat keine Probleme mehr mit uns Passagieren. Wir gehören mit zum Alltag und genießen die schweigsame Fürsorge von Frau Jahn. Besonders ihre Hausmannskost »wie bei Muttern«: lecker, lecker! Verdammt lange her, dass wir das als Kinder mal hatten.

Samstags im Wesel-Datteln-Kanal. Vor der Schleuse bei Hünxe wird festgemacht zum Übernachten. So ein verschlafenes Nest haben wir selten gesehen. Alle Kneipen sind zu, die Bürgersteige hochgeklappt im Kreis Wesel. Kein Wunder, wenn es bei uns am Niederrhein heißt: Die Orte nördlich hinter der Autobahn A 40 halten Dornröschenschlaf.

Den Rhein runter und hinein in die Maas, das verspricht Spannung. Hübsche, kleine Käffer, Deiche, viel Schifffahrt.

Abendrot auf dem Rhein vor Köln.

Eine Woche ist schon rum und wir fühlen uns, als wären es schon Wochen. Das ist Erholung pur, Genuss in vollen Zügen!
Am Sonntag, unweit der holländischen Schleuse Sambeek, ist um 15 Uhr Feierabend. Familie Jahn lädt zum Grillabend ein. Dabei erfahren wir viel über das Leben der Schifferfamilie und sie über unseres als Bankkaufleute.
Enttäuschend allerdings der nächste Übernachtungs-Liegeplatz mitten im Industriegebiet von Maastricht. Kein Taxi, kein Bus, nur eine schier endlose Straße ins Nichts. Wir verzichten auf einen Stadtbummel angesichts von sechs Kilometern Fußmarsch. Zu spät ist uns eingefallen, dass die Hanse auch Fahrräder an Bord hat, die wir hätten leihen können. Zwei Fragen beherrschen die Jahns: Gibt es neue Ladung, kann die Wartezeit für Werftreparaturen genutzt werden? Dazu Himmelstheater mit Regen, Blitz und Donner.
Die Erlösung schließlich am nächsten Morgen beim Löschen. Es geht weiter – wir können es kaum glauben – zum Kohleladen in Amsterdam. Noch besser: Die Kohle muss zum Neckar, das heißt geruhsam zu Berg durch das romantische Rheintal. Unsere Freude ist riesengroß.
Während der Wartezeit in Amsterdam haben wir Zeit, uns auch mit anderen Schiffern zu unterhalten. Ja, man würde ja auch gern Passagiere mitnehmen, aber es sei leider kein Platz. Vielleicht ließe sich ja umbauen …

Pfalz Kaub bei St. Goar wird passiert.

Fast wie auf See: Spritzwasser kommt über auf dem Mittelrhein.

Abschied von MS Hanse vor Bingen.

Haben Sie auch mal an große Fahrt gedacht?

Ja, bei einem Nacht-Stopp in Köln-Niehl gegenüber einer Container-Pier mit den typischen Geräuschen. Da sind sie wieder, die Gedanken an große Fahrt, während der man beruhigt seinen Mittagsschlaf halten kann. Auf einem Binnenfrachter nicht, denn hier könnte man ja was verpassen.

Dann ist er unweigerlich da, der letzte Tag an Bord. In Lahnstein haben wir nach Feierabend noch ein Abschiedsbier mit Steuermann Michael Hollmann getrunken. Oder waren es zwei, drei oder vier? Egal, jedenfalls waren es so viele, dass Michael prompt verschlafen hat und ich gleich mit. Schon um fünf Uhr ist abgelegt worden, hinein ins schönste Stück Rhein: St. Goar, Loreley und dann irgendwann Bingen: unser Ausstiegs-Ort. Leider!

Ein letztes Mittagessen, kleine Geschenke, darunter auch eine Karte der deutschen Wasserstraßen für die Passagierkabine.

Adieu! Als wir per Zug den Rhein entlang fahren, kommt uns das wie ein Zeitraffer-Film vor: eben noch mit 8 km/h zu Berg geschlichen, jetzt mit über 120 km/h zu Tal.

Reiseverlauf mit der MS Hanse im August 2007

Tag 1:
Einstieg in Hannover-Anderten
Fahrt auf dem Mittellandkanal und Elbeseitenkanal
Stopp am Abend in Osloß (mitten in der »Pampa«)

Tag. 2:
Weiterfahrt auf Elbeseitenkanal
Auf die Elbe, bis Nachts um 12.00 in Finkenwerder angelegt wird

Tag 3:
Löschen der Ladung
Landgang in Hamburg (ganztags)

Tag 4:
Weiterfahrt Elbe abwärts nach Stade
Aufnahme der neuen Ladung
Rückmarsch die Elbe rauf und im Elbeseitenkanal bis Hebewerk Scharnebeck – hier Übernachtung

Tag 5:
Elbeseitenkanal, Mittelandkanal gen Westen bis kurz vor Hannover

Tag 6:
Mittellandkanal bis Hille (liegt bei Lübbecke)

Tag 7:
Mittellandkanal, Dortmund-Ems-Kanal bis Münster

Tag 8:
Dortmund-Ems-Kanal, Wesel-Datteln-Kanal bis Hünxe

Tag 9:
Wesel-Datteln-Kanal, Rhein, Maas bis Schleuse Sambeek bei Boxmeer

Tag 10:
Maas bis Maastricht

Tag 11:
Löschen der Ladung und Rückfahrt Maas bis Schleuse Bellfeld bei Tegelen

Tag 12:
Rest Maas-Strecke, 10 Kilometer Rhein, Amsterdam-Rhein-Kanal, Amsterdam

Tag 13:
Nachts um 2.00 Uhr – Aufnahme der Kohle (2.000 Tonnen in drei Stunden)
Rückmarsch über den Amsterdam-Rhein-Kanal auf dem Rhein bis Wesel

Tag 14:
Rhein zu Berg über Duisburg-Ruhrort (Zwischenstopp für zwei Stunden) bis Köln Niehl

Tag 15:
Rhein zu Berg von Köln bis Lahnstein

Tag 16:
Rhein zu Berg von Lahnstein bis Bingen
Rückfahrt per Zug nach Kempen

Loreley-Felsen achteraus.

Eins haben wir uns schon während der Rückfahrt vorgenommen: Wir werden zu Wiederholungstätern!

Info

Reisen auf Binnenfrachtern sind (noch) ein echter Geheimtipp für eine erlebnisreiche Kurz-Frachtschiffreise ohne Seegang.
Man kann die stark nachgefragten Reisen buchen bei: Internationale Frachtschiffreisen, Dipl.-Kfm. Werner Pfeiffer · Friedrich-Storck-Weg 18 a · 42107 Wuppertal · Tel.: 0202-452379 · Fax: 0202-453909 · mail@frachtschiffreisen-pfeiffer.de

Binnenwasserstraßen – mehr als nur Verkehrsadern

Neben den touristischen Sehenswürdigkeiten gibt es noch eine Menge Wissenswertes, das hier nur schlaglichtartig beleuchtet werden und damit zum besseren Verständnis eines Lebensraums in seinen vielfältigen Facetten beitragen soll. Nach dem Motto: Nur was man weiß, kann man auch verstehen. In diesem Sinne: eine verständnisvollere Reise über Flüsse, Kanäle oder Seen!

Existenzgrundlage Wasser

Wasser ist ein Geschenk der Natur, Voraussetzung für das Leben von Menschen, Tieren und Pflanzen. Wasser prägt einen Teil des Landschaftsbildes mit einer vielfältigen Vegetation und mit artenreichen Tier- und Pflanzenvorkommen. Es bildet die Existenzgrundlage für Siedlungen, Gewerbe und Industrie. Es wird ebenso als Verkehrsweg genutzt und dient als Energiequelle.
Doch das Medium Wasser beinhaltet auch Gefahren. Strömung, Hochwasser, Sturmflut, starker Seegang oder Eis zeigen, wie unberechenbar das Element Wasser sein kann.

Erlebniswelt Wasser

Alle Menschen, ob alt oder jung, können die Wasserstraßen in ihrer Freizeit kennenlernen. Sie eröffnen Wanderern, Radfahrern, Anglern, Campern oder Wassersportlern am und im Wasser Raum für aktive Freizeit. Erholsame Betrachtung der Wasserlandschaft oder der vorbeifahrenden Schiffe gehört ebenso dazu wie das Erleben malerisch gelegener Dörfer und traditionsreicher Städte. Gaststätten und Aussichtspunkte bieten die Möglichkeit zu einer Rast.

Wasser und Kultur

Jeder große Fluss hat seine Persönlichkeit, seine Eigenart, seine Vergangenheit und seine Gegenwart, seine Bestimmung und seinen Zauber. Der Dichter träumt von den Sagen und Märchen, die sich um den Fluss schlingen, der Komponist hört die Musik seiner Wellen, der Kartograph zeichnet seinen Lauf, der Historiker beschreibt seine Geschichte, der Kaufmann berechnet die Möglichkeit des Handelsverkehrs, der Philosoph denkt über die ewige Bewegung des Wassers nach.
Kultur entstand zuerst an den großen Strömen, davon legen Burgen, Schlösser und Städte Zeugnis ab. Unsere Sagen und Dichtungen, wie das Nibelungenlied, die Loreley oder der Rattenfänger von Hameln, erzählen vom Leben am Wasser. Durch die Musik von Händel, Wagner und Strauß sowie durch Volkslieder hat sich die Geschichte des Wassers und die daran entstehende Kultur weit verbreitet. Sogar ein Baustil wurde nach einem Fluss benannt – die Weserrenaissance.

Kunst am Wasser

Kunst an Wasserstraßen ist Kunst im öffentlichen Raum und legt Zeugnis von der Kultur einer Epoche ab.
Für Künstler und Betrachter ist die Auseinandersetzung mit dem Standort eine Herausforderung, denn die künstlerischen Lösungen sind oft komplexe symbolische Annäherungen, die sich nicht auf den ersten Blick erschließen.
Die Granitskulptur des Künstlers Hansjörg Voth am Main-Donau-Kanal zieht die Linie der europäischen Wasserscheide nach: Alle Flüsse nördlich dieser Trennlinie fließen dem Rhein zu, alle südlich davon der Donau. Nähert man sich der Skulptur, erblickt man eine sich perspektivisch verjüngende Marke, die über den Böschungsgrad emporsteigt. Dieser Eindruck vermittelt das Gefühl, dass der höchste Punkt der Reise, an dem sich die Gewässer scheiden, erreicht ist.

Wasser-Technik

Die Entwicklung verschiedener Technologien ermöglichte das Industriezeitalter, das Grundlage unseres heutigen Wohlstandes ist.
Ingenieure und Architekten gestalten die Wasserstraßen, Landschaftsgestalter und Ökologen wirken mit bei ihrer Einbindung in die Umwelt.
Ufer werden mit Deckwerken, Buhnen, Deichen und Leitwerken gesichert. Flüsse werden durch Wehre gestaut, Schleusen und Schiffshebewerke überwinden Höhenunterschiede. Wasserläufe werden mit Kanalüberführungen und Dükern gekreuzt. Zahlreiche Brücken und Tunnel queren die Wasserstraßen.

Landschaftsgestaltung

Der Ökologie wird bei der Gestaltung der Wasserstraßen große Bedeutung beigemessen.
Alle Baumaßnahmen werden in das Landschaftsbild eingebunden.
Flach- und Stillwasserzonen, Feuchtbiotope und natürliche Linienführung sind die Elemente der baulichen Gestaltung. Alle Ausbau- und Unterhaltungsmaßnahmen an den Wasserstraßen werden mit den Naturschutzbehörden abgestimmt.

Binnenschiff löst Verkehrsprobleme

Die Binnenschifffahrt kann – ungeachtet kurzer Einschränkungen durch Hochwasser und Eis – viele der aktuellen und zukünftigen Verkehrsprobleme lösen.
Die Überlastung der Straßen und die bereits erreichten Belastungsgrenzen der Schiene erfordern eine stärkere Verlagerung des Verkehrs auf die Wasserwege. Das technisch moderne Binnenschiff ist von der Kapazität her auf die Beförderungsaufgaben der Zukunft ausgelegt.
Mit modernster Logistik erfüllt die Binnenschifffahrt die Anforderungen der Wirtschaft. Sie ist ein wichtiges Bindeglied in der Transportkette des kombinierten Verkehrs »Straße–Schiene–Wasserwege«. Um der Binnenschifffahrt auch mittel- und

Schwimmkran im Abendlicht.

Einfahrt ins Schiffshebewerk Scharnebeck.

Auf dem Mittellandkanal: Weiden mit Kühen am Wegesrand.

langfristig Konkurrenzfähigkeit zu sichern und sie für die Einbindung in Transportketten attraktiv zu halten, ist der Ausbau der Wasserstraßeninfrastruktur – mit dem Ziel, die wirtschaftliche Leistung zu erhöhen – unabdingbar.

Weit verzweigtes Verkehrssystem

Flüsse sind seit Menschengedenken Verkehrswege. Dem Einbaum und dem Floß folgte das Schiff. Die Schifffahrtskanäle verbinden die Flüsse zu einem weit verzweigten Verkehrswegenetz.

Das Verkehrssystem »Wasserstraße/Binnenschiff« ist umweltfreundlich. Herausragende Vorteile sind geringer Energieverbrauch, geringe Schadstoffabgabe, wenig Lärm und hohe Verkehrssicherheit.

Das Verkehrssystem »Wasserstraße/Binnenschiff« ist mit Ausnahme einiger Bereiche im deutschen Wasserstraßennetz bei weitem noch nicht ausgelastet.

7.476 Kilometer deutsche Binnenwasserstraßen verbinden rund 250 deutsche Binnen- und Seehäfen. Drehscheibe der Binnenschifffahrt ist der Rhein.

Verknüpfung Wasser–Schiene–Straße

Schiffe, die Waren aus aller Welt befördern, brauchen einen sicheren Hafen. Er ist Dreh- und Angelpunkt für den Umschlag und die Weiterverwertung von Gütern. Häfen verknüpfen die Verkehrswege Wasser–Schiene–Straße. Dabei bieten sie auch für komplizierte Transportprobleme die besten Lösungen in hoch technisierten Logistikzentren. Neben dem Warenumschlag ist auch die Lagerung und Weiterverarbeitung der angelieferten Güter Bestandteil eines modernen Hafens.

Besucher sind gern gesehene Gäste in den Häfen. Bei Hafenrundfahrten und Hafenfesten eröffnet sich ihnen eine ganz neue und interessante Welt.

Verkehrsregelung an der Loreley.

Hinter den maritimen Kulissen

Schiffe können ohne Schiffe nicht fahren. Klingt fast wie »Eulen nach Athen tragen«, ist aber so, einfach gesagt. Die anderen – nicht minder, wenn nicht genauso wichtig - sind zum Beispiel Schlepper, Seenotrettungsboote, Eisbrecher, Tonnenleger – die Reihe ließe sich problemlos fortsetzen.
Und was wäre eine sichere Seefahrt ohne Lotsen?
Was sich hinter den Kulissen ständig tut, ist – aus vielfältiger eigener Erfahrung - informativ und spannend. Lust but not least: auch eine Verneigung vor den Männern, die im Hafen, auf hoher See oder in der Luft wie selbstverständlich ihre Pflicht tun. Keineswegs immer ungefährlich, trotz modernster Technik. Wie die folgenden Beiträge beweisen …

Containerschiff im Härtetest

Vor der Insel Rügen auf Probefahrt

Am Anfang eines Neubauprojekts stehen ganz handfeste Überlegungen: Wie steht es um die Finanzierung? Immerhin ist ein Betrag in zweistelliger Millionenhöhe aufzubringen, der auch wieder eingefahren werden muss. Das löst die nächste Frage aus – nach einem potenziellen Charterer. Last but not least: Welche Werft bietet optimale Konditionen hinsichtlich Preis, Qualität und Liefertermin?
Die Probefahrt schließlich ist der Prüfstein. Der 18.837-Tonner Maersk Rostock verließ zum ersten Mal nach acht Monaten Bauzeit seine Geburtsstätte: die Wolgaster Peene-Werft. Auf dem Programm stand die nautische und technische Erprobung des 1.200 Container fassenden 14.062-BRZ-Frachters des Typs PW 1.200.
Die erste Reise führte den Peene-Strom abwärts in das Seegebiet östlich von Rügen.

Um acht Uhr vierzig fädelt sich das 155,60 Meter lange und 24,50 Meter breite Schiff durch das »Blaue Wunder« von Wolgast. Die Zuschauer an der Klappbrücke erleben ein atemberaubendes Schauspiel, denn nach jeder Seite bleiben gerade mal zwei Meter Luft. Die Stralsunder Lotsen Jens Mauksch und Manfred Schwarz meistern die prickelnde Situation souverän. Je ein Bug- und Heckschlepper geben zusätzliche Manöversicherheit.
Nachdem das schiffsenge Peene- und Osttief-Fahrwasser verlassen worden sind, werfen die Schlepper los. Mit der Kraft seiner 11.060-kW-Hauptmaschine (ein MAN B&W-Sieben-Zylinder-Zweitakter) dieselt das 6.092 Tonnen schwere Stahlpaket mit den beiden überragenden 45-Tonnen-Kränen erstmals allein los. Die 5,50-Meter-Schraube peitscht das graue Ostseewasser auf. Kurs Kap Arkona ist abgesetzt. Werftkapitän Ulrich Bauer möchte in der Tromper Wiek das Testprogramm starten. Auf dem Zettel

MS Maersk Rostock geht auf Probefahrt und fährt erstmals allein.

des 62-köpfigen Erprobungsteams stehen 34 Punkte. John P. Marcus – er nennt sich scherzhaft »freier Testpilot für Schiffe« –, Jens Köster, Inspektor der Reederei Jüngerhans aus Haren/Ems und Probefahrtsleiter Torsten Moschell von der Peene-Werft wachen über den korrekten Ablauf. Kapitän Marcus hat als unabhängiger Prüfer eine spezielle Software entwickelt. Die aktuellen Ergebnisse sind nach kurzer Zeit auf dem Bildschirm seines Laptops ablesbar und werden gleich ausgedruckt.

Nautiker und Techniker bei Testprogrammen auf der Brücke. Ingenieure überprüfen Daten im Maschinenkontrollraum (unten)

Spannendstes Manöver

Den ganzen Tag und während der Nacht zieht die Maersk Rostock ihre Bahnen, dreht Kreise, fährt rumpelnd rückwärts und stoppt immer mal wieder. Zwei rote Lampen im Topp zeigen den anderen Schiffen an, dass hier kein »Verrückter« sein Unwesen treibt, sondern ein Kollege auf Herz und Nieren getestet wird.

Als das spannendste Manöver gilt der Crash-Stopp. Aus voller Fahrt voraus bei 19,5 Knoten, die nach einer halben Stunde »Anlauf« erreicht sind, legt Ulli Bauer den Maschinentelegrafen auf »Voll zurück«. John Marcus drückt auf seine Stoppuhr. Alles hält den Atem an. Nur die Kamera des NDR-Teams surrt. Die Szene ist scheinwerferhell beleuchtet. Langsam kommt Fahrt aus dem zitternden Koloss. Durch die Brückenfenster blitzt schwach das Arkona-Feuer. Als wollte es die Daumen drücken. »Schiff steht!«, ruft der Werftkapitän nach genau 5,56 Minuten. Die Erleichterung ist den strahlenden Gesichtern anzusehen. John Marcus berechnet den Bremsweg: 1.725 Meter. »Das passiert meistens nur einmal im Leben eines Schiffes, nämlich auf Probefahrt, doch gut zu wissen für den Ernstfall«, sagt er nachdenklich und ergänzt: »Dieses Manöver belastet die Maschine wie 1.000 Betriebsstunden.« Und weiter geht es mit den nächtlichen Härtetests an Ruderanlage, Triebwerk, Elektrik und Anker. Ein paar Techniker können sich bis zu ihrem nächsten Einsatz in den eigens mitgenommenen Schlafcontainern ausruhen. Für alle ist im hohen Deckshaus kein Platz.

Himmelblauer Schiffs-Mercedes

Am nächsten Morgen: Querab an Steuerbord die Kreideküste von Rügen, von einer milden Herbstsonne bestrahlt. »Wir haben alles geschafft, schneller als erwartet«, freut sich Ulli Bauer trotz Müdigkeit und gibt das Kommando: »Kurs Wolgast!« Der Germanische Lloyd als Schiffs-TÜV ist zufrieden und hat die Papiere ausgestellt. Auch Fertigungsleiter Hartmut Schaffert strahlt über die gute Beurteilung. Sein Kollege Hans-Joachim Nauke, Leiter der Maschinenerprobung, tut es ihm gleich.

Um 13.20 Uhr liegt der himmelblaue »Mercedes« – so Lotse Jens Mauksch auf den weißen Maersk-Stern am Steven und Schornstein anspielend – an der Ausrüstungspier. Bis zur Taufe auf den Reederei-Namen Taurus J und den des dänischen Charterers Maersk Rostock ist noch Zeit für eine Reihe von Rest- und Reinigungsarbeiten. Nach der Übergabe heißt es dann endgültig Abschied nehmen. Ohne Zwischenstopp, vorbei an der namensgebenden Hansestadt, wird der Frachter in Ballast (vollbeladen bringt er ein Verdrängungsgewicht von 24.894 Tonnen auf die Waage) unter dem Kommando des kroatischen Kapitäns Descovic das östliche Mittelmeer ansteuern. Eins ist schon jetzt sicher: Dort »unten« in der Levante ist es wärmer als an den kühlen Küsten Mecklenburg-Vorpommerns.

Info

MS Maersk Rostock (Taufname: Taurus J): 14.062 BRZ · 18.400 tdw · 155,60 Meter Länge · 24,50 Meter Breite · 9,50 Meter Tiefgang · 1.150 TEU · 11.060 kW MAN B & W-Diesel · 20 Knoten · geb. 2002, Peene-Werft, Wolgast · Reederei: M. Jüngerhans KG, Emden

Buchung (auch anderer Schiffe der Reederei):
Internationale Frachtschiffreisen, Dipl.-Kfm. Werner Pfeiffer, Friedrich-Storck-Weg 18a, 42107 Wuppertal · Tel.: 0202-452379 · Fax: 0202-453909 · mail@frachtschiffreisen-pfeiffer.de
Fachagentur für Frachtschiffreisen, Kapitän Helmut Hoffmann, Seestraße 40, 23677 Scharbeutz · Tel.: 04503-73675 · Fax: 04503-74437
Frachtschiff-Touristik Kapitän Zylmann GmbH, Exhöft 12, 24404 Maasholm · Tel.: 04642-96550 · www.zylmann.de

Größer als drei Fußballfelder – Hauptdeck eines 8.100-TEU-Frachters.

Wachstumsmotor Container

Blechkiste schreibt Weltgeschichte

Hätten Sie's gewusst …?
Dass die deutsche maritime Wirtschaft mit rund 500.000 Beschäftigten und einem Umsatzvolumen von mehr als 54 Milliarden € zu den wichtigsten und fortschrittlichsten Wirtschaftszweigen zählt. Dass Deutschland einer der größten und erfolgreichsten Schifffahrtsstandorte der Welt ist. Dass die deutsche Handelsflotte nach der Nationalität der Eigner weltweit an dritter, bei den Containerschiffen und deren Vermarktung mit einem Weltmarktanteil von 30 Prozent weltweit an erster Stelle steht.

Die deutsche Hafenwirtschaft ist ein Garant für die internationale Wettbewerbsfähigkeit und hat eine große Bedeutung als logistische Dienstleistungsbranche. Etwa 2,7 Millionen Beschäftigte arbeiten in der Branche, etwa 500.000 Arbeitsplätze sind direkt und indirekt hafenabhängig.

Die Wachstumsprognosen des Bundesverkehrsministeriums lassen bis 2025 einen Anstieg des Seegüterumschlags auf rund 758 Millionen Tonnen erwarten, allein für Hamburg auf rund 337 Millionen Tonnen. Der Containerumschlag wird sich bis 2015 auf 25 Millionen TEU verdoppeln (Hamburg etwa 18 Millionen TEU).

Dank hochwertiger Produkte und innovativer Entwicklungen steht Deutschland nach Korea, Japan und China an vierter Stelle im Weltschiff-

Straddle-Carrier besorgen den Containertransport im Hafen.

bau. Deutsche Werften und Schiffszulieferer erzielen ein Umsatzvolumen von 6,2 Milliarden € und beschäftigen rund 23.000 Mitarbeiter auf deutschen Werften.

Meeresforschung und Meerestechnik zählen zu den Hightech-Branchen im Lande mit einem Umsatz von 3,5 Milliarden €.

Im deutschen Außenhandel wurden 2006 insgesamt 976,9 Millionen Tonnen mit einem Wert von 1.634,6 Milliarden € über die Grenzen transportiert. Das ist mengenmäßig 6,3 Prozent und wertmäßig 15 Prozent mehr als im Vorjahr. Mehr als 80 Prozent des deutschen Außenhandels entfallen auf den Verkehr mit der EU.

Etwa 20 Prozent des deutschen Außenhandels wird über die Seehäfen abgewickelt, per Binnenschiff weitere fünf Prozent.

Der Anteil des seewärtigen Außenhandels betrug 2006 mengenmäßig 190,6 Millionen Tonnen (+ 19,5 Prozent) oder wertmäßig 281,5 Milliarden € (+ 18,2 Prozent).

Mineralöl ist mit 5,7 Prozent Anteil der wichtigste Energieträger in Deutschland. Rohöl muss zu 97 Prozent (109,4 Millionen Tonnen) eingeführt werden. Gut 34 Prozent davon stammen aus Russland, 29 Prozent aus der Nordsee, 44 Prozent gelangen über Pipelines ins Land, 56 Prozent über den Seetransport. Etwa die Hälfte der Rohölanlandungen für Deutschland wird in Marseille/Lavera, Genua, Triest, Antwerpen, Rotterdam und den Rheinhäfen gelöscht.

Etwa 380 deutsche Reeder kontrollieren 3.150 Handelsschiffe. Deutschland belegt damit sowohl nach der Anzahl gemanagter Schiffe als auch nach ihrer Tragfähigkeit den dritten Platz als eine der führenden Schifffahrtsnationen der Welt (8,8 Prozent der Welthandelsflotte und 8,9 Prozent der Welttonnage). Nach der Flaggenführung nimmt die nationale deutsche Handelsflotte mit einem Prozent allerdings nur einen der hinteren Ränge ein. Trotz günstiger Tonnagesteuer.

In den deutschen Seehäfen wurden 2006 insgesamt 302,8 Millionen Tonnen Güter umgeschlagen, davon allein in den Nordseehäfen 243,4 Millionen Tonnen. Wachstumsmotor war der Containerverkehr mit einem Umschlag von 13,8 Millionen TEU, davon in Hamburg 8,9 Millionen und in Bremerhaven/Bremen 4,5 Millionen TEU.

7.476 Kilometer deutsche Binnenwasserstraßen verbinden rund 250 deutsche Binnen- und Seehäfen. Drehscheibe der Binnenschifffahrt ist der Rhein.

Binnensee-Frachter auf dem Rhein.

Ananas aus Afrika, Steaks aus Argentinien, Hemden aus der Türkei, Weine aus Kalifornien, DVD-Player aus China. Sie haben eines gemeinsam: Sie reisen auf Frachtern – per Container. Sozusagen Wand an Wand auch mit Passagieren. Was dahinter steckt?

MS Anna Maersk, größter Containerschiffs-Typ der Welt, dreht vor Bremerhaven.

Kein Transportmittel hat den weltweiten Warenverkehr so verändert wie der Container aus Stahl. Als die ersten Boxen in Deutschland 1966 in Bremerhaven verladen wurden – sie kamen aus den USA, wo sie in den 50er-Jahren entwickelt wurden – war das Frachtschiff für Stückgut noch Standard. In den Bäuchen der Schiffe wurden die Waren auf Paletten verladen, in Säcken oder Kisten. Ein zeitraubendes Geschäft. Das Entladen von 10.000 Tonnen Fracht dauerte acht bis zehn Tage. Im Container genügten schon damals zwei bis vier Tage, heute reichen 24 Stunden. Außer Waren wie Erdöl und Eisenerz landet praktisch alles in einem der 12 bis 15 Millionen Container, die weltweit im Umlauf sind. Wie viele es wirklich sind, weiß keiner ganz genau.

Gantry-Containerbrücken im Eurogate-Hafen von Bremerhaven.

Millionen-Spiele

»Ohne die segensreiche stählerne Box wären die großen Mengen des Welthandels nicht mehr rationell und schon gar nicht so kostengünstig zu bewältigen«, schildert Michael Behrendt, Vorstandschef von Hapag-Lloyd, eine der weltweit großen Container-Linien. 1969, drei Jahre nach der ersten Container-Verladung in Bremerhaven, wurden weltweit schon 700.000 Transporte mit Containern gezählt. »1982 waren es 17 Millionen, 1993 hatte sich dieses Volumen verdoppelt«, so Behrendt. »2004 hat das Aufkommen weltweit gut 70 Millionen transportierte Standardcontainer betragen, sich also in nur zehn Jahren erneut verdoppelt. Diese Container aneinandergereiht, ergeben die Strecke von der Erde bis zum Mond.« Zehn Prozent dieser Strecke belegt Hamburg. 7,1 Millionen Standardcontainer hat der zweitgrößte Hafen Europas 2004 umgeschlagen, rund 15 Prozent mehr als 2003, berichtet Uwe Köhler von der Hamburger Hafen- und Lagerhaus-AG.
Wenn heute die Produzenten von Spielzeug, Computern, Fahrrädern oder Turnschuhen zum Beispiel in China produzieren, spielen Transportkosten kaum noch eine Rolle. »Beim Transport einer Kilodose Konserven von Asien nach Deutschland fallen etwa fünf Cent Seefracht an«, schildert Hapag-Lloyd-Sprecher Klaus Heims.

Geschichte und Gegenwart

Auf die Erfindung des Containers in den 50er-Jahren hatte die Seefahrt sehnlichst gewartet. Denn die Zeiten zum Be- und Entladen wurden immer länger, da die Schiffe ständig größer wurden und immer mehr Waren transportierten. »Auf manchen Routen lagen die Schiffe teilweise länger im Hafen, als sie auf See unterwegs waren«, erinnert sich Heims. »Der Kapitän hatte sogar Zeit, die Kunden zum Kaffee und für einen Ausflug auf die Reeperbahn einzuladen«, schmunzelt Uwe Köhler. Vergangene Zeiten.

Heute fahren Containerschiffe weltweit nach festem Fahrplan die Häfen an. Länger als 24 Stunden liegen sie selten am Kai. In dieser Zeit werden rund 3.500 Container verladen. Und dann geht's weiter zur nächsten Haltestelle. Das Geheimnis der niedrigen Kosten und kurzen Liegezeiten ist der Container. Weltweit genormt, kann er in jedem Hafen der Welt von jedem Kran gehoben werden. Und damit er dabei nicht schlapp macht, ist er unglaublich robust und fest.

Wie Hochhäuser

Für die Bauüberwachung und technische Abnahme sorgt etwa der Germanische Lloyd (GL) als global tätiger technischer Überwachungsdienst. »Ein Standardcontainer von 20 Fuß Länge muss zum Beispiel eine Ladung von 28 Tonnen tragen können«, erklärt Jürgen Wriedt, Experte für Container beim Germanischen Lloyd in Hamburg. Da Container auf den Schiffen außerdem zu Hochhäusern gestapelt werden, müssen sie hohe Drucklasten aushalten. Nämlich bis zu 192 Tonnen. Und das auch bei Windstärke zwölf. Was bedeutet, dass sich der Container auch unter so einer Belastung bei Schieflage nicht verziehen darf. Und stabil sein muss er selbst bei minus 50 Grad, wenn das Schiff gerade den Nordpolarkreis passiert, genauso wie bei plus 50 Grad, die am Äquator erreicht werden. Dass der Container zudem wasserdicht sein muss, versteht sich von selbst.

Das schafft natürlich nur Stahl, vor allem hochfeste Stahlsorten mit besonders hohen Leistungen. Etwa 2,25 Tonnen davon brauchen die Hersteller, um einen 6,05 Meter langen Container zu bauen. Stückpreis: 2.400 US-Dollar. 10 bis 15 Jahre lang halten sie den weltweiten Frachtverkehr aus. Ein billiger Transportbehälter. Begehrt auch noch im zweiten und dritten Leben. Als Lager- und Baucontainer, viele Jahrzehnte lang, bevor der Stahl als Schrott in den Materialkreislauf zurückkehrt.

Hafenarbeiter beim Laschen von Containern an Deck.

Der kleine Hafen bleibt schnell achteraus.

Menschen retten

Mit Seenotkreuzer Nis Randers auf Einsatzfahrt

Schauplatz Maasholm. Mastenwälder spiegeln sich in dem früher so verträumten Schleihafen. Hunderte von Freizeitskippern beherrschen mit ihrer Armada die Wasser-Szene. Nur am Ende des hölzernen Anlegers weist noch ein stilisierter Fisch auf dem Ortsschild darauf hin, dass von hier aus einst nur Kutter auf Fangfahrt gingen.

Punkt acht Uhr: Klar vorn und achtern! Die beiden 1.000-PS-MTU-Turbo-Dieselmotoren lassen den Kreuzer kaum spürbar erzittern, und im Nu gleitet er aus der engen Hafenausfahrt in die weite Ausbuchtung der unteren Schlei.

Hilferuf von einem Boot, das bei zunehmendem Wind und Seegang mit Motorschaden vor der Küste der dänischen Insel Alsen bei Kegnaes treibt. Mit Höchstfahrt steuert Nis Randers das gestreifte Leuchtturm-Wahrzeichen von Schleimünde an. Dann der »Trick«: Maschine kurz auf Stopp, den Schub der von achtern auflaufenden Heckwelle abwarten und wieder auf voll voraus. Wie ein Springbock hüpft der Kreuzer in einem Satz nach vorn. So werden die starke Strömung, der hohe Schwell im Schlei-Mündungstrichter ausgetrickst und noch ein paar Sekunden gewonnen auf dem Marsch ins Unfallgebiet.

Sprechkontakt hält die Segelyacht Moxnix über UKW zu uns, die den funklosen Havaristen entdeckt hat und sichernd begleitet. »Sie erkennen uns an dem großen bunten Spinnaker«, hören wir aus dem Äther. Die angegebene Position tippt der Vormann in den Navigationscomputer – eine unschätzbare Hilfe, »denn ohne genaue Angaben müßten wir sonst ein Suchplanquadrat mit Hilfe des Plotters ablaufen«, erklärt der Vormann gelassen

und greift nach dem Fernglas, um nach dem sich vorbildlich verhaltenden Segler Ausschau zu halten.
»Ich erkenne in südwestlicher Richtung ein Fahrzeug mit hoher Fahrt auf uns zu halten. Sind Sie das, NIS RANDERS?« Eine Situation wie in dem Gedicht NIS RANDERS von Otto Ernst: »Was da? – Ein Boot, das landwärts hält – Sie sind es? Sie kommen!« Für die Besatzung sind wir nach einer guten dreiviertel Stunde Fahrt noch nicht schnell genug vor Ort: »Je Maschine 200 PS mehr wäre optimal«, lautet unisono der fachmännische Kommentar. Und der Verbrauch von Gasöl bei Höchstfahrt? »Nur« 400 Liter pro Stunde für die 2.000 Pferde.
Im Gegensatz zum MOXNIX-Skipper wusste ein anderer kürzlich seine Position überhaupt nicht, erfahre ich. Erst gab er, so der Vormann, Flensburger Förde an, dann Eckernförder Bucht. Tatsächlich stand er vor Alsen in der entgegengesetzten Richtung. Sein einziger Anhaltspunkt war, dass er die Sonne im Westen untergehen sah. Auch wenn die Rettungsmänner derartige Unkenntnis leid sind, müssen sie helfen.

Bodenloser Leichtsinn

Der Vormann bedankt sich bei der MOXNIX für die umsichtige Hilfe und entlässt sie. Ein Rettungsmann klettert in die ONKEL WILLI, gleitet in die schäumende Hecksee und stiebt hinüber zu den schon bedenklich quer vor den Wellen auf die offene See zu treibenden Anglern, die sich nur noch durch müdes Winken bemerkbar machen. Er nimmt die Nussschale auf den Haken und schleppt sie zur NIS RANDERS. Der havarierte Angelkahn wird in die Heckwanne gezogen. ONKEL WILLI, dessen Liegeplatz jetzt belegt ist, folgt wie ein Hund an der Leine. An Deck stehen jetzt zwei reichlich betreten dreinschauende Männer, während wir uns kopfschüttelnd ihr seeuntüchtiges Bötchen näher ansehen. Weder Funk, noch Notriemen oder Signalmunition – nicht einmal Rettungswesten können wir entdecken. »Das ist ja wohl total bodenloser Leichtsinn von euch gewesen«, beherrscht der Vormann seine Verärgerung. »Aber wir sind doch heute früh bei gutem Wetter losgefahren«, versuchen die beiden Bruchschiffer aus Celle ihr schwaches Gegenargument anzubringen, und der ausgefallene Motor sei doch gerade erst überholt worden.
Glück im Unglück haben sie gehabt, dass NIS RANDERS so schnell hat helfen können und die See nicht schon längst zugeschlagen hat! Nur wenig später hätte der Fall ganz anders ausgehen können.
Vor Skovnes wird gestoppt und der Havarist vom Tochterboot an den Strand – direkt vor das Zelt der beiden Petrijünger – geschleppt. »Das ist bestimmt eine Lehre für die beiden Landratten gewesen«, hoffen wir.

NIS RANDERS bäumt sich auf gegen die See.

Tochterboot Onkel Willi läuft voraus.
Schiffbrüchige samt Boot sind geborgen.

Der Vormann meldet über Funk an die Seenotleitung RCC Bremen: »Zwei Personen abgeborgen und an Land gesetzt.« So »einfach« erscheint das.

Um 16 Uhr ist Nis Randers wieder fest am Stammliegeplatz mit der lapidaren RCC-Meldung: »16.10, wir sind wieder klar P 3.«

Der ereignisreiche Einsatztag endet am Schreibpult des Vormanns:

»Der Fall kann zu den Akten«, so sein abschließender Kommentar. Auf meine Frage, wie sich denn die Zahl ihrer Einsätze seit Indienststellung am 1.6.1990 entwickelt habe, meint der Vormann, dass es insgesamt vergleichsweise weniger Fälle geworden seien. Die Gründe: immer größere und besser ausgerüstete Boote sowie geschulte Besatzungen. Wofür unsere heutigen Erlebnisse nicht gerade repräsentativ gewesen sind.

Info

Rettungskreuzer ***Nis Randers***: Bauwerft: Schiffs- u. Bootswerft Fr. Schweers Gmbh & Co KG, Bardenfleth/Weser · Indienststellung: 1.6.1990 · Länge: 23,30 Meter · Breite: 5,10 Meter · Tiefgang: 1,40 Meter · Verdrängung: 66 t · Antrieb: 2 x MTU Diesel 8 V 396 TC 83, Leistung: 715 kW · Geschwindigkeit: 20 Knoten · Brennstoff: 7.700 Liter · Besatzung: 8 Mann, davon 4 ständig an Bord · Reichweite: 1.500 Seemeilen · modernste Navigations-, Rettungs-, Feuerlösch- und Schleppeinrichtungen. Schwesterschiffe: Minden, Vormann Leiss, Vormann Jantzen, Hannes Glogner.

Die vor 140 Jahren gegründete Deutsche Gesellschaft zur Rettung Schiffbrüchiger (DGzRS) hat im Jahre 2006 91 Menschen aus Seenot gerettet und weitere 465 Frauen und Männer aus drohenden Gefahrensituationen befreit. Insgesamt mussten die Seenotretter zu 1.840 Einsätzen ausrücken, im Vorjahr waren es 1.631. Seit ihrem Bestehen wurden über 71.000 Menschen gerettet.

800 freiwillige und 186 festangestellte Seenotretter sind auf 61 Schiffen und Booten sowie 54 Stationen an Nord- und Ostsee ständig einsatzklar.

Eisbrechen und mehr
ARKONA gegen die kalte Pracht

Im Winter 2005/2006 war das modernste und größte Schiff des Wasser- und Schifffahrtsamtes (WSA) Stralsund im Dauereinsatz. Auf Sund und Bodden wuchs die Eisdecke auf bis zu 40 Zentimeter Dicke an.

ARKONA zeigte – nach erfolgreichen Eis-Erprobungen im März 2005 in der nördlichen Ostsee – erstmals in ihrem Hausrevier, was sie kann. 5.000 PS schoben den Kraftprotz mit zwölf Knoten fast ungebremst durch das verbackene Trümmereis der Fahrrinne. Südlich Palmerort, der südwestlichen Spitze von Rügen, manövrierte Kapitän Nowak das Schiff ins geschlossene Festeis. »Das wächst nur noch«, erklärte WSA-Chefnautiker, Kapitän Klaus-Peter Nitsch, »wenn die Temperaturen über längere Zeit bei minus zehn Grad liegen.« Außerdem isoliere die Schneedecke das darunterliegende Eis. Doch auch hier rauschte ARKONA problemlos hindurch, vorwärts wie rückwärts. Die um 360 Grad schwenkbaren

ARKONA liegt gestoppt im Eis.

Eisdecke bricht unter dem Schiffsgewicht.

Vereiste Reling auf der Back.

Azipod-Propellergondeln mit Elektroantrieb machten das möglich. Vom kleineren Tonnenleger-Eisbrecher »Ranzow« aus, den Kapitän Michel Witt vorher längsseits der ARKONA zum Übersteigen bugsiert hatte, war das eindrucksvoll zu beobachten. Bei Hartruderlagen legte sich die große Schwester in Schräglage und drehte ihre Kreise im 40 Zentimeter mächtigen Eis. Eine gelungene Premiere unter Alltagsbedingungen.
Für die Schifffahrt ist dieser Service kostenfrei. Auch wenn die ARKONA den Bund täglich 59.000 € kostet, inklusive Abschreibung, Personal und Vorhaltung für diverse Notfälle. Doch müssen, so das oberste Prinzip der Wasserstraßenverwaltung, Sicherheit und Leichtigkeit der Schifffahrt stets gewährleistet sein. Diese Regelung gilt im Übrigen weltweit. Häfen, die wegen Eisverschluss der Zufahrten nicht mehr arbeiten können, würden für die Volkswirtschaft einen großen Schaden bedeuten. »Eisbrecher-Kosten sind ein Klacks dagegen«, resümierte Holger Brydda. Die deutschen Häfen an der östlichen Ostsee profitieren nachhaltig davon.

Info

SUBS/MEHRZWECKSCHIFF ARKONA: Bauwerft: Peene-Werft, Wolgast · Ablieferung: 9/2004 · BRZ: 2100 · Länge: 69,20 m · Breite: 15 m · Tiefgang: 4,50 m · Antrieb: 2 PODs mit 2.700 kW, 4 MTU-Diesel zu je 1.140 kW, 1 x 1.000 kW Pump jet für optimale Bugmanöver · Geschwindigkeit: 15,1 Knoten (max.) · Pfahlzug: 400 kN · Crew: 16 Personen · Unterbringungsmöglichkeiten: 32 Personen.
Reeder ist sozusagen Baudirektor Holger Brydda, der Leiter des Wasser- und Schifffahrtsamtes (WSA) Stralsund, das die ARKONA betreibt und einsetzt. Heimathafen ist daher die Hansestadt. Der etwas größere Vorgängerbau NEUWERK (Länge 77 Meter, 3.422 BRZ) entstand 1998 auf der dortigen Volkswerft und ist überwiegend in der Nordsee stationiert.
SUBS ARKONA wurde im Rahmen der maritimen Notfallvorsorge in Dienst gestellt und schloss damit die letzte Lücke im Gesamtkonzept. Das basiert auf den Empfehlungen des Helsinki-Übereinkommens für die Ostsee-Anrainer-Staaten. Innerhalb von acht Stunden nach Alarmeingang, heißt es darin u. a., muss ein SUBS jede Position im eigenen Seegebiet erreichen können. Einsatzgebiet: zwischen Rostock und der polnischen Grenze.
Aus den stark zunehmenden Schiffsbewegungen im Allgemeinen und dem Transport von gefährlichen Stoffen im Besonderen resultieren verstärkt Gefahren für die Umwelt. Prognosen gehen davon aus, dass bis 2015 der Schiffsverkehr vor den Küsten Mecklenburg-Vorpommerns um 80 Prozent anwachsen werde. Jährlich passieren rund 63.000 Schiffe, davon rund 10.000 Tanker, mit steigender Tendenz, die Kadetrinne. Dadurch ist es notwendig geworden, Spezialschiffe bauen zu lassen, die Öl-, Chemikalienunfälle und Brände bekämpfen, aber notfalls auch havarierte Schiffe schleppen können. Als Mehrzweckschiff

– an der Küste scherzhaft »Eier legende Wollmilchsau« genannt – muss der Allrounder außerdem Eisbrechen. Der dieselelektrische Pod-Antrieb mit seinen schwenkbaren Propellergondeln erlaubt optimales Vor- und Rückwärts-Manövrieren: zum Beispiel in zwei Minuten und sechzehn Sekunden eine 180-Grad-Wende oder einen Drehkreis von 500 Metern Durchmesser oder das Wegspülen von Eis auf engstem Raum wie neben einem festsitzenden Frachter. Folgen könnte er dann in einer 17 Meter breiten Rinne. Die ist meistens zwei Meter breiter als ARKONA, denn ihre Wellen bewegen sich unter dem Eis weiter und brechen es an den Rändern zusätzlich auf.
Außerdem muss sie Seezeichen bearbeiten, schifffahrtspolizeiliche Aufgaben wahrnehmen und lebensrettende Maßnahmen durchführen.
SUBS ARKONA löste zwei Schiffe des WSA Stralsund ab: den 1967 in der damaligen Sowjetunion gebauten und größten deutschen Eisbrecher STEPHAN JANTZEN (2.316 BRZ) sowie den 1969 in Polen entstandenen Tonnenleger BUK (528 BRZ). Beide wurden außer Dienst gestellt und über die VEBEG verkauft.

Die windgeformte Eisoberfläche.

Eis soweit das Auge reicht.

Eis-Exkurs

Die systematische Beobachtung der Eisverhältnisse – erstes und letztes Auftreten des Eises, Eisarten und Eisdicke – begann Ende des vorigen Jahrhunderts. Erst 1903 wurden die Eisverhältnisse an den deutschen Küsten wissenschaftlich untersucht. Die Ergebnisse fanden seit dem Winter 1903/04 Eingang in die Seehandbücher.
Als Eiswinter wird die Zeit zwischen dem ersten und letzten Eisvorkommen eines Winters verstanden, wovon die wenigsten eine zusammenhängende Eisperiode aufweisen.
Charakteristisch ist erstes leichtes Eis im Dezember. Im Januar beginnt dann die Haupteisperiode, aber der typische Eismonat ist der Februar. Langjährige Beobachtungen zeigen, dass sich die Eistermine verschoben haben. Es liegt die Vermutung nahe, dass diese Entwicklung auf den Treibhauseffekt zurückzuführen ist.
Die Eisbildung ist ein komplizierter Prozess. Bestimmend ist hierbei die Wärmebilanz der Wasseroberfläche, die aus dem dominierenden Einfluss der Lufttemperatur resultiert. Nach etwa vier bis sechs Tagen mit negativem Tagesmittel bildet sich erstes Eis im küstennahen Flachwassergebiet. Wasser mit über zehn Meter Tiefe und Strömung friert zuletzt.

Steven steckt in einem Eiswall.

Überwiegende Eisart ist das Festeis, an der Außenküste Treibeis, Pfannkucheneis (tellergroße Eisstücke mit nach oben gebogenen Rändern wegen der im Seegang ständigen Reibung gegeneinander) und Eisbrei (Neueis).

50-Zentimeter-Schollen werden beiseitegedrückt.

Bei Eisaufbruch und starken Winden kommt es zu meterhohen Presseisrücken (im Strelasund wurden über vier Meter gemessen!).
Am Ende jeden Winters werden Eisflächen, Eisdicken (übereinandergeschobene und zusammengeschobene Schollen werden hierbei nicht berücksichtigt) und Eistage addiert und multipliziert. Daraus ergibt sich die »flächenbezogene Eisvolumensumme«.
Für das Abschmelzen sind fünf bis zehn (nach strengen Wintern 20) Tage mit positiven Temperaturmitteln notwendig.
Die relativ starke Vereisung der Küstengewässer Mecklenburg-Vorpommerns hängt mit dem geringen Salzgehalt, der wachsenden Entfernung zur Nordsee, der stark gegliederten Küstenlinie mit vielen flachen Gewässerabschnitten zusammen.

Nach Prof. Dr. Dietrich Birr

BUGSIER 1 in Warteposition an der Weser.

Schlepperfahren – eine Leidenschaft

Mit BUGSIER 1 auf der Unterweser

»Du kannst gleich mal ›rumkommen‹«, lädt mich Norbert Gottschalch telefonisch ein. Der Rostocker ist Kapitän des Seeschiff-Assistenzschleppers Bugsier 1 in Bremerhaven. Ich dagegen bin Passagier des Containerfrachters MSC Lausanne, der ganz in der Nähe am Eurogate festgemacht hat.

»Wir liegen direkt hinter dem ›Affenfelsen‹«, hat mir Norbert zur Orientierung mit auf den Weg gegeben. Damit meinte er den Bremerhavener Zoo am Weserdeich.
Bullig und kompakt, das ist mein erster Eindruck, als ich BUGSIER 1 am Schlepper-Ponton zwischen den Dalben entdecke. Ein Hafen-»Arbeitstier« im Gegensatz zu seinem großen Bruder, dem Hochsee- und Bergungsschlepper OCEANIC, auf dem ich Norbert kennengelernt habe.

Kurze Einflugschneisen

Trotz seiner »bescheidenen« Abmessungen – 30,65 Meter Länge, 11,70 Meter Breite, 6,50 Meter Tiefgang – bringt die 2005 in Holland gebaute hochmoderne BUGSIER 1 beachtliche 5.050 kW auf ihre beiden um 360 Grad drehbaren Twin-Schottel-Ruderpropeller in je einer Kortdüse. »Damit können wir vorwärts wie rückwärts, links wie rechts fahren«, erklärt Norberts Ablöser Tobias Pietsch, der als Kapitän die nächste 14-Tage-Schicht übernimmt. »Mit diesem flexiblen Antriebssystem, das unsere Wendigkeit und eine Pfahlzugleistung von 65 Tonnen möglich macht«, ergänzt Norbert, »können wir auch größte Seeschiffe ziehen, bremsen, drehen und an die Kaimauer drücken«. Mit anderen Worten: Ein Seeschiff-Assistenzschlepper ist immer dann gefragt, wenn die Manövrierfähigkeit eines Seeschiffes nicht ausreicht. Ihr Revier umfasst die Seehäfen Bremen, Bremerhaven, Brake und Wilhelmshaven. »Von hier aus nur kurze Einflugschneisen«, grinst Norbert.

Nur nichts verreißen

»Alles klar? Na, dann wollen wir mal«, gibt Gottschalch locker das Kommando zum Ablegen. Kurz vorher hat er einen Anruf von der Leitstelle bekommen. In der sind die Bugsier-, Reederei- & Bergungs-Gesellschaft und die Unterweser-Reederei (URAG) zusammengeschlossen. »Früher«, so Norbert, »waren wir Konkurrenten, heute kooperiert man und hilft sich. Bei diesem Schifffahrtsboom schreit alles nach Schleppern«.
Der Wachhabende in der Leitstelle teilt die Jobs zu. Er entscheidet, erfahre ich, wie viele Schlepper losgeschickt werden. Das hängt von der Schiffsgröße, den Witterungs-, Strömungs- und Windbedingungen ab. Als oberster Grundsatz gilt die »Sicherheit und Leichtigkeit des Schiffsverkehrs«. Im Rückblick auf seine Anfänge meint Norbert: »Dann bin ich immer froh gewesen, wenn ich den Lotsenanweisungen folgen konnte und ein Manöver nicht verrissen habe.«

Verholmanöver

Tobias Pietsch schwingt sich in seinen Fahrstand und startet die immer vorgewärmten Deutz MWM-Doppelmotorenanlage, die bullernd auf Touren kommt. Torsten Klein, 1. Technischer Offizier, und Schiffsmechaniker Olaf Ruge lösen an Deck und an Land die Leinen von den Pollern.
Voraus liegt an der Pier das holländische Container-Feederschiff WMS GRONINGEN. »Der hat Maschinenschaden«, sagt Torsten, »wir müssen ihn verholen.« Mit leichter Hand, fast spielerisch, dreht er

die Fahrhebel nach rechts und drückt sie sachte in Vorausstellung. Im Nu löst sich Bugsier 1 vom Ponton und dreht in den schlickbraunen Fluss mit seinem tidebedingt schnell – bis zu vier Knoten! – ablaufenden Wasser.

Rückwärts schiebt sich der Schlepper behutsam unter den Bug. Auf der Back stehen Matrosen »klar bei Wurfleine«. Achtern hat der URAG-Schlepper Weser angepackt. »Jetzt ist Fingerspitzengefühl gefragt«, wirft Norbert ein, »denn da muss man vordenken und genau wissen, worauf es ankommt.« Zudem sei Bremerhaven ein anspruchsvolles Revier. »Da musst du fahren können«, betont Norbert. Und das können sie, die Männer von Bugsier 1!

Schlepper-Künste

Olaf Ruge verknotet auf dem Achterdeck die Wurfleine mit der daumendicken Jagerleine, auch Aufholer genannt. Nur mit ihr kann die zentnerschwere vier Zentimeter dicke Schlepptrosse an Bord gehievt werden. Die dünne Wurfleine würde unter dem Gewicht reißen.

Als der Jager an Bord ist, löst Olaf die Wurfleine und verbindet den Aufholer mit der Schleppleine. Die ist um die Trommel der Schleppwinde gewickelt. Beide Leinen sind zusätzlich mit einer kurzen, aber dicken Kunststoffleine verbunden. Dieses Stück, auch »Recker« genannt, federt die Zugbelastungen ab und verhindert so ein Brechen des Schleppdrahts.

Die Frachter-Matrosen ihrerseits hieven auf Olafs Handzeichen den Draht auf und legen das Auge um einen Poller. Torsten meldet von seinem drehbaren Hochsitz mit voll verglastem Blick nach achtern an den Hafenlotsen: »Bugsier 1 vorn fest!« Ebenso wie die »Weser« von achtern.

Auf Lotsenanweisung zieht Torsten mit der Winde den Schleppdraht »tight«, zu Deutsch: straff, und dreht nach Steuerbord. Schwerfällig löst sich der Frachter von der Pier. Über den Achtersteven – Weser zieht jetzt, während Bugsier 1 achtern hält und lenkt – gleitet MS WMS Groningen an seinen vorgesehenen Liegeplatz.

Arbeit mit Schlepperdraht und Leine.

Leinen-Manöver und Sauerkraut

Festmacher sorgen an Land für das Vertäuen der Leinen: Vorspring vom Vorschiff nach achtern, Achterspring vom Achterschiff nach vorn; sie verhindern, dass sich das Schiff in Längsrichtung bewegt. Vor- und Achterleine halten das Schiff am Kai. An Deck des Frachters holen die Matrosen die Leinen mit den Winden (auch Winschen genannt) dicht.

Bugsier 1 dreht ab. Job erledigt. Kurze Pause am Liegeplatz vor der Kaiserschleuse mit anderen Schleppern. Und die Kosten?, möchte ich wissen. »Berechnet wird nach BRZ des Schiffes«, antwortet Norbert.

Aus der Kombüse duftet es verlockend. Olaf steht am Herd und brutzelt das Abendessen. »Kochen ist mein Hobby, auch zu Hause in Putbus auf Rügen«, lacht er und füllt den Topf mit Sauerkraut. »Dazu Bratkartoffeln und Blutwurst – ein Genuss!«, leckt er sich die Lippen. Bis mittendrin der nächste Job ruft, einer von sechs in dieser Tagesschicht seit Mitternacht. MS Washington Express, ein kleiner Container-Riese, ist klar zum Auslaufen. Wieder heißt es »Leinen los!«, aber Olaf hat seine Dinnervorbereitungen gerade noch geschafft.

Zurück am »Affenfelsen«-Schlepper-Ponton. »Wenn man sich jetzt mit dem Anlegemanöver Zeit lässt«, grinst Norbert, »macht man sich keine Freunde.« In der Freiwache wollen sie nur eins: schlafen. »Dennoch«, sagt Norbert beim Abschied, und seine beiden Kollegen pflichten ihm bei: »Schlepperfahren, das ist mein Leben, das wollte ich schon immer!«

Auf Küstenwache

Eine Nordsee-Schicht mit SUBS MELLUM

Mehrere deutsche Spezialschiffe zur Öl- und Brandbekämpfung liegen einsatzklar auf Position und in den Häfen, darunter auch das Flaggschiff des Wasser- und Schifffahrtsamtes (WSA) Wilhelmshaven, das MS MELLUM der Küstenwache.

Die neue Schicht hat ihre Arbeit aufgenommen. Der Kranführer lässt den 12-Tonnen-Bockkran ausschwenken über die bunte Reihe der verschiedenartigsten Tonnen, die bäuchlings an der Pier liegen. Drei Fahrwassertonnen werden an Deck gehievt und von zwei Matrosen seefest gelascht. Das signalisiert die Grundauslastung des Schiffes, nämlich seinen Einsatz als Seezeichenfahrzeug, sprich Tonnenleger (übrigens mit 1.702 BRZ eins der größten Europas), und zwar 1.600 Stunden pro Jahr.
Pünktlich um 17.00 Uhr erscheint der Kapitän hoch oben in der Steuerbordnock. Der wachhabende Steuermann, ein erfahrener Kümo-Kapitän und die Ruhe selbst, hat sich vor dem zentralen Instrumentenpult der modernen Brücke mit Rundumsicht postiert. »Leinen los und ein!« Drei kurze Typhon-Dröhner kündigen das Rückwärtsmanöver an. Mit ganz langsamer Fahrt dirigiert der Kapitän über Verstellpropeller und Bugstrahlruder (700 kW) vom Tochterfahrstand aus das Schiff aus dem engen Hafenbecken, der ehemaligen Ersten Einfahrt, die der MELLUM wie angegossen passt.
Hinein gleiten wir in den riesigen Schleusentrog. Vorbei geht es an den »grauen Kollegen« der Deutschen Marine durch die Vierte Einfahrt ins offene Fahrwasser der Jade. Ein überdimensionales Schild am Molenkopf schickt uns gute Wünsche hinterher. Wir passieren in gebührendem Abstand die kilometerlange Löschbrücke der NWO. Ein Supertanker dreht gerade in den auf 20 Meter ausgebaggerten Tiefwasserweg. Geradezu winzig erscheint dagegen unsere MELLUM mit ihren 71,50 Metern Länge, 15,11 Metern Breite und 5,76 Metern Tiefgang – umso umfangreicher ist jedoch ihr Aufgabenkatalog.

SUBS MELLUM in bewegter Nordsee.

Kursverlauf metergenau

Das erste Kapitel: »Sie werden vermutlich schon auf Grund der Deckslast einen Teil unserer Arbeit auf diesem Törn ahnen: schwimmende Schifffahrtszeichen auszulegen, aber auch einzuziehen, zu überwachen, zu kontrollieren, zu säubern und anzuzünden. Dem dient auch das große Arbeitsdeck und der Spezialkran. 140 Tonnen, davon 55 Leuchttonnen, müssen wir in bestimmten Zeitabständen im Seegebiet des Küstenmeeres und des Festlandssockels regelmäßig kontrollieren. Die Länge der zu betreuenden Schifffahrtswege beträgt rund 140 Seemeilen oder 225 Kilometer.« Der Kapitän wendet sich nach dieser Einführungslektion wieder den Sichtgeräten zu, die den Kursverlauf metergenau anzeigen. »Das ist wichtig bei Seezeichenarbeiten, wobei ja exakt positioniert werden muss«, ergänzt der Steuermann, der das Schiff über den Joystick (Einhebelsteuerung) fährt. Querab Hooksiel ist ein Ankerlieger auszumachen: das Wracksuch- und Vermessungsschiff ATAIR (915 BRZ) vom Deutschen Hydrographischen Institut (DHI) in Hamburg.

Der Erste Steuermann der MELLUM, der inzwischen die Seewache übernommen hat, tauscht noch ein paar Informationen mit dem Kollegen aus, bis sie ein Tankerwarnruf von der Revierzentrale Wilhelmshaven (Radarberatung) unterbricht.
Kurz darauf durchdringt das Rufzeichen des Gemeinsamen Lagezentrums See der Küstenwache in Cuxhaven die Brückenruhe. Der Erste meldet sich, nennt Schiffsort, Kurs und Kontrollaufgaben an

Arbeitsboot längsseits einer Tonne: Der Leuchtaufsatz wird gewechselt.

der Wasserstraße. »Tschüß, bis später«, denn das Ritual wiederholt sich alle zwei Stunden.

Wir dampfen mit nordwestlichem Kurs durch die »Precautionary Area«, ein Sicherheitsstreifen, der die Verkehrstrennungsgebiete verbindet. Erhöhte Aufmerksamkeit ist geboten, da hier nahezu alle Kurse zu Elbe, Weser und Jade zusammenlaufen. Auf der Seekarte ähneln sie zwei Autobahnsystemen, einem nördlichen und einem südlichen mit je einem Fahrstreifen in jede Richtung. Dazwischen liegt eine Trennzone, die tabu ist, mit Ausnahme für die Fischerei.

MS Mellum steuert den Weg Deutsche Bucht – Terschelling an, um während der Nacht die Tonnen zu kontrollieren.

Geisterfahrer zur See

»Mal sehen, wen wir da wieder erwischen«, sagt der Erste augenzwinkernd, denn er kennt seine Pappenheimer: »Wenn zum Beispiel ein Fahrzeug das Verkehrstrennungsgebiet grob fahrlässig kreuzt oder wie ein Geisterfahrer zur See in die falsche Richtung fährt. Das trifft weniger auf die Profis zu, Sorgenkinder sind vielmehr die ›Lustschiffer‹, deren Zahl stark zugenommen hat.«

Aufpassen müsse man auch auf die holländischen Fischer aus dem Ijsselmeer-Städtchen Urk. Einige fischen immer wieder im Verkehrstrennungsgebiet und auch gegen die Fahrtrichtung. Da ist eine 1.000-€-Anzeige fällig, bei manchen schon zum vierten Mal.

Grundsätzlich kann die Mellum-Schiffsführung innerhalb der Drei-Meilen-Zone bei einem Sünder längsseits gehen (außerhalb nur mit Erlaubnis des Kapitäns) und direkt vor Ort Anzeige erstatten, die dann an die Wasserschutzpolizei zum Abkassieren weitergeleitet wird. Der Kapitän fungiert an Bord als Ermittlungsbeamter der Staatsanwaltschaft. Sein Beamtenstatus erlaubt es ihm, nach Vorlage des Dienstausweises, hoheitsrechtliche Aufgaben wahrzunehmen. Darauf wird die Besatzung in Lehrgängen an der Wasserschutzpolizei-Schule Hamburg vorbereitet.

Tonnen-Ausflüge

Während der Erste Steuermann das kleine Boot in weitem Kreis um die Tonne mit dem Mann an Bord steuert, wird die Mellum durch ihre zwei Spezialflossen-Schweberuder auf Position gehalten. Schließlich müssen von mehreren Tonnen die schweren Ketten an Bord gehievt und auf ihren Zustand hin überprüft werden. Bei der einen ist ein Schäkel verbogen, bei einer anderen haben sich einige Kettenglieder durch das Schleifen über Grund abgenutzt, zwei Fälle, bei denen allein aus Sicherheitsgründen eine neue Kette angeschäkelt werden muss. An den meisten Tonnen hat sich nach einem Jahr Seezeit ein dicker Muschelbart festgesetzt, von dem sie gesäubert werden. Beim Gang über das Arbeitsdeck komme ich mir vor wie ein Strandläufer, wenn die Miesmuscheln unter meinen Schuhen krachen.

Selbstständig gemacht hat sich eine dritte Tonne. Messungen zeigen eine Differenz von gut 1.000 Metern gegenüber der Seekartenangabe. Ursache dieses Drift-»Ausflugs«: Die 75 Meter lange Kette (bei 25 Metern Wassertiefe) hat sich vertörnt, ist dadurch verkürzt worden und muss das Drei-Tonnen-Grundgewicht angehoben haben. Manche schaffen es, sich pro Tag fünf bis sechs Seemeilen davonzustehlen. Aufmerksame Kapitäne melden das sofort. »Wie gut, dass wir hier kontrolliert haben«, bewertet der Kapitän seine freie Entscheidung, die auch er als weisungsgebundener Staatsdiener treffen kann. »Früher steuerten wir eine festgelegte Strecke, sodass wir manchmal schon fast zu einem Schifffahrtshindernis wurden. Das verstieß ja im Prinzip gegen eine unserer Aufgaben, nämlich Gefahren abzuwehren und die Leichtigkeit des Schiffsverkehrs zu ermöglichen«, erläutert er.

Wahres Seemannsgarn

Kapitän und Besatzung können auch so manches (wahre!) »Seemannsgarn spinnen«:

Der polnische Frachter, der beim Ölablassen in flagranti erwischt wurde und vor der MELLUM in internationale Gewässer flüchtete. Hier half eine Meldung an die BP, und dem Täter konnte eine Anzeige aufgebrummt werden.
Wenn sich ein Schiff bei bestimmten Ansteuerungspunkten nicht meldet, kann man es schon einmal mit einer Verwarnung bewenden lassen.
Auf den ersten Blick harmlos erscheinen die Anfragen von sogenannten Sportbooten, wo man sich denn befinde oder welche Richtung man denn steuern müsse. Oft endet dieser bodenlose Leichtsinn mit offenen Booten ohne jegliche Ausrüstung in einer aufwendigen Rettungsaktion. Nordsee ist immer noch Mordsee, überwiegend vom Menschen selbst verursacht.
Über die Nonchalance eines »professionellen Kollegen« konnte man nur schmunzeln. Ein Hochseeschlepper der brasilianischen Marine (auf dem Weg zur Kieler Woche!) musste sich an die Ankerkette legen: ohne passende Seekarte war er hilflos. Eine völlig veraltete Überseglerkarte im Millionenmaßstab, gesprenkelt mit Kaffee- und Fettflecken, taugte nicht mehr zum Navigieren. MELLUM half. Der Erste zeichnete den Kurs nach Cuxhaven sowie die Seezeichen ein und beschrieb den Weg. Beim ZMK Cuxhaven wurden neue Seekarten geordert. Beschenkt mit brasilianischem Kaffee gleich kiloweise kletterte der Erste von Bord. Wie der Schlepper aber von Rio bis Borkum gekommen ist, das bleibt ein Rätsel.
Ein anderes Mal wurden einem Containerfrachter im Sturm mehrere »Kisten« von Bord gewaschen. MELLUM beobachtete und sicherte die treibenden Schifffahrtshindernisse.
Tragisch war der Einsatz bei zwei Schiffsuntergängen. Nach der Rettung der Seeleute dampfte MS MELLUM so lange in der Nähe der Wracks, bis sie – für andere Schiffe keine Gefahr mehr – auf Tiefe gegangen waren.
Eine Ölkatastrophe konnte Ostern '88 verhindert werden, als das DDR-Kühlschiff HEINRICH HEINE vor Brunsbüttel mit einem anderen Frachter kollidierte, ein Ereignis, von dem die Presse wegen der Feiertage kaum Notiz nahm. Fotos des Kapitäns belegen das katastrophale Ausmaß dieses Unfalls. Die MELLUM-Männer bargen die unter Schock stehende Besatzung, pumpten die Schwerölvorräte in die eigenen Tanks, übernahmen die Sicherung des tief aufgerissenen Wracks, konnten es anschließend auf den Haken nehmen und nach Hamburg einschleppen.

Eine Tonne wird zur Kontrolle an Deck gehievt.

Ölsperren und Schlepptest

Nicht umsonst gilt das Mehrzweckschiff mit seinen bulligen 9.000 PS und 110 Tonnen Pfahlzug als einer der stärksten Bergungsschlepper an der Küste. 1.000 Meter Draht mit einer Stärke von 10 Zentimetern und einem Gesamtgewicht von 17 Tonnen liegen in einem besonderen Trommelraum bereit. »Wenn ein dringender Schleppeinsatz ansteht, z. B. eine Tankerhavarie, und keine anderen Schlepper greifbar sind, müssen wir unsere Ölauffangvorrichtung und den Container mit der aufblasbaren Ölsperre außenbords werfen«, erläutert der Erste diese mögliche Situation. »Natürlich markieren wir die Versenkungsstelle mit einer Boje, um das Gerät wieder auffischen zu können. Der auf Schienen rollende Bordkran wird dann bis an die Achterkante der Aufbauten gefahren, um Spielraum für die schweren Schlepptrosse zu gewinnen. Sie würde sonst um sich und alles kurz und klein schlagen.«

Der Ölfangarm ist ausgefahren.

»Das war schon eine aufregende Sache, mal was ganz anderes als die Alltagsroutine«, kommentiert einer doch recht stolz das flimmernde Geschehen, »auch wenn's manchmal bis an den Rand der Erschöpfung ging.«
Bei finnischen Eisbrecher-Kapitänen, die als klassische Experten auf diesem Gebiet gelten, sind die drei MELLUM-Kapitäne in die Lehre gegangen.
Szenen- und Ortswechsel. An der Kimm in 20 Seemeilen Distanz taucht der rote Felsklotz von Helgoland auf. Die Sicht ist klar, das Wetter gut. Der Kapitän drückt das Schiff sanft an die Pier. Gegenüber liegt ein Zunftnachbar: das Klappschiff zur Ölbekämpfung EVERSAND der Deutschen Marine. Das Spezialschiff hat unverrichteter Dinge seine Warteposition in der Nähe der brennenden Bohrplattform verlassen müssen. Wind und Seegang hätten einen Einsatz unmöglich gemacht, wie ein Besatzungsmitglied erzählt.
Die Liegezeit im Helgoländer Hafen wird genutzt, um eine Fahrwassertonne, die für das WSA Emden bestimmt ist, an Land zu setzen; um schnell mal zu Hause anzurufen oder auch um zollfrei einzukaufen. Nach dreieinhalb Stunden Beinevertreten heißt es wieder: »Klar vorn und achtern!«
Bald nach dem Auslaufen scheint es, als durchschneide die MELLUM einen kilometerlangen roten Teppich. Keine Ölverschmutzung, kein Algenteppich, wie manche vermuten. Eine Nachfrage bei der Wasserschutzpolizei, die eine Wasserprobe hat untersuchen lassen, ergibt als erstaunliches Ergebnis: Fischlaich. Millionen von Fischen müssen hier ihr klebriges Eimaterial abgelegt und dadurch für menschliche Verwirrung gesorgt haben. Seitdem heißt das Seegebiet um den roten Buntsandsteinfelsen nur noch das »rote Meer«.

Eine Kohrtdüse um den Propeller sorgt für hohe Schubleistung bei Schlepp- und Eiseinsätzen. Testobjekt für eine Schleppprobe war der 10.000-Tonnen-Bagger NORDSEE vom WSA Emden, übrigens der letzte staatliche Großbagger an deutschen Küsten. Ein Matrose zeigt mir ein Fotoalbum voller Erinnerungen an seine NORDSEE-Zeit.
Von einem kuriosen Einsatz weiß der Kapitän zu berichten. Er musste einem Schleppzug eine Anzeige verpassen wegen Falschfahrens – an sich nichts Aufregendes. Der Clou dabei: Am Haken des Schleppers hing sein letzter Frachter, der sich auf der Reise in die Abwrackwerft befand.
Alltäglich, leider, sind Anzeigen gegen Motoryachten, die zum Beispiel das Verkehrstrennungsgebiet gegen die vorgeschriebene Richtung befahren. Das kostet laut detailliertem Bußgeldkatalog 120 €. »Viel zu wenig«, wie manche im Hinblick auf die Gefahren meinen. Noch an Bord wird ein Anzeigenprotokoll aufgenommen, eine Kopie der Plotkarte angefertigt und es werden Zeugen benannt.
Mancher »gewitzte« Bootsbesitzer versucht, die Situation ins Gegenteil zu verkehren, indem er die MELLUM des Falschfahrens oder der Behinderung bezichtigt. Das kostet Zeit, Geld und Nerven, auch wenn die Küstenwächter zweifelsfrei im Recht sind.

Eiseinsatz und roter Teppich

Auf besonderen Wunsch läuft am Abend ein besonderer Video-Film, gedreht von einem Steuermann der 1. Schicht: winterliche Eisbrechereinsätze. Der ZDF-Krimi hat dagegen keine Chance. Die MELLUM boxte sich und andere Schiffe an insgesamt 40 Tagen durch das Eis der Ostsee. Ihre Eisklasse E 3 taugt samt klassischem Eisbrechersteven für schwere Eisverhältnisse. Geschlossene Eisdecken bis 70 Zentimeter Stärke konnten noch mit zwölf Knoten durchpflügt werden.

Kontrolle, Wracks und Wasserkanone

Mit südlichem Kurs wird »Außenelbe-Reede I« angesteuert. Auf Rufweite manövriert der Erste Steuermann an die dort zu Anker liegenden Frachter heran. »Mal sehen, ob einer Öl eingeleitet oder Müll versenkt hat. Für solche Fälle haben wir einen Analysekoffer dabei, um Proben zu nehmen und den Sünder direkt zu überführen«, sagt er, das Fernglas vor Augen. Er weist mich dann auf die merkwürdige Aufhängung des Ankerballs bei einem ägyptischen Frachter hin, der ansonsten einen recht manierlichen Eindruck macht. »Auch das gehört zu unserem Job, dass wir die Kennzeichnungen überprüfen.« Wir werden dabei von der »anderen Seite« nicht minder argwöhnisch beobachtet.
Nordwestlich der Reede fällt eine für die Brückenbesatzung völlig andere, nämlich wissenschaftliche Arbeit an: zwei Uralt-Wracks, die am Tiefwasserweg liegen, per Echolot zu vermessen. Diese Aufgabe teilen sich halbjährlich die Schiffe des WSA mit denen des BSH.

Im Logbuch-Tageseintrag liest sich das viel schlichter: »Vermessungsarbeiten Wracks Kopa Trader, Köbenhavn; 19:00: Tiefwasserreede 54°02'N, 07°28'E.«
Der nächste Tag soll noch einen Höhepunkt bringen, denn was wäre die geforderte ständige Einsatzbereitschaft ohne Übungen. Öl hat oft auch mit Feuer zu tun. Also müssen die vier Feuerlöschmonitore, auch Wasserkanonen genannt, in Aktion treten. Meint der Bootsmann in rein friedlicher Absicht zum Ersten: »Und schieß damit nicht wieder die Ankerlaterne vom Mast!« Die haushohen Fontänen aus viermal 4.000 Litern Seewasser pro Minute demonstrieren geballte Löschkraft.
Gleichzeitig lässt der feine Sprühnebel der Außensprinkleranlage das Schiff hinter einem weiteren Wasservorhang fast ganz verschwinden. Genauso wie der Gasverschlusszustand – alle Schotten werden geschlossen und auf Gasdichtigkeit überprüft – dient das dem Eigenschutz in öl- und gasverseuchten Seegebieten, über denen sich ein explosives Gas-Luft-Gemisch bilden kann.
Mit dem geschlossenen Rettungsboot wird die Fahrt durch eine Feuerwand simuliert. Auch hier werden alle Luken abgedichtet, für maximal zehn Minuten (mehr sind aus Gesundheitsgründen nicht erlaubt), und die Sauerstoff- und die Sprinkleranlage geöffnet. »Blindflug« nennt der Mann am Ruder diesen »Fahrstil«. Man hat in dem schwankenden Polyester-Gefährt das ungute Gefühl, als hocke man in einem defekten Raumschiff.
Es geht jetzt Schlag auf Schlag, wie im Ernstfall. Die beiden 15 Meter langen Sweeping-Arme zum Öleinfangen werden an je zwei Aussetzdavits an Backbord und Steuerbord zu Wasser gelassen. Zusammen mit der aufblasbaren Ölsperre, die auf einer Rolle im Container an der Heckpforte aufgewickelt ist, wird das (zum Glück nicht vorhandene) Öl zusammengeschoben. Das Öl-Wasser-Gemisch könnte dann durch verschiedene Systeme abgeschöpft und in sechs insgesamt 1.040 Kubikmeter fassende Tanks gepumpt werden. Bei Windstärke fünf ist allerdings Schluss damit, würden doch die Fangarme seegangsbedingt abknicken. Ein Handicap, obwohl die Nordsee als eines der stürmischsten Meere der Welt gilt.

Mädchen für alles

Im Oktober '87 musste die Mellum sogar einen Orkan mit über 13 Meter hohen Wellen abreiten, was sie ohne Schaden überstand. Die Manöverkritik nach der Übung bestätigt eine schnelle Einsatzbereitschaft, denn Katastrophen auf See sind immer ein Wettlauf gegen die Uhr. Schwere See oder Feuer, Verletzungen und eisiges Wasser sind tödliche Bedrohungen.
Für einen Einsatz an Unglücksstellen der Nordsee-Bohrinseln sind Schiff und Besatzung gerüstet.
Wenig Chancen haben Umwelt- und Verkehrssünder gegen das Schiff, in dessen Dienstanweisung steht: »Mit der für die Schifffahrt ständigen Präsenz mit dauernd und in unregelmäßigen Zeitabständen wechselnden Positionen soll in erster Linie ein Abschreckungseffekt vor vorsätzlichen und fahrlässigen Verstößen erzielt werden.«
MS Mellum – könnte das nicht auch heißen: »Mädchen für alles«? Was bewiesen worden ist. Die achttägige Kontroll-, Überwachungs- und Übungsfahrt neigt sich dem Ende zu. Der Besatzungswechsel steht bevor.
Die Männer müssen mit dem Gedanken an eine Katastrophe leben. Sie alle bewegt die Frage: Wann wird der nächste Nordsee-Alarm kommen?

Info

Die ***Mellum*** ist ein Mehrzweck- und Gewässerschutzschiff des Bundes. Sie wird vom Wasser- und Schifffahrtsamt Wilhelmshaven betrieben. Das Schiff wird eingesetzt als Tonnenleger und zur Unterhaltung von Schifffahrtszeichen (Schifffahrtszeichenfahrzeug), zur Schadstoff-Unfallbekämpfung, Brandbekämpfung, für Hilfeleistungen auf See (insbesondere das Notschleppen), als Eisbrecher und für schifffahrtspolizeiliche Aufgaben.
Der Einsatz als Schifffahrtszeichenfahrzeug stellt dabei den Schwerpunkt des Schiffes dar. Für die Brandbekämpfung verfügt das Schiff über fünf Löschkanonen (Monitore), die alle von der Brücke des Schiffes aus fernbedient werden können.
Das Schiff ist in das System der Überwachung von Meeresverschmutzungen aus der Luft Dornier Do 228 LM als Koordinationsstelle auf See eingebunden. Es erhält über Link die von den Flugzeugen gesammelten Daten direkt auf eine spezielle Bodenstation übermittelt und kann damit die Schutz- und Bekämpfungsmaßnahmen einleiten und führen.
In strengen Wintern, in denen sich auf der Ostsee Eis bildet, das zu einer Behinderung der Schifffahrt führt, kann die Mellum als Eisbrecher eingesetzt werden. Sie wird dafür der »Zentralen Eisdienststelle« der Wasser- und Schifffahrtsdirektion Nord in Kiel unterstellt. Zum Eisbrechen ist das Schiff mit einem Eisbrechersteven und verstärkter Bordwand ausgerüstet. Das Schiff verfügt über die Eisklasse E3.
Die Mellum wurde mehrfach modernisiert. Zuletzt 1999 um 7,5 m verlängert, wodurch die Längsstabilität verbessert werden konnte.
Technische Daten: Schiffstyp: Mehrzweckschiff; Vermessung: 2.546 BRZ, 763 NRZ; Länge (ü.a.): 80,45 m, Breite (ü.a.): 15,11 m, Tiefgang: max. 5,80 m; Geschwindigkeit: 15,6 kn; Besatzungsstärke: 16; Pfahlzug: 1.000 kn (100 t); Baujahr: 1984, Bauwerft: Elsflether Werft AG, Elsfleth; Flagge: Deutschland; Rufzeichen: DBPG; Betreiber: Wasser- und Schifffahrtsamt Wilhelmshaven.

Seelotsen – unverzichtbar?
Ältermann der Lotsenbrüderschaft Wismar-Rostock-Stralsund (WiRoSt) im Gespräch

Reeder, Häfen und Schiffsmakler würden es gern sehen, wenn mehr Schiffe von der Lotsenannahmepflicht befreit und die Lotstarife gesenkt werden würden. Denn der Kosten- und Konkurrenzdruck nimmt stetig zu und damit auch der Zwang, sich nach Einsparungsmöglichkeiten umzusehen.

Ältermann der Lotsenbrüderschaft WiRoSt, Dr. Christian Subklew.

Lotsen arbeiten in freien Brüderschaften als Selbstständige, die aber der Aufsicht durch das Bundesverkehrsministerium unterliegen.
Der Stress für die Besatzungen an Bord infolge enger gewordener Fahrpläne und höherem Verkehrsaufkommen wird dauernd größer. Infolgedessen ist bei Schiffsunfällen eine steigende Tendenz festzustellen. Kapitäne hingegen sind froh, wenn ihnen in fremden Revieren erfahrene Lotsen zur Seite stehen, die sie in allen schwierigen Situationen fachkundig beraten.
Ich (PSW) habe mich daher mit dem amtierenden Ältermann, Vorsitzender der Lotsenbrüderschaft Wismar-Rostock-Stralsund (WiRoSt), Dr. Christian Subklew, über einige wichtige Fragen unterhalten. Das größte deutsche Schifffahrtsrevier zwischen Lübecker und Pommerscher Buch untersteht seiner Lotsaufsicht.

PSW: Welche Eigenschaften prägen das Berufsbild der Seelotsen?

Subklew: Erfahrungen, Einsatzbereitschaft, Entscheidungsfreudigkeit, Teamgeist, Zuverlässigkeit und Verantwortungsbewusstsein sind die Eingangsvoraussetzungen für unseren Beruf. Hinzu kommen im Rahmen der Ausbildung eine Fülle spezieller Kenntnisse in der Manöverkunde und den Manövriereigenschaften der unterschiedlichsten Schiffstypen, verbunden mit den Besonderheiten des jeweiligen Seelotsreviers und seiner speziellen Vorschriften.
All dies sind herausragende Merkmale unseres Berufes. Der Gesetzgeber verlangt von uns, als wichtigem Teil des Verkehrssicherungssystems, die optimale Sicherheit für Mensch und Umwelt in unseren Seelotsrevieren, aber auch die Bewahrung des freien ungestörten Zugangs zu und von unseren Häfen für alle Verkehrsteilnehmer des nassen Elements.
Der Eigentümer und Betreiber von Schiff und Ladung erhält zudem die größtmögliche Sicherheit für seine Crew und seine Sachwerte durch hochqualifizierte Spezialisten. Nach dem Verursacherprinzip werden die Lotskosten ausschließlich vom Nutzer, d. h. der Schifffahrt, finanziert.
Den ausbildenden Reedereien, den Fachhochschulen und den Aufsichtsbehörden verdanken wir die notwendige Eingangsqualität der Bewerber für den Beruf des Seelotsen. Qualität, die sich nach der umfangreichen Ausbildung in allen Stufen des Werdegangs schließlich durch das umfassende Verständnis für die Belange aller Beteiligten, an Bord wie an Land, auszeichnet.

PSW: Aus eigener nautischer Erfahrung weiß ich, dass die Belastungen der Lotsen hoch sind. Sehen Sie selbst und Ihre Kollegen den Lotsen-Beruf als »Knochenarbeit« an?

Subklew: Physisch gesehen insofern, als wir häufig bei Sturm und hohem Seegang auf den Lotsenbooten kräftig durchgeschüttelt werden und der ganze Körper zugleich dagegen »arbeiten« muss. Das Klettern auf einer neun Meter langen Lotsentreppe an einer nassen Bordwand erfordert uneingeschränkte Gesundheit, Kraft und Geschicklichkeit. Dazu manchmal noch ein schweißtreibender Fußmarsch durch -zig Decks bis auf die Brücke, wonach man sofort präsent sein muss.
Die Seeberufsgenossenschaft ordert den Lotsendienst nicht umsonst als »gefahrgeneigte Tätigkeit« ein. Im Winter bei Eis und Schnee sowie bei Nacht und Nebel wird das besonders deutlich. Manch ein Kollege verlor dabei sogar sein Leben. Im psychischen Bereich nervt das Warten auf den Abruf. Man weiß nie, wann der nächste Anruf und was für ein Schiff da auf einen

zukommt. Darunter sind leider auch Schiffe, mit denen ich jedenfalls nicht raus auf See fahren würde.
Dies alles vor dem Hintergrund von 263 Arbeitstagen im Jahr mit einem ständigen Dienst- und Bereitschaftssystem – 24 Stunden am Tag und natürlich auch an Sonn- und Feiertagen bei fluktuierender Schifffahrt.

PSW: Welche externen Faktoren haben Ihnen in letzter Zeit die größten Probleme bereitet?

Subklew: Die letzten Jahre sind von der sich abzeichnenden Gefahr für die ständige Verfügbarkeit qualifizierter Lotsen für das deutsche Verkehrssicherungssystem durch einen dramatischen Nachwuchsmangel geprägt gewesen.
Das historische Auf und Ab im Personalmanagement der deutschen Seeschifffahrt ist an sich nichts Neues. Kunstgriffe, wie die Herabsetzung der Qualifikation durch STCW 95, oder wie damals A5/2, können den derzeitigen Personalbedarf an Bord und an Land nicht mehr decken. Seit 1990 ist dieser Trend unübersehbar in diversen Studien belegt worden.
Heute fehlen über 16.000 Schiffsführungskräfte, für das Jahr 2010 wird ein weiterer Bedarf von über 46.000 prognostiziert. Diesem Trend gilt es, gemeinsam mit allen Beteiligten entgegenzuwirken.
Der rasante Aufwärtstrend im Bereich Schifffahrt bietet den jungen Menschen eine gute Zukunftsperspektive mit einer hervorragenden Ausbildung im Primärbereich. Im Sekundärbereich bieten sich weitere attraktive Berufe , wie z. B. der Beruf des Lotsen.
Die derzeitige durchschnittliche Verweildauer von nur 4,7 Jahren für Patentinhaber in der Seeschifffahrt ist – gemessen an der langen Ausbildungszeit – nur kurz. Seefahrt ist in seiner Urform für den Menschen kein typischer Beruf bis zum Erreichen des Rentenalters. Die berufliche Um- und Neuorientierung wird zunehmend von Lebenspartner und Kindern stark beeinflusst.

PSW: Wie stehen die Reeder zu dieser Problematik?

Subklew: Zwischen den Reedern und Lotsen hat sich eine erfreulich konstruktive und zielorientierte Gesprächsatmosphäre entwickelt. Beide Parteien haben erkannt, dass ein attraktiver Sekundärbereich auch im Interesse des Primärbereichs ist, weil es immer schon Nautiker gegeben hat, die nicht bis zur Rente zur See fahren, aber durchaus bis etwa zum 40. Lebensjahr als Kapitän tätig sein wollen.
In diesem Alter ist ein Wechsel in den Beruf des Seelotsen im Gegensatz zu den meisten anderen Landberufen meist noch problemlos möglich. Es ist deshalb im Interesse beider Seiten, die Verweildauer in der Seefahrt wieder erheblich zu erhöhen.
Die Lotsen haben andererseits gelernt, dass auch sie ihren Teil dazu beitragen müssen,

Lotse steigt von einem Frachter ab.

indem an den Seefahrtschulen aktiv für ein möglichst langes Verbleiben in der Seefahrt geworben wird. Ein weiterer Bereich könnte die Unterstützung der Reeder bei der Ausbildung der Praktikanten sein, indem zumindest Fehlzeiten in den Praxissemestern bei den Brüderschaften aufgefüllt werden können.
Es bleibt jedoch festzuhalten, dass alle Maßnahmen erst in einigen Jahren zu einer Entspannung der Nachwuchssituation führen können. Auf allen Revieren muss heute von den Kollegen eine erhebliche Überarbeit geleistet werden, um den Zulauf der internationalen Schifffahrt ohne Zeitverlust zu den boomenden deutschen Seehäfen sicherzustellen.

PSW: Meinen Sie, dass Satelliten Lotsen ersetzen können, und sollten die Lotsen stärker in die Vermeidung von Seeunfällen eingebunden werden?

Subklew: Nein, Satelliten sind zwar für die Positionsbestimmung sehr genau und es lassen sich damit auch anhand gesteuerter Kurse und Geschwindigkeiten gewisse Vorausberechnungen anstellen, aber diese unterliegen jedoch permanent äußeren Einflüssen wie Wind und Strom sowie Konstruktions-, Steuer- und Manövriereigenschaften eines Schiffes.
Insofern ist der vorausschauend tätige Lotse in engen Fahrwassern nach wie vor unersetzlich. Nautisch-wissenschaftlich ist dies auch nach wie vor unstrittig.
Unsere Arbeit ist primär am öffentlich-rechtlichen Interesse der Verkehrssicherheit und dem Umweltschutz auf den Bundeswasserstraßen orientiert. Der Dienstleistungsstatus für die Seehäfen ist eine nachgeordnete, wenn auch zweifellos wichtige Funktion unserer Arbeit.

Hafenlotse berät in Hamburg einen Kapitän.

Wir sind uns national als auch international darin einig, dass das Lotswesen nicht zur Wettbe-werbsmasse verkommen darf. So etwas würde die fachlichen Anforderungskriterien drücken und ein Gefährdungspotenzial für Verkehrssicherheit und Umweltschutz produzieren.
Die verantwortungsvollen Kapitäne der internationalen Schifffahrt verzichten in den nautisch schwierigen und ökologisch sensiblen Gewässern nicht gerne auf einen qualifizierten Lotsen, sondern würden aufgrund des herrschenden wirtschaftlichen Entscheidungsdrucks die Lotsannahmepflicht im Allgemeinen sogar begrüßen, schon alleine um einen zusätzlichen nautischen Fachmann auf der Brücke zu haben.

PSW: Was halten Sie von der Einführung einer Lotsannahmepflicht für bestimmte Gefahrgutschiffe in den sogenannten High Risk Areas der Ostsee?

Subklew: Der weltweit herrschende Mangel an qualifizierten Seeleuten stellt schon in sich eine Gefährdung des Seeverkehrs dar und lässt die Qualität trotz Mindestanforderungen absinken. Übermüdung, Unterqualifizierung und Unterbesetzung auf Tankern und großen Massengutschiffen sind nicht zuletzt Folgen des enormen Kostendruckes im globalisierten Wettbewerb.
In diesem Zusammenhang befürwortet die Lotsenbrüderschaft Wismar/Rostock/Stralsund die Einführung einer Lotsannahmepflicht in den High Risk Areas der Ostsee, wie zum Beispiel der berüchtigten Kadetrinne zwischen Dänemark und Mecklenburg-Vorpommern für alle Gefahrguttransporter und Schiffe mit einem Tiefgang von mehr als elf Metern.
Eine verbesserte Bereitstellung von Überseelotsen ist angesichts des mangelnden Ausbildungsstandards auf einigen Schiffen unerlässlich, um nationale Kosten bei Unfallfolgeschäden zu verhindern. Trotz Radar, AIS und zukünftig anderer Systeme bleibt die Lotsannahmepflicht in Gewässern wie dem Großen Belt oder der Kadetrinne ein unverzichtbares und kurzfristig das einzige Mittel, um das Risiko einer Kollision oder Grundberührung in engen, küstennahen Seegebieten zu reduzieren.
Wenn zukünftig alle sechs Stunden ein Großtanker mit russischem Öl beladen an unserer Küste vorbeifährt – pro Jahr rund 80.000 mit steigender Tendenz –, ist genug Gefahrenpotenzial vorhanden, um zu kollidieren oder bei schlechtem Wetter zu havarieren. Das hätte katastrophale Folgen, beispielsweise für den besonders empfindlichen, als internationales Schutzgebiet anerkannten Nationalpark Vorpommersche Boddenlandschaft.

PSW: Vielen Dank für das Gespräch und stets eine Handbreit Wasser unter dem Kiel!

LOTSEN – ein paar Grundfragen

»Amtlich zugelassener Berater der Schiffsführung auf bestimmten, schwierig zu befahrenden Wasserstraßen, auf denen aus Sicherheitsgründen Lotsen an Bord genommen werden müssen.«

(Meyers Taschenlexikon)

Was ist ein Lotse?

Der Lotse ist ein revierkundiger Berater der Schiffsführung. Er wird durch die nationalen Behörden zugelassen (bestallt). Meistens ist der Lotse auch Inhaber des höchsten nautischen Patents und selbst mehrere Jahre als Kapitän gefahren.

Was sind die Aufgaben eines Lotsen?

Der Lotse gehört zum Brückenteam, das aus Kapitän, Wachoffizier und Rudergänger besteht. Er hat genaue Kenntnis über den Verlauf des Fahrwassers, die ausgelegten Tonnen, die lokalen Schifffahrtsvorschriften und die Besonderheiten von Strömungen und Wetter.

Der Lotse hält Sprechfunkkontakt mit den Verkehrszentralen, Schleppern und Festmachern. Außerdem hat er einen genauen Überblick über die Verkehrssituation auf dem Revier. Er gibt Hinweise für die zu steuernden Kurse und Geschwindigkeiten. Meistens gibt er seine Kursanweisungen direkt an den Rudergänger weiter, und der Wachoffizier stellt die Geschwindigkeit am Maschinentelegrafen ein.

Was ist ein Lotsrevier?

Das *Revier* ist die Wasserstraße, für die ein Lotse ausgebildet und zuständig ist. Es kann sich um einen Hafen, einen Kanal oder einen Fluss handeln. Bei längeren Revieren sind verschiedene Lotsen zuständig, die unterwegs ausgewechselt werden.

Muss das Schiff einen Lotsen nehmen?

Nur in wenigen Fällen ist der Kapitän frei in der Entscheidung, ob er einen Lotsen anfordert oder nicht. Auf den meisten Revieren auf der ganzen Welt ist die Annahme eines Lotsen verbindlich vorgeschrieben (*Lotsenannahmepflicht*), allerdings abhängig von der Schiffsgröße und vom Schiffstyp.

Übernimmt der Lotse das Kommando?

Nein, das Kommando und damit die Verantwortung für die sichere Schiffsführung verbleiben grundsätzlich beim Kapitän des Schiffes oder beim Wachoffizier. Einzige Ausnahme auf der ganzen Welt ist der Panama-Kanal, wo der Lotse das Kommando und die Verantwortung für seine Manöver übernimmt. Im Übrigen kann ein Lotse nur dann für Konsequenzen aus seinem Verhalten haftbar gemacht werden, wenn er grob fahrlässig oder vorsätzlich gehandelt hat.

Ist ein Lotse wirklich immer erforderlich?

Die Vorschriften nehmen selten Rücksicht auf die tatsächliche Schwierigkeit eines Reviers. Der Kapitän und seine Offiziere könnten manche Reviere auch ohne die Hilfe eines Lotsen befahren, vor allem, wenn sie selbst Erfahrung durch das regelmäßige Anlaufen eines Hafens gesammelt haben. Auf langen und schwierigen Revieren (z. B. dem Amazonas) geht es allerdings kaum ohne die Beratung durch einen ortskundigen Lotsen.

Wie kommt der Lotse an Bord?

Der Lotse wird auf einer in der Seekarte eingetragenen Position von einem *Lotsenversetzboot* an Bord des zu lotsenden Schiffes gebracht. In einigen Fällen (z. B. Elbmündung) halten sich die diensttuenden Lotsen auf einem stationären Lotsenschiff auf und werden mit kleineren Booten versetzt. Heutzutage werden Lotsen zunehmend auch mit Hubschraubern an Bord gebracht und dort mit Hilfe einer Seilwinde an Deck abgesetzt.

Wer bestellt den Lotsen für ein Schiff?

Die Bestellung der Lotsen erfolgt durch den örtlichen Agenten der Reederei, der zuvor vom Kapitän des Schiffes eine Mitteilung über die geplante Ankunftszeit (ETA = Estimated Time of Arrival) erhalten hat. Etwa eine Stunde vor Ankunft wird vom Schiff über Sprechfunk der Kontakt mit dem Lotsenboot hergestellt, um die genaue Übernahmeposition und -zeit zu vereinbaren.

(Zusammengestellt von Kapitän Thilo Natke)

Modernes SWATH-Lotsenversetzboot in der Elbmündung.

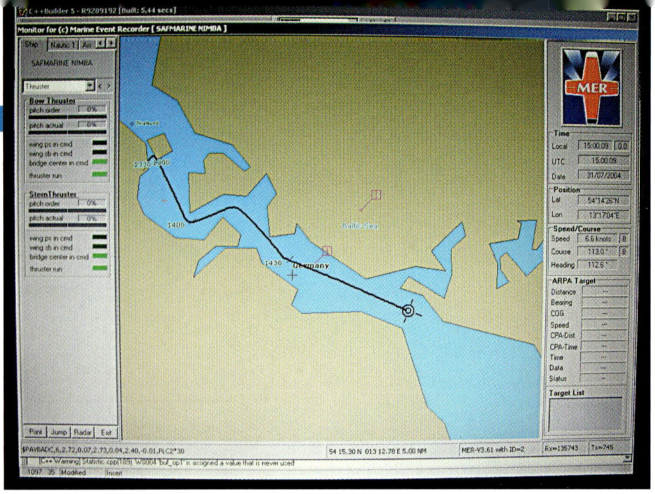

Elektronische Seekarte zeigt den Fahrtverlauf an.

Seekarten – immer noch notwendig

Oder dank modernster Technik überflüssig?

Ein Brückenbesuch macht es möglich. Dabei können Passagiere den Nautikern über die Schulter sehen und sich selbst ein Bild davon machen, wie es wo langgeht.

Bis auf die küstennahen Bereiche, in denen Tonnen, Leuchtfeuer, Baken und auffällige Landmarken dem Steuermann Orientierungshilfen bieten, gibt es auf hoher See keine »Wegweiser«. Da ist der Seemann allein auf sein navigatorisches Handwerk und die Technik angewiesen. Die wird erst mal kräftig bestaunt: mehrere farbige Tageslicht-Radarschirme unterschiedlicher Reichweiten fallen zunächst ins Auge, Navigationscomputer mit elektronischer Seekarte und GPS zur sofortigen satellitengestützten Positionsermittlung und -kontrolle.
Aber: Auf jedem Kartentisch liegt immer noch die gute, alte Seekarte, obendrauf Bleistift, Zirkel und Zeichendreiecke. Wo doch heute jeder Punkt auf der Erde per Satellit genau bestimmt werden kann, wundert sich der Laie, warum also diese »antiquierte« Methode nach wie vor praktiziert wird.

Nachrichten für Seefahrer

Zunächst einmal gibt es Vorschriften. Zum Beispiel die »Verordnung über die Sicherheit der Seeschiffe« (SSV) vom 30. September 1980, nachzulesen im Bundesgesetzblatt I, Seite 1833. Darin heißt es, dass Seeschiffe, die berechtigt sind, die Flagge der Bundesrepublik Deutschland zu führen, nautische Veröffentlichungen wie Seekarten und Seehandbücher an Bord haben müssen. Ganz wichtig: Die für eine Reise notwendigen Unterlagen haben auf dem neuesten Stand zu sein. Um das zu gewährleisten, schreibt der Gesetzgeber vor, die »Nachrichten für Seefahrer« des laufenden und der beiden vorhergehenden Jahre mitzuführen. Durch ständige Berichtigung des Kartenmaterials und Bearbeiten von Nachträgen für die Seehandbücher soll ein Höchstmaß an Aktualität der nautischen Unterlagen erreicht werden. Wobei übrigens die Schiffssicherheitsverordnung auch für Sport- und Vergnügungsfahrzeuge gilt, sofern darauf »Personen gegen Entgelt« beschäftigt werden.
Verantwortlich für das Einhalten der SSV sind Eigentümer, Besitzer und Schiffsführer eines Fahrzeugs. Das deutsche Seekartenwerk besteht zurzeit aus mehr als 1.000 laufend vom BSH (Bundesamt für Seeschifffahrt und Hydrographie) bearbeiteten Einzelblättern. Die wiederum sind, je nach Verwendungszweck und Erfordernissen der Navigation, eingeteilt in verschiedene Arten von Karten mit unterschiedlichen Maßstäben:

Kartenvielfalt

Ozeankarten: 1:5.000.000 und kleiner (sie werden, ebenso wie Übersichtskarten, für eine längere Streckenplanung benutzt); Übersichtskarten: 1:1.600.000 bis 1:5.000.000; Segelkarten: 1:3.000.000 bis 1:1.600.000 (Fahrt in Küstennähe, Darstellung genauerer Tiefenangaben sowie hoher Bauwerke, wenn sie aus einer Entfernung von etwa fünf Seemeilen zu erkennen sind); Küstenkarten: 1:30.000 bis 1:300.000 (bieten die meisten Informationen für Ansteuerung und Küstenfahrt; terrestrische Navigation ist ohne sie fast ausgeschlossen); Pläne: 1:30.000 und größer (bilden einzelne Häfen, Buchten oder enge Fahrwasserstrecken ab und werden in Seekarten, deren Maßstab an besonders gefahrvollen Strecken nicht ausreicht, eingefügt).
Bleibt immer noch die Frage: Warum der ganze Aufwand, wenn es doch die elektronische Seekarte gibt, die bald automatisch mit den neuesten Daten gefüttert werden kann? Ganz einfach die Antwort: Weil Technik versagen kann und es noch keine Ausrüstungspflicht dafür gibt. Darüber hinaus ist das dann vorgeschriebene wöchentliche Update per Satellit noch nicht perfekt und außerdem sehr viel teurer als Seekarten.

Internationale Abkommen

Wenn natürlich weder modernste Technik noch aktuelle Seekarten an Bord sind, nennt die Unfallforschung »menschliches Versagen« als Ursache. So kürzlich mehrfach geschehen in der berüchtigten Kadetrinne zwischen Dänemark und Mecklenburg-Vorpommern, deren Betonnung in kurzen Abständen mehrfach geändert wurde. In Deutschland greift bei ausländischen Schiffen die Hafenstaatkontrolle zur Überwachung der Ausrüstung. Doch gelten diese strengen Maßstäbe noch längst nicht überall. Eins kommt noch hinzu: Die Mühlen internationaler Abkommen zur Schiffssicherheit mahlen langsam, worauf sich die politisch Verantwortlichen gern berufen. Auch wenn immer wieder vermeidbare Unfälle passieren.

20 Fragen an Frachtschiffreise-Agenturen – mit teilweise unterschiedlichen Antworten

Vorbereitung, Tipps, wichtige Hinweise, Angebote

1. Gibt es Beschränkungen hinsichtlich Alter und Gesundheit?
2. Welche Frachtschiffreisen sind besonders beliebt? Gibt es welche für »Einsteiger« zum Schnuppern?
3. Wie muss man sich verhalten, wenn man in einem Hafen an Bord gehen möchte?
4. Womit sind moderne Frachter, die Passagiere befördern, im Allgemeinen ausgestattet?
5. Worauf muss man sich hinsichtlich von Terminen (Abfahrt, Ankunft) einstellen?
6. Wie sollte man sich richtig vorbereiten?
7. Woran sollte man beim Kofferpacken denken?
8. Welche Verhaltensregeln sollte man, um unnötigen Ärger zu vermeiden, auf einem Frachter unbedingt beherzigen?
9. Gibt es Bordbereiche, die tabu sind?
10. Wie ist es mit Landgang: Muss man alles selbst organisieren und worauf sollte man achten?
11. Kann man spezielle Getränke oder Tabakwaren, die man besonders mag, vorher schon ordern?
12. Muss man sich an die Essenszeiten halten oder gibt es auch Alternativen?
13. Mit welchen Kosten sollte man rechnen?
14. Muss man sich um Visa selber kümmern?
15. Welche Routen kann man auch Einweg befahren? Ist es dabei möglich, Auto, Motorrad oder Fahrrad zu befördern und zu welchen Kosten?
16. Kann man E-Mails von Bord aus verschicken und was kostet das?
17. Wie viele Passagiere können im Allgemeinen mitfahren?
18. Sind auch alleinreisende Frauen an Bord gut aufgehoben?
19. Können Kinder mitgenommen werden?
20. Darf man Waschmaschine und Trockner benutzen, um das Gepäck zu erleichtern?

Antworten Kapitän Peter Zylmann: Frachtschiffreisen

Das Team um Kapitän Peter Zylmann.

1. Alters- und Gesundheitsgrenzen? Da sie variieren, sollte man sich vorher bei uns erkundigen und das Merkblatt anfordern.

2. Renner sind die Reisen zum schwedischen Mälarensee.

3. Verhalten Sie sich auf jeden Fall umsichtig und ohne Hektik.

4. Mit Außenkabinen und eigener Du/WC; alle anderen Ausstattungsmerkmale schwanken je nach Fahrtgebiet, Schiffsgröße (Pool etc.) und sind von Schiff zu Schiff unterschiedlich (z. B. Bettenart).

5. Terminangaben sind Cirka-Angaben. Je nach Schiff/Charter und anderen Gegebenheiten können die Abweichungen größer sein oder nur sehr gering. Vor der Abfahrt wird der Passagier vom Veranstalter über den aktuellen Einschiffungstermin auf dem Laufenden gehalten.

6. Zur Vorbereitung sollte man unsere Informationen gründlich lesen, bei außereuropäischen Reisen sich nach Visa- und Impfvorschriften bei den entsprechenden Botschaften bzw. beim Gesundheitsamt erkundigen.

7. Vor dem Kofferpacken sollte man die Veranstalter-Hinweise lesen und die beigefügte Checkliste verwenden.

8. Um Ärger zu vermeiden, sollte man daran denken, dass man als Passagier auf dem Frachtschiff – im Gegensatz zu einem Kreuzfahrtschiff – nicht separat von der Besatzung untergebracht ist, sondern sich im Lebens- und Arbeitsbereich der Besatzung befindet. Möglichst entsprechendes Gefühl für die Besatzung aufbringen.

9. Grundsätzlich tabu sind: der Bereich um die Luken während der Arbeit im Hafen und Vor- und Achterschiff im Bereich der Winden beim An- oder Ablegen. Brücke, Maschinenraum und Kombüse sind Bereiche, bei denen der Zugang von Schiff zu Schiff individuell – mit großer Spannweite – geregelt ist. Es soll einige wenige Kapitäne geben, bei denen Passagiere auf der Brücke nicht erwünscht, allenfalls geduldet sind.

10. In touristischen Gegenden sollte an Räubereien gedacht werden. Die Schiffsführung – wenn diese das Fahrtgebiet seit längerer Zeit kennt – kann eventuell Informationen oder Tipps zum Landgang geben. Landgang wird vom Passagier grundsätzlich selbst organisiert. Wir raten, einen Reiseführer (Buch) auf die Fahrt mitzunehmen und dann je nach Ankunftszeit und Aufenthaltsdauer die passenden Ziele zu besuchen. Die Liegezeiten bei Stückgutfrachtern sind, weil länger, dafür am besten geeignet.

11. Wenn man ausgefallene Getränke- oder Rauchwarenwünsche hat, ist es sinnvoll, sie vorab zu bestellen. Jedoch sind nicht alle Waren auch zu bekommen

12. Im Allgemeinen sollte man sich an die Essenszeiten halten.

13. Kosten werden vom Veranstalter/Vermittler in den Infos genannt.

14. Um Visa muss man sich selbst kümmern.

15. Wir geben grundsätzlich an, ob eine Reise als Rundreise oder auch Einweg befahren werden kann. Fahrradmitnahme ist quasi immer möglich. Motorrad oder PKW werden über Frachtagenturen verschifft. Wir liefern die Adresse.

16. E-Mails zu schicken, ist auf den meisten Schiffen zurzeit noch nicht möglich.

17. 1–12 Passagiere können mitfahren, je nach Schiff.

18. Auch alleinreisende Frauen sind an Bord gut aufgehoben.

19. Kinder können nicht auf allen Schiffen mitgenommen werden.

20. Waschmaschine und Trockner darf man benutzen.

Antworten Sabine Güttel: Reederei Horn-Linie

1. Altersbegrenzung: 79 Jahre, ab 65 Jahren ist ein ärztliches Attest nötig.

2. Wir bieten »nur« eine Route an: Rundreise Hamburg-Karibik–Hamburg in 34 Tagen. Schnuppertouren sind buchbar: Dover – Antwerpen – Hamburg – Le Havre (2-4 Tage, Einstieg und Ausstieg nach Wunsch).

3. Boarding-Infos vom Hafenagenten erfragen; Ausweise im Hafengelände nötig (Bringer/Abholer anmelden aufgrund ISPS-Sicherheitsvorschriften).

4. Swimmingpool, Sauna, Bar, Aufenthaltsräume, Messe, Sportraum.

5. Verschiebungen von einigen Stunden möglich, von Tagen eher selten, da unsere Schiffe im Liniendienst fahren und relativ stabil im Zeitplan sind.

6. Fachliteratur zum Thema Frachtschiffreisen lesen, Infos zu Anlaufhäfen sammeln.

7. Persönliche Reiseapotheke zusammenstellen (mit Sonnenschutz), Währungen der anzulaufenden Länder mitnehmen (manchmal), alles für die Freizeitgestaltung (Bücher, Weltempfänger, Logbuch/Tagebuch, Spiele); Bademantel.

8. Nicht in Badekleidung die Brücke betreten. Beim Be- und Entladen das Hauptdeck, das Vor- und Achterdeck nicht betreten. Gleiches gilt bei rauem Wetter, speziell für die Brücke und das Vorschiff. Auf der Brücke: sich ruhig und vorsichtig bewegen und vorhandene Handläufe nutzen und nicht bei der Arbeit stören. In ganz besonderen Situationen, wie z. B. Unwetter, Lotse an Bord, An- und Ablegmanöver, haben sich die Passagiere im Hintergrund zu halten.

9. Der Maschinenraum (es gibt eine Führung; sonst kann man sich frei bewegen).

10. Bei uns können über den Steward ein Taxi geordert und auch in einigen Häfen Ausflüge gebucht werden, die an Bord in einem Ordner beworben werden.

11. Ja, aber wenn es nicht gängige Artikel sind, dann muss die Spezialbestellung komplett abgenommen/bezahlt werden.

12. Normalerweise schon, aber Ausnahmen bestätigen dies.

13. Preise pro Person/Tag: 87 € Doppel-, 95 € Einzelkabine; auf reedereieignen Charterschiffen: 77 € Doppel-, 85 € Einzelkabine; geringe Kosten für Getränke, Süßigkeiten, Rauchware.

14. Auf unserer Route gibt es keine Visavorschriften für EU-Bürger; ansonsten gilt JA, der Passagier ist selbst zuständig.

15. Es gilt: Die Reise kann in jedem Hafen begonnen als auch beendet werden, wenn auch die meisten Passagiere Rundreisen Hamburg–Hamburg buchen. Fahrrad-Beförderung ist kein Problem (meist ohne Zusatzkosten); Auto, Motorrad, Wohnmobile sind reine Fracht. Die Raten für den Transport werden von der kommerziellen Abteilung angeboten (abhängig von Größe/Gewicht), Zollangelegenheiten sind nicht inkludiert.

16. Ja, man kann sowohl mailen als auch empfangen via Bordadresse, dreimal am Tag, aber nur Text und keine Anhänge, Grafiken usw. Kosten sind je nach Schiff unterschiedlich.

17. Auf Horn-Schiffen: 12 Passagiere. Auf reedereieignen Charterschiffen: acht Passagiere.

18. Unbedingt!! Unsere Statistik zeigt, dass unsere Reisen sehr gut von alleinreisenden Damen angenommen werden.

19. Ja.

20. Ja, Waschmittel und Bügeleisen stehen auch zur Verfügung.

Sabine Güttel mit Gästen.

Antworten Annemarie Bartsch: Reederei Laeisz

Annemarie Bartsch vor Laeisz-Frachtermodellen.

1. Es gibt keine Beschränkungen hinsichtlich des Alters. Von Passagieren ab 65 Jahre verlangen wir ein ärztliches Attest.

2. Kurze Reisen innerhalb Europas, bei uns z. B. von Antwerpen bis Piraeus dauern rund 8 Tage.

3. Man sollte sich vor Ort mit der zuständigen Hafenagentur in Verbindung setzen, um den Liegeplatz zu erfragen und den exakten Einschiffungstermin abzusprechen.

4. Von Schiff zu Schiff unterschiedlich. Bei uns erfragen.

5. Bei Schiffen im Liniendienst gibt es meistens keine wesentlichen Verschiebungen, bei Tramp-Schiffen kann es vorkommen. In jedem Fall sollte man engen Kontakt zur Reiseagentur, Reederei bzw. Hafenagentur halten. Wenn Fragen auftreten vor Reiseantritt, mit der Reiseagentur oder Reederei abklären.

6. Reiseführer lesen. Vor allem das Klima beachten.

7. Evtl. notwendige Medikamente nicht vergessen.

8. Den Kapitän um Erlaubnis für Brückenbesuche fragen/abstimmen.

9. Im Maschinenraum kann auf Anfrage ein Rundgang gemacht werden, allerdings in Begleitung eines Besatzungsmitgliedes (Chief).

10. Landgang muss selbst organisiert werden. Die Besatzung kann sicherlich Infos geben. Sich vorher über die Dauer der Liegezeit des Schiffes im Hafen erkundigen. Schiffsnummer erfragen und Handy mit an Land nehmen.

11. Man kann Getränke und Tabakwaren vorher bestellen. Diese Dinge werden in der Proviantbestellung mit aufgenommen und – wenn möglich – an Bord geliefert.

12. Ja, man muss sich an die Essenszeiten halten.

13. Wir berechnen ca. 80,00 € pro Tag und Person.

14. Die Passagiere müssen Visa selbst besorgen und mit gültigen Papieren einsteigen.

15. Teilstrecken sind auf allen Routen buchbar, sollten aber schon ca. 5 Tage betragen. Mitnahme von Fahrrädern ist möglich (muss selber transportiert werden); Auto und Motorrad befördern wir nicht (muss über eine Fach-Spedition abgewickelt werden).

16. E-Mails können von Bord verschickt werden, z.T. kostenfrei. Die Reederei nimmt teil an einem Programm für Seeleute, das auch von den Passagieren genutzt werden kann. Auf den Schiffen steht dafür ein extra PC bereit (5 KBytes ohne Anhang sind kostenfrei).

17. Auf unseren Container-Schiffen, je nach Größe 2, 4 oder 8 Passagiere.

18. Auf jeden Fall! Wir haben viele Frauen, die allein reisen, und bisher nur positive Rückmeldungen von ihnen bekommen.

19. Kinder ab 5 Jahre können mitfahren.

20. Es sind mehrere Waschmaschinen (auch Trockner) an Bord, die mit benutzt werden können.

Antworten Werner Pfeiffer: Internationale Frachtschiffreisen

1. Normalerweise akzeptieren die Reedereien Passagiere zwischen 10 und 80 Jahren. Ausnahmen müssen »verhandelt« werden.
   Bei kürzeren Reisen genügt ein Attest ab 65 Jahren. Die meisten Reedereien verlangen bei längeren Reisen von allen Passagieren ein Attest, da ja bekanntlich kein Arzt an Bord ist.

2. Besonders beliebt sind ein- bis zweiwöchige Reisen in die Nord- und Ostsee (z.B. Norwegen, Schweden, Finnland, Baltikum, Russland, Irland). Wir empfehlen einwöchige Reisen für Einsteiger (z.B. IFR 104, 108, 109, 113).

3. Immer mit dem Kapitän absprechen. Ziele, Orte und Zeiträume abstimmen. Handy-Nummern austauschen.

4. Kleinere Schiffe im Feeder-Dienst haben i.d.R. keine besonderen Einrichtungen für die Freizeit. Trotzdem verfügen viele Schiffe über gute Kabinen (z.B. Eigner-Kabinen mit sep. Wohnraum, TV, VHS, DVD). Die größeren Schiffe haben meistens: Salon, Schwimmbad, Sportraum, Steward u. a.

5. Bei der Urlaubsplanung berücksichtigen, dass die angegebenen Termine sich verändern können. Also Zeit »nach vorn und hinten« einplanen, da sich durch Ladung und Wetter hochgerechnete Zeiten verschieben können.

6. Alle angegebenen Informationen und Verträge gut durchlesen und bei Unsicherheiten gezielte Fragen stellen (z.B. Visa, Impfungen).

7. Checkliste anlegen und abhaken.

8. Sicherheitshinweise unbedingt befolgen. Lieber Kapitän oder die Offiziere einmal zu viel fragen als einmal zu wenig.

9. Generell nicht, aber: nie unter schwebenden Ladungen bewegen! Nie bei Lade- oder Löscharbeiten im Arbeitsbereich aufhalten! Maschinenraum-Besichtigungen nur in Begleitung des Chiefs.

10. Generell muss man den Landgang selbst organisieren. Die Pläne mit dem Kapitän besprechen. Er hat in der Regel Tipps und Anregungen parat. Oft ist auch der Agent behilflich.

11. Ordern ja, ggf. selbst mitbringen (z.B. besonderen Wein).

12. Ja, um den Ablauf nicht zu stören. Ausnahmen kann man gut mit dem Koch oder Steward besprechen, wenn es machbar ist.

13. Die Nebenkosten an Bord sind gering. Besondere Getränke und Tabakwaren werden fast zu Selbstkostenpreisen verkauft.

14. Ja, aber wir geben Hinweise und Hilfestellung.

15. Einwegreisen sind meist nur in der größeren Fahrt möglich. Fahrräder werden in der Regel kostenlos transportiert. Motorrad- und Autotransport sind im Container möglich, aber meist sehr aufwendig und teuer.

16. Generell ja. Man sollte sich aber in Zurückhaltung üben und nicht sein Büro auf der Brücke aufschlagen. Die Schiffsbelange gehen vor. Eine kurze E-Mail nach Hause kann man meistens gegen geringe Kosten absenden.

17. Auf den kleineren Schiffen in der Regel 1–3, auf den größeren 4–12 Passagiere.

18. Alleinreisende Frauen stehen immer unter Obhut des Kapitäns und sind meistens gern gesehene Gäste an Bord, wenn sie sich den besonderen Gepflogenheiten einer Frachtschiffreise anpassen.

19. Ja, bei den meisten Reedereien ab 10 Jahren. Alles andere ist Verhandlungssache. Man sollte bedenken, dass kleinere Kinder eine solche Reise schnell als sehr langweilig empfinden können.

20. Ja.

Das Team um Werner Pfeiffer.

Antworten Christina Horn: Internaves-Frachtschiffreisen

Chistina Horn hat die Welt im Rücken.

1. In der Regel liegt die Altersbeschränkung bei 75/79 Jahren, vorausgesetzt, das ärztliche Attest ist in Ordnung.
   Ein Frachtschiffpassagier sollte grundsätzlich gesundheitlich fit für eine solche Reise sein und sich ohne Fremdhilfe (auch Gehilfen) fortbewegen können. Um ganz sicherzugehen, verlangen die meisten Reedereien inzwischen von jedem Passagier, egal welchen Alters, ein ärztliches Attest, das die Reisetauglichkeit des Passagiers bescheinigt.

2. Ganz besonders beliebt sind die Transatlantik-Passagen, also ganz klassisch: Hamburg – New York. Nur gibt es diese Route auf passagierbefördernden Frachtschiffen leider sehr selten im Angebot. Aber New York steht bei den Interessenten immer »hoch im Kurs«. Für Einsteiger empfehle ich einwöchige Reisen in der Nord- und Ostsee. Hier kann man in der Zeit einen guten Einblick in die Handelsschifffahrt bekommen und auch erfahren, worauf es bei Frachtschiffreisen im Wesentlichen ankommt.

3. In allen Häfen geht es stets geschäftig zu. Man muss in jedem Fall umsichtig sein und größte Vorsicht walten lassen. In den großen Containerhäfen werden zur Personenbeförderung Shuttlebusse eingesetzt, die man i.d.R. beim Pförtner am Eingang des jeweiligen Hafens bestellt und die einen sicher zur Gangway des Schiffes fahren. In manchen kleinen Häfen dürfen auch (noch) Taxen bis zum Schiff fahren.

4. In den Schiffen stehen Passagieren, egal ob von kleiner oder großer Bauart, zweckmäßig eingerichtete Kabinen (inkl. Du/WC) zur Verfügung; ausgestattet mit Bett(en), Schränken, evtl. Sofa, Schreibtisch, Kühlschrank, Hifi-Anlage oder Fernseher. Auf Schiffen größerer Bauart findet man nicht selten einen Pool (indoor/outdoor), Sportraum (ausgestattet mit Tennisplatte, Rudergerät o. Ä.) oder Sauna. Diese Einrichtungen dienen der gesamten Besatzung als Freizeitvergnügen und Passagiere dürfen diese Einrichtungen mit nutzen.

5. In jedem Fall sollte ein Frachtschiffpassagier zeitlich flexibel sein und immer einen zeitlichen Puffer mit einplanen. Die Schiffe sind zwar in einem Fahrplan eingebettet, jedoch kann dieser sich aus verschiedenen Gründen verschieben. Wind, Wetter, Ladeverzögerungen während einer Reise sind hierbei nur die offensichtlichen Größen, die einen Fahrplan bzw. die vorausgeplante Ankunft/Abfahrt eines Schiffes durcheinanderbringen können.

6. Eine gute Vorbereitung bieten am schnellsten einschlägige Lektüren über Frachtschiffreisen, so auch Reise- und Erfahrungsberichte. Ganz besonders interessant sind dabei vor allem auch Reiseberichte von (ehemaligen) Seeleuten. Man gewinnt so einen guten Einstieg in das Thema Handelsschifffahrt im Allgemeinen und lernt vielleicht schon vor einer Frachtschiffreise die eine oder andere Besonderheit der Handelsschifffahrt kennen.

7. Wichtig ist: Nicht zu viel einpacken! Cocktailkleid, Anzug und Krawatte können getrost zuhause bleiben. Gefragt ist sportliche, zweckmäßige Kleidung, je nach Klimazone, durch die die Reise geht. Für Reisen in wärmere Regionen ist dabei auch leichte Kleidung gefragt. Das Schuhwerk sollte stabil und rutschfest sein. Folgende Dinge sollten meiner Meinung nach unbedingt in den Koffer: Fernglas, Ohrstopfen (i.d.R. nur nötig für die ersten Tage, bis man sich an das surrende Geräusch der Maschine gewöhnt hat), Bindfaden und Papiertaschentücher zum Festbinden oder Fixieren von evtl. klappernden Gegenständen in der Kabine, einen kleinen Weltempfänger und ein paar Bücher (nicht zu viele), die man immer schon mal lesen wollte, jedoch keine Zeit dazu hatte (aber Achtung: An Bord gibt es meist auch eine kleine Auswahl an internationaler Lektüre). Vielleicht gehört auch ein Mittel gegen Seekrankheit/Reisekrankheit in den Koffer, aber hier streiten sich die Geister. Die einen sagen, es hilft schon, wenn man

sich bei ersten Anzeichen hinlegt, wieder andere meinen, dass Tabletten helfen. Meine Erfahrung ist: Wenn man Angst vor Seekrankheit hat, dann wird man auch seekrank. Der Trost ist, dass die Seekrankheit nach ein paar Tagen aufhören soll (in dieser Zeit sind einem Seebeine gewachsen und ab dann kann das Schiff rollen, wie es mag).

8. Man sollte sich zum einen immer bewusst sein, dass man als zahlender Gast auf einem Frachtschiff mitfährt. Man reist als stiller Beobachter und darf einen Einblick in diese für Landratten fremde Arbeitswelt erhalten. Deswegen ist es wichtig, dass die Arbeitsvorgänge an Bord nicht gestört werden und man sich problemlos in diesen Mikrokosmos eingliedert. Dabei ist es wichtig zu erkennen, dass die Seeleute nicht viel Zeit für Passagiere haben und dass man durch seine Anwesenheit den Arbeitsablauf an Bord nicht stört. Mit offenen Augen und Ohren lernt man schnell die besonderen Rituale an Bord kennen. Empfehlung von mir: Zunächst beobachten und sich im Hintergrund halten, und wenn man nach ein paar Tagen z. B. noch nicht auf die Brücke eingeladen wurde, dann erst fragen.
   Obgleich es keine Kleiderordnung gibt, gilt dennoch folgende Regel für die Messe: »No shoes – no shirt, no service! Soll heißen, dass man zu den Mahlzeiten gekleidet erscheint und nicht im Badeanzug oder Badehose und freiem Oberkörper.

9. Der Maschinenraum ist tabu und sollte nur auf Einladung mit einem Offizier betreten werden. Tabu sind ebenfalls die Kabinen der Seeleute, wenn die Kabinentür geschlossen ist. Steht die Kabinentür offen, ist dies das Zeichen für andere, dass eine Unterhaltung oder das Eintreten erwünscht ist.

10. Der Landgang wird selbst organisiert. Eine gute Reisevorbereitung ist dabei unerlässlich, denn man kann in den u.U. wenigen Stunden nicht alles von der Hafenstadt sehen, was sie vielleicht zu bieten hat. Am besten man informiert sich bereits vor Abfahrt über Land, Leute, Kultur und sucht sich die für einen persönlich wichtigen Sehenswürdigkeiten heraus. Man kann auch mal an Bord fragen, welche Sehenswürdigkeiten sich lohnen. Sicherlich gibt es jemanden an Bord, der die eine oder andere Hafenstadt in der Vergangenheit schon mal besucht hat.
    Sollte der Landgang am Ende zu knapp werden oder das Schiff gar zeitlich so ungünstig ankommen, dass es sich nicht lohnt von Bord zu gehen, hat man leider Pech gehabt.

11. Ja, auf den langen Reisen kann man Getränke oder/und Tabakwaren zur verbindlichen Abnahme ordern. So muss man nicht unbedingt auf den geliebten Rotwein oder die eine oder andere begehrte Tabaksorte verzichten.

12. Die Passagiere essen zusammen mit Offizieren oder der Mannschaft zu den vorgegebenen Essenzeiten. Alternativen gibt es nicht. Man will ja schließlich nicht die Arbeitsabläufe an Bord stören.

13. Im Durchschnitt muss man mit etwa 80–95 € pro Person/Tag rechnen. Vollverpflegung ist dabei eingeschlossen. Zum Kabinenpreis wird manchmal noch eine Hafengebühr (Ein- u. Ausschiffungsgebühr) erhoben, die zwischen 30 und 100 € liegt. Ferner kommt eine Deviationsversicherung hinzu, die obligatorisch ist. Diese Versicherung deckt die entstehenden Kosten, falls das Schiff z. B. wegen eines erkrankten Passagiers vom Kurs abweichen und einen Nothafen anfahren muss. Die Kosten hierfür betragen je nach Reisedauer 65–155 € pro Person.

14. Die Visa-Beschaffung ist Sache des Passagiers.

15. Ja

16. Einwegpassagen werden ab einer Woche aufwärts gebucht und sind ganz normal. Bei den ohnehin nur einwöchigen Nord-Ostseereisen werden ausschließlich Rundreisen angeboten. Aber grundsätzlich sind Einwegpassagen zu anderen Kontinenten oder entfernten Reisezielen durchaus normal. Die Mitnahme eines motorisierten Fahrzeugs stellt sich dabei etwas schwieriger dar. Auf Containerschiffen ist dies nicht so ohne weiteres möglich, denn der Reisende müsste sein Fahrzeug über eine Spedition verfrachten lassen. Einfacher geht es z. B. auf einem Autofrachter. Z. B bietet die Reederei Grimaldi auf ihren Ro-Ro-Schiffen nicht nur Platz für Passagiere, sondern auch für begleitende Fahrzeuge. Besonders beliebt ist hierbei die Einwegstrecke Hamburg–Buenos Aires. Die günstigste Doppelkabine (Innenkabine) kostet 1.250 € pro Person (inkl. Verpflegung) für die etwa 34-tägige Passage nach Argentinien. Die Mitnahme eines Wohnmobils kostet je nach Länge und Höhe des Fahrzeugs ab 1.600 € aufwärts. Fahrräder werden im Allgemeinen kostenfrei mitgenommen.

17. Heute haben beinahe alle Schiffe auch E-Mail an Bord. Die Kosten sind unterschiedlich und werden von Reederei zu Reederei unterschiedlich gehandhabt. Auch wenn man die Möglichkeit hat, E-Mails von Bord zu verschicken oder zu erhalten, sollte man immer im Hinterkopf haben, dass man dieses Kommunikationssystem nicht stets permanent für seine Bedürfnisse nutzen kann.

18. Max. 12 Passagiere dürfen auf ein Frachtschiff, die meisten Schiffe haben aber weit weniger Kapazitäten für Passagiere.

19. Ja, unbedingt. Ich freue mich immer, wenn ich alleinreisende Frauen dazu ermutigen kann, eine Frachtschiffreise zu unternehmen. Man ist als Frau nirgends sicherer aufgehoben als auf einem Frachtschiff. Das kann ich aus eigener Erfahrung

berichten. Die Menschen an Bord sind nett, höflich und zuvorkommend und bislang sind meine alleinreisenden Passagierinnen und ich glücklich und wohlbehalten von Bord gegangen. Und wer sagt denn nicht, dass man vielleicht sogar das Glück hat, mit einer der leider viel zu wenigen deutschen Kapitäninnen mitfahren zu können?
Kinder können mitgenommen werden, jedoch empfiehlt sich die Mitnahme eines Kindes erst ab einem bestimmten Alter. So befördern die meisten Reedereien Kinder ab dem 3. bzw. 6. Lebensjahr, manche sogar erst ab dem 10. Lebensjahr. Es kann durchaus für Kinder langweilig an Bord werden, besonders auf langen Seepassagen. Da die Reedereien nicht auf Kinder eingestellt sind, befinden sich auch keine Spielsachen o. Ä. an Bord. Auch müssen Kinder stets unter der Obhut der Eltern bleiben. Das kann auch für die Eltern sehr stressig sein.

20. Ja, unbedingt. Man sollte so wenig Kleidung wie möglich mit auf die Seereisen nehmen. Waschmaschine, Trockner, Bügeleisen und Bügelbrett ist auf jedem Schiff vorhanden, ebenso Waschpulver.

Antworten Beate Hinz: Fachreiseagentur für Seereisen, Kpt. Hoffmann

Beate Hinz (Mitte) vom Team Kapitän Hoffmann.

1. Altersbeschränkung: 79 Jahre.
   Gesundheit: Passagiere müssen bei Reiseantritt ein ärztliches Attest vorlegen, bei 7- bis 14-tägigen Reisen ab 65 Jahren, bei Reisen über 14 Tage alle Passagiere. Aus dem Attest muss hervorgehen, dass gesundheitlich keine Bedenken für eine Frachtschiffreise ohne Arzt an Bord bestehen.

2. Für Einsteiger empfehlen wir erst einmal eine 7-Tage-Reise Richtung Nord- oder Ostsee. Wenn dann die Seetauglichkeit geprüft ist, kann es weiter gehen. Besonders beliebt sind Reisen nach Südamerika, Australien und Mittelmeerrundfahrten für längere Reisen, kürzere Reisen sollen am besten in den Norden Finnlands führen.

3. Seit es die neuen Sicherheitsbestimmungen gibt, muss man sich vor Einschiffung entweder bei der Hafenbehörde oder nur beim jeweiligen Hafenmeister anmelden. Der Passagier ist von der Reederei oder von uns dort angemeldet und muss Ticket und Ausweis vorlegen.

4. Es stehen geräumige und zweckmäßig eingerichtete Kabinen für Passagiere zur Verfügung. Ebenfalls an Bord Schwimmbad (nur bei größeren Schiffen), Sauna, Sportraum, Leseecke, Aufenthaltsraum, Messe.

5. Abfahrts- und Ankunftstermine sind jeweils Cirka-Angaben, da es sich bei allen Schiffen um Arbeitsschiffe handelt, die nicht immer pünktlich sein können. Man sollte immer genug Zeitpuffer haben, sowohl nach vorne als auch nach hinten, und sich auf Verzögerungen einstellen. Natürlich gibt es auch Schiffe, die einen pünktlichen Fahrplan haben (Bananenfrachter), jedoch kann es auch hier zu Verzögerungen kommen.

6. Die Vorbereitung fängt schon bei der Buchung an. Wir als Agentur haben die Aufgabe, den Passagier mit Informationen und Tipps auf die Reise vorzubereiten. Er bekommt mit unseren Reiseinformationen alle wichtigen Hinweise; sowohl für die Einschiffung als auch für den Aufenthalt an Bord und die Häfen, die er anläuft. Hier bleibt keine Frage ungeklärt.

7. Je nach Reise sollte man auf alle evtl. Wetteränderungen vorbereitet sein. Wichtig für das Bordleben sind in erster Linie rutschfestes und wasserdichtes Schuhwerk. Da an Bord Waschmaschine und Trockner zur Verfügung stehen, ist nicht allzu viel Gepäck notwendig. Benötigt man Medikamente, sollte eine ausreichende Menge eingepackt werden.

8. Erste Verhaltensregel: Der Kapitän ist der erste Mann an Bord; mit ihm sollte man zu Beginn der Reise alle Fragen klären, z. B. Bewegung an Bord, wann auf die Brücke usw. Natürlich sollte man sich auch über Besonderheiten des Bordlebens informieren, wenn man das erste Mal auf einem Frachter mitfährt. Aber auch dazu stehen in unseren Reiseinformationen alle notwendigen Hinweise.

9. Natürlich ist die Zone der Containerstellplätze und Container tabu für Passagiere.

10. Landgänge sind im Allgemeinen selbst zu organisieren, da im Vorwege nicht genau feststeht, wie lange das Schiff im Hafen liegt. Wir geben mit den Reiseunterlagen natürlich Tipps für Landgänge, auch sind einige Kapitäne oder Offiziere an Bord gern behilflich.

11. Es ist möglich, im Vorwege spezielle Getränke oder Tabakwaren zu bestellen.

12. Die Essenszeiten sollten eingehalten werden.

13. Die Kosten für eine Frachtschiffreise liegen zwischen 60 und 100 € pro Tag/Person. Hinzu kommen Kosten für Ein-/Ausschiffung und Deviationsversicherung, zwischen 100 und 240 €.

14. Visa müssen selber beantragt werden, außer dem Visum für Russland, das wird komplett von uns übernommen. Für andere Visa erhalten die Passagiere mit den Reiseunterlagen alle notwendigen Unterlagen wie Visaantrag: Wo beantrage ich das Visum, Kosten etc.

15. Im Prinzip sind fast alle Routen Einweg zu fahren. 7-tägige Reisen werden jedoch nur als Rundreisen angeboten. Die Beförderung eines Fahrrades ist kein Problem und meistens kostenlos. Auto und Motorrad nur nach Absprache und nach Möglichkeit des Schiffes.

16. Nach Absprache ist auch das möglich.

17. Auf Frachtschiffen sind bis zu 12 Passagiere erlaubt, um noch ohne Arzt an Bord fahren zu können.

18. Alleinreisende Frauen sind an Bord sicher. Alle unsere alleinreisenden Damen waren begeistert und fühlten sich an Bord gut aufgehoben.

19. Kinder ab 6 Jahren sind an Bord willkommen. Jedoch sollte man bedenken, dass es keine Kinderanimation gibt und das Schiff für eine längere Reise nicht unbedingt für Kinder zu empfehlen ist.

20. Ja, Waschmaschine und Trockner sind auf jedem Schiff vorhanden und können von den Passagieren benutzt werden.

Das NSB-Team um Markus Hüneke (rechts).

Antworten Markus Hüneke: NSB-Frachtschiff-Touristik

1. Auf den von NSB (Reederei NSB Schiffahrtsgesellschaft mbH & Co. KG) bereederten Containerschiffen werden Kinder ab 3 Jahren und Erwachsene bis 79 Jahren zur Mitreise akzeptiert. Vor Beginn der Reise wird von jedem Passagier, egal welchen Alters, ein aktuelles ärztliches Attest verlangt. Aus dem Attest muss hervorgehen, dass ärztlicherseits keine Bedenken für eine Reise auf einem Containerschiff bestehen. Es befindet sich kein Arzt an Bord!

2. Grundsätzlich ist der Weg das Ziel! Für Einsteiger empfiehlt sich zu Beginn eine kürzere Reise mit einer Reisedauer von 1 bis 2 Wochen. Die Rundreisen auf den von NSB bereederten Schiffen sind in der Regel länger, mit einer Dauer von 4 bis 12 Wochen. Es können aber auch Teilstrecken gebucht werden! Die Reisedauer und Route kann daher sehr individuell gestaltet werden. Wir bieten weltweite Reisen an, unser Angebot in Richtung Asien ist besonders groß.

3. In den Häfen herrscht immer großer Betrieb, und das 24 Stunden am Tag. Häfen sind immer besonderer Gefahrenbereich. Jeder sollte sich im gesamten Hafenbereich und speziell im Bereich der Containerbrücken besonders vorsichtig verhalten. Je nachdem, in welchem Hafen, müssen sich Passagiere vor Einschiffung bei der Hafenagentur melden. In den großen Containerhäfen gibt es einen Pförtner am Eingang des Terminals, bei dem man sich anmelden muss. Häufig fahren innerhalb der Terminals eigene Shuttlebusse, mit denen Passagiere und auch Hafenmitarbeiter zu den Schiffen gefahren werden.

4. Die von NSB bereederten, größtenteils unter deutscher Flagge fahrenden, modernen Containerschiffe verfügen alle über Außenkabinen (Doppel- und Einzelkabinen), die geräumigen Doppelkabinen häufig über einen separaten Wohn- und Schlafraum, alle mit eigener Dusche/WC. Viele Kabinen haben eigene Unterhaltungselektronik wie Fernsehgerät, DVD oder Hifi-Anlage, alle sind mit einem Kühlschrank ausgerüstet. In der Regel haben alle Schiffe ein kleines Schwimmbad, Sauna, Fitnessraum, Aufenthaltsraum, Deckstühle, Bar, Messe. Die größeren Schiffe sind sogar mit einem Fahrstuhl ausgestattet.

Alle Bordeinrichtungen werden sowohl von Passagieren wie auch der Besatzung gemeinsam genutzt.

5. Frachtschiffreisende sollten flexibel sein und sowohl zu Beginn als auch zum Reiseende zusätzliche Zeit einplanen. Die Schiffe fahren zwar nach einem relativ festen Fahrplan, dennoch sind Fahrplanänderungen, zum Beispiel bedingt durch Ladungsverzögerungen sowie Wind und Wetter, möglich. Auch die Dauer von Landgängen kann sich kurzfristig ändern.
   Passagiere werden von uns vor Einschiffung über den aktuellen Ankunftstermin auf dem Laufenden gehalten.

6. Wir empfehlen Fachliteratur zum Thema Frachtschiffreisen zu lesen und Informationen zu den einzelnen Zielhäfen zu beschaffen. Reisedokumente sorgfältig durchlesen sowie Erkundigungen über mögliche Visa- und Impfbestimmungen einholen. Und nicht zuletzt beraten wir unsere Gäste vor Buchung ausführlich über die Besonderheiten einer Frachtschiffreise.

7. Man sollte zweckmäßige, bequeme und der Jahreszeit bzw. den Klimazonen angepasste Kleidung mitnehmen. Wichtig an Bord, insbesondere für die Außenbereiche, sind rutschfeste Schuhe. Sofern Medikamente benötigt werden, sollten diese in ausreichender Menge auf die Reise mitgenommen werden. Es ist hilfreich, wie bei jeder Reise, eine persönliche Checkliste anzulegen. Es ist zu beachten, dass nur »normales« Reisegepäck mitgenommen werden darf.
   Umzugsgut etwa wird nicht befördert.

8. Jedem Passagier muss bewusst sein, dass er/sie Mitreisende/r eines Containerschiffes ist und somit als »Beobachter« an einer Frachtschiffreise mit ihren besonderen Notwendigkeiten teilnimmt. Die Arbeitsabläufe an Bord dürfen nicht gestört werden und die Anweisungen und Sicherheitshinweise der Offiziere müssen, nicht zuletzt zum eigenen Wohl, befolgt werden.

9. Nur sicherheitsrelevante Bereiche sind tabu: bei Lade- und Löschvorgängen der Container nie im Arbeitsbereich aufhalten. Das Betreten der Brücke und des Maschinenraumes sollte nur in vorheriger Absprache erfolgen. Ansonsten können sich die Passagiere frei an Bord bewegen.

10. Landgänge sind im Allgemeinen selbst zu organisieren, da im Vorwege nicht genau feststeht, wie lange das Schiff im Hafen liegt. Wir geben mit den Reiseunterlagen natürlich Tipps für Landgänge, auch sind einige Kapitäne oder Offiziere an Bord gern behilflich.

11. Es ist möglich, im Vorwege spezielle Getränke oder Tabakwaren zu bestellen.

12. Die Essenszeiten sollten eingehalten werden.

13. Die Kosten für eine Frachtschiffreise liegen zwischen 60 und 100 € pro Tag/Person. Hinzu kommen Kosten für Ein/Ausschiffung und Deviationsversicherung, zwischen 100 und 240 €.

14. Visa müssen selber beantragt werden, außer dem Visum für Russland, das wird komplett von uns übernommen. Für andere Visa erhalten die Passagiere mit den Reiseunterlagen alle notwendigen Unterlagen wie Visaantrag: Wo beantrage ich das Visum, Kosten etc.

15. Im Prinzip sind fast alle Routen Einweg zu fahren. 7-tägige Reisen werden jedoch nur als Rundreisen angeboten. Die Beförderung eines Fahrrades ist kein Problem und meistens kostenlos. Auto und Motorrad nur nach Absprache und nach Möglichkeit des Schiffes.

16. Nach Absprache ist auch das möglich.

17. Auf Frachtschiffen sind bis zu 12 Passagiere erlaubt, um noch ohne Arzt an Bord fahren zu können.

18. Alleinreisende Frauen sind an Bord sicher. Alle unsere alleinreisenden Damen waren begeistert und fühlten sich an Bord gut aufgehoben

19. Kinder ab 6 Jahren sind an Bord willkommen. Jedoch sollte man bedenken, dass es keine Kinderanimation gibt und das Schiff für eine längere Reise nicht unbedingt für Kinder zu empfehlen ist.

20. Ja, Waschmaschine und Trockner sind auf jedem Schiff vorhanden und können von den Passagieren benutzt werden.

(Die Antworten 10. bis 20. decken sich mit den Aussagen der Fachreiseagentur für Seereisen)

Kapitäns-Tipps für Frachter-Passagiere

Jörg Laudahn (43) beantwortet wichtige Fragen aus jahrelanger Erfahrung

Kapitän Jörg Laudahn bei Manöverfahrt.

1. Wie muss man sich verhalten, wenn man in einem Hafen an Land gehen möchte?
Erst nach der Einklarierung durch Agent und Immigration darf man von Bord gehen. Zu empfehlen ist, sich vorher schon durch Reiseführer schlau zu machen und sich Tipps von der Besatzung geben zu lassen.

2. Worauf muss man sich hinsichtlich von Terminen (Abfahrt, Ankunft) einstellen?
Am wichtigsten ist der Auslauftermin. Der muss unbedingt eingehalten werden!
Wir warten nicht auf zu spät kommende Passagiere. Die Tafeln am Schiffsbüro und an der Gangway, wo man sich beim Wachmatrosen abzumelden hat, geben die Uhrzeit an, bis zu der man wieder an Bord zu sein hat.

3. Wie sollte man sich richtig vorbereiten?
Zum Beispiel mit diesem Buch. Da steht alles Wesentliche drin. Und die DVD vermittelt ein sehr anschauliches Bild samt Infos über das Bordleben auf einem Frachter. Auch Reiseführer wie von Polyglott zum Beispiel sollte man vorher lesen. Über die zu besuchenden Länder und Häfen findet man da eine ganze Menge.

4. Woran sollte man beim Kofferpacken denken?
Auch wenn es meistens DV Ds und Bücher an Bord gibt: Ich empfehle, sich mit Genügend eigenem Material einzudecken. Schließlich hat man genügend Zeit dafür.
Um deren Gestaltung muss man sich selbst kümmern, vor allem, wenn man allein reist.

5. Welche Verhaltensregeln sollte man, um unnötigen Ärger zu vermeiden, auf einem Frachter unbedingt beherzigen?
Spezielle Verhaltensregeln gibt es im Prinzip nicht. Rein menschlich gelten die gleichen wie an Land. Doch man sollte aus Sicherheitsgründen, die stehen nun mal obenan, den Anweisungen des Kapitäns sowie der nautischen und technischen Offiziere Folge leisten. Auf jeder Kabine liegt auch ein Papier mit den wichtigsten Punkten. Aber man kann auch fragen, wenn etwas unklar ist.

6. Gibt es Bordbereiche, die tabu sind?
Den Kapitän in seiner Kammer beim Mittagsschlaf stören ..., aber Spaß bei Seite: Eine geschlossene Tür signalisiert, dass man seine Ruhe haben möchte. Denn wer Wache geht, braucht die zwischendurch.
Wenn man in den Maschinenraum gehen möchte, ist vorher der Chief zu informieren. Für die Brücke gilt, dass man den Kapitän fragt, wann es geht und wann nicht, zum Beispiel während Revier- und Manöverfahrten. Geräte, Seekarten und anderes Material darf der Passagier nicht benutzen. Die Brücke ist kein »Café Seeblick«, sondern ein hochkonzentrierter Arbeitsbereich.

Und von Sonnenuntergang bis -aufgang ist der Aufenthalt auf dem Hauptdeck verboten. Da würde niemand mitbekommen, wenn einer über Bord fällt.

7. Wie ist es mit Landgang: Muss man alles selbst organisieren?
Im Prinzip ja! Aber Kapitän und Agent leisten dabei gern Hilfestellung. Zum Beispiel, wenn es darum geht, ein Taxi mit einem zuverlässigen Fahrer und abgesprochenen Preis zu bestellen.

8. Ist es möglich, spezielle Getränke oder Tabakwaren, die man besonders mag, schon vorher ordern?
Ja, ohne Mehrkosten über das Vermittlungsbüro bzw. die Reederei. Im Store hat der Kapitän jedoch einige Vorräte, die man per Zettel an Bord bestellen kann. Ob nun Wein, Bier, Schnaps, Wasser, Süßigkeiten, Knabberzeug oder Kosmetika.

9. Muss man sich an die Essenszeiten halten oder gibt es auch Alternativen?
Essenszeiten sollten eingehalten werden, denn auch Koch und Steward können die Kombüse nicht 24 Stunden lang besetzt halten. Ansonsten sind die Essenszeiten im vorgegebenen Rahmen flexibel. Frühstück von 07.30 bis 08.30, Mittag von 11.30 bis 13.30 und Abendessen von 17.30 bis 18.30 Uhr.

10. Hat man sich um Visa selber zu kümmern?
Falls erforderlich, rechtzeitig vorher. Aber das sagt einem auch der Vermittler oder die Reederei.

11. Kann man E-Mails von Bord aus verschicken und was kostet das?
Das ist von Reederei zu Reederei sehr unterschiedlich. Am besten, man erkundigt sich vorher.

12. Sind auch alleinreisende Frauen an Bord gut aufgehoben?
Auf jeden Fall! Ich habe da noch nie Probleme gehabt.

13. Können Kinder mitgenommen werden?
Das Mindestalter liegt bei drei bis vier Jahren. Aber auch hier gilt: vorher fragen. Für den Passagier bedeutet das aber auch, sich ständig um die Kleinen zu kümmern, sie zu beaufsichtigen und zu beschäftigen. Es gibt zu viele Gefahrenquellen an Bord.

14. Darf man Waschmaschine und Trockner benutzen, um das Gepäck zu erleichtern?
Auf jedem Schiff sind diese Geräte vorhanden. Normalerweise kann man sie jederzeit benutzen, wenn sie nicht gerade belegt sind. Manchmal gibt es auch Extra-Zeiten, vermerkt auf einem Hinweisschild in der Laundry, nur für Passagiere.

15. Was würden Sie sonst noch empfehlen?
In erster Line sollte man sich selbst beschäftigen können! Möglichkeiten gibt es viele. Ein Frachter ist nun mal ein Arbeitsschiff und kein Kreuzfahrer, auf dem sich die Besatzung ständig um die Gäste kümmert.

16. Welche Erfahrungen haben Sie als Kapitän mit Passagieren bisher gemacht?
Die unterschiedlichsten – wie Menschen eben so sind –, meistens gute, aber eben auch weniger erfreuliche. Wer zum Beispiel an Bord kommt und glaubt, weil er alles bezahlt habe, könne auch alles machen oder die Crew als seine Hiwis anzusehen, der bekommt massiven Ärger. Womit die Reise dann für denjenigen gelaufen wäre. Ansonsten kann man viel Spaß und Abwechslung haben, wie man im vorliegenden Buch ausführlich nachlesen kann.

17. Last but not least: Warum haben Sie sich für den Seemannberuf entschieden? Und wie verlief dann Ihre Laufbahn?

Stationen bis zum Kapitän:

- Der gebürtige Wismaraner mit Wohnsitz in Rostock ist familiär vorbelastet, denn schon Großvater und Vater fuhren als Kapitän zur See. Auch er wollte nichts Anderes werden.
- Für damalige (DDR-)Verhältnisse ein Traumberuf, »weil man über den Horizont hinaussehen und gutes Geld verdienen konnte«.
- 1981 Beginn der zweijährigen Lehrausbildung: ein halbes Jahr Schule an Land, ein halbes Jahr an Bord MS GEORG BÜCHNER, ein Jahr auf Kühlschiff GERHARD HAUPTMANN.
- Es folgten zweieinhalb Jahre als Vollmatrose/Bootsmann auf diversen Frachtern in der Kühl- und Massengutfahrt.
- Als Voraussetzung zum Besuch der Seefahrtsschule musste er den 18-monatigen Wehrdienst ableisten.
- Ein Jahr dauerte der Vorbereitungslehrgang zur allgemeinen Hochschulreife (Abitur).
- Viereinhalb Jahre dauerte das Nautik-Studium an der Seefahrtsschule Wustrow/Warnemünde, das Jörg Laudahn mit dem Wach-Patent AGW abschloss. Nach weiteren zwei Jahren Fahrtzeit wurde ihm das Patent AG – Kapitän auf Großer Fahrt – ausgehändigt.
- Im März 1992 stieg er als Zweiter Offizier bei der Hamburger Reederei August Bolten/Lydia Mar ein. Im Januar 1994 wechselte er in gleicher Dienststellung zur Deutschen Shell AG und fuhr Tanker.
- Im Januar 1997 wurde er bei der Rendsburger Reederei als Erster Offizier eingestellt.
- Im Januar 2000 wechselte er zur Buxtehuder Reederei NSB, die ihn seit Mai 2002 als Kapitän auf verschiedenen Großcontainerschiffen einsetzt.

Aufgaben als Kapitän:

- Treffen von Reisevorbereitungen (Planung der günstigsten Routen)
- Ausführung aller Manöver- und Revierfahrten
- Interessenwahrnehmung der Reederei in allen anzulaufenden Häfen

- Koordination sämtlicher Arbeiten an Bord (Deck, Maschine)
- Erstellung von Abrechnungen (Gehälter, Heuern)
- Kommunikation mit Eigner und Charterer
- Proviantbestellung und -einkauf
- Überwachung von Beladung und Stabilität des Schiffes
- Ein- und Ausklarierung des Schiffes bei den Hafenbehörden und -agenturen
- Ansprechpartner für Besatzungs- und Passagierfragen
- Hauptverantwortlicher für den gesamten Schiffsbetrieb einschließlich Sicherheit

Die Fragen stellte der Autor während einer Reise von Bremerhaven zur Ostküste Südamerikas und zurück an Bord des Containerfrachters MS MSC LAUSANNE *(siehe Beitrag in diesem Buch).*

Vom nautischen Schiffsoffizier zum Kapitän

»Schon als Kind habe ich gesegelt. Seitdem wollte ich etwas mit Wasser zu tun haben, deshalb möchte ich Kapitän werden.«

Diese Begründung einer beruflichen Entscheidung ist für denjenigen, der sie verwendet, völlig legitim. Wir wollen sie jedoch nicht als repräsentativ für die Laufbahn zum nautischen Schiffsoffizier und Kapitän unkommentiert stehenlassen. Der Beruf des Nautikers hat mit der Segelei zunächst so viel zu tun wie die Segelfliegerei mit der Berufsluftfahrt – das Medium, zugegeben, ist dasselbe.

Ein Kapitän – ob männlich oder weiblich – trägt als Leiterin oder Leiter des Schiffsbetriebs die Verantwortung dafür, dass dieser sicher, wirtschaftlich, umweltschonend und in Übereinstimmung mit nationalen und internationalen Vorschriften und Gesetzen funktioniert.

Der Kapitän ist ein Manager und kann den Betrieb Schiff nur gut führen, wenn die Besatzungsmitglieder gut zusammenarbeiten. Dies durch umsichtige Personalführung zu erreichen ist vornehmste Aufgabe des Kapitäns. Er ist Stellvertreter des Reeders an Bord und derart sogar im Handelsgesetzbuch HGB erfasst (siehe http://www.buzer.de/gesetz/3486/b9561.htm).

Zum Kapitän kann man vom Reeder ernannt werden, wenn man über die notwendige Persönlichkeit, Qualifikation, Erfahrung und das geeignete Befähigungszeugnis verfügt. Ein Kapitän hat eine jahrelange Erfahrungsseefahrtzeit als Nautiker hinter sich. Weniges von dem, was aus einem jungen Bachelor einen guten Seemann oder eine gute Seefrau machen, ist an der Seefahrtschule erlernt. Die Erfahrung macht es. Im Falle des Kapitäns heißt dies die Erfahrung als Nautischer Schiffsoffizier. Vom Wesen her ist ein Kapitän Generalist: Er sollte Schiff fahren können, kennt sich mit Gesetzen aus, ist Verwalter und manchmal auch Zahlmeister, Notfallmanager, Tröster und Unterstützer seiner unerfahrenen Mitarbeiter, Mediator, Wetterkundler, Teamleiter, Ladungsfachmann, er sollte Seemann sein, im Angesicht von beunruhigenden Situationen Ruhe, Souveränität und den Überblick bewahren, er soll führen und entscheiden, und das möglichst richtig. Wahrhaft keine leicht zu nehmende Aufgabe. Deshalb kann kein Kapitän sein Schiff alleine fahren.

Aus:
Info zum Thema »Ausbildung und Werdegang in der Seeschifffahrt« (herausgegeben vom Verband Deutscher Reeder, VDR)

Passagierin mit Blick voraus.

Frachtschiffreisen aus Passagierssicht

Nützliche und wissenswerte Tipps

Mit dem Frachter zu verreisen, ist natürlich nicht mit einer luxuriösen Kreuzfahrt vergleichbar. Aber warum eigentlich nicht? Die erfahrene Frachtschiffreisende Melinda Dittmann mit Tipps und Tricks für einen gelungenen Aufenthalt an Bord.

Nun haben wir schon vier Frachtschiffreisen auf Feederschiffen (sie verteilen die großen Blechkisten von den großen Häfen zu kleineren) – einmal Nordsee und dreimal Ostsee – gemacht und immer wieder erlebe ich bei Gesprächen mit Bekannten und Kollegen, dass sie sehr fragend und verwundert dreinschauen. Dann kommen Fragen wie:
»Ich wusste gar nicht, dass man überhaupt auf Frachtschiffen mitreisen kann.«
»Was macht man auf so einem Schiff?«
»Wie kommt man auf diese Art zu reisen und wie kann man das eigentlich buchen?«
Die Fragen sind bei uns im Rheinland (Schiffsverkehr findet gerade mal auf dem Rhein statt) eigentlich auch ganz normal. Ich freue mich dann jedes Mal, meine erstaunten Zuhörer mit Informationen zu versorgen, die man in Bezug auf unsere ungewöhnliche Reisemöglichkeit weitergeben kann.
Alle Gespräche und Fragen haben mich dazu bewogen, ein paar Informationen und nützliche Tipps für Interessierte zusammenzustellen.

Wie bucht man eine Reise?
Es gibt verschiedene Möglichkeiten.
Entweder man bucht über eine spezielle Reiseagentur (über die Suchmaschinen im Internet leicht herauszufinden) oder man wendet sich direkt an eine der vielen Reedereien. Nicht alle Reedereien kümmern sich selbst um die Belegung der Kabinen und überlassen das speziellen Reiseagenturen. Wir hatten bei unserer dritten und vierten Reise das Glück, mit zwei verschiedenen Reedern Kontakt zu haben und eine tolle persönliche Betreuung von Anfang an zu genießen.

Welche Formalitäten sind zu erledigen?
Bucht man über eine der speziellen Reiseagenturen, erhält man die Unterlagen nach Hause oder per E-Mail und muss eine Reiseanmeldung ausfüllen. Weiterhin ist noch der Beförderungsvertrag der entsprechenden Reederei zu unterschreiben.
Ein Versicherungspaket wird gleich mit angeboten. In manchen Fällen ist auf Verlangen der Reederei ein ärztliches Attest beizubringen.
Sollte man zum Beispiel eine Reise nach St. Petersburg planen, muss auch ein Visum beantragt werden – rechtzeitig.
Wir erhielten von der Reiseagentur teilweise nur sehr spärliche Informationen über das Schiff, die Besatzung und die Ausstattung der Kabine. Wenn man also Detailinformationen haben möchte (auch die Nationalität der Mannschaft betreffend, falls man kein Englisch spricht), muss nachgefragt werden.
Bei Buchungen direkt über den Reeder ist nach unserer Erfahrung alles viel einfacher. Man kommuniziert per Mail bzw. telefoniert und erhält Bestätigung und ausführliche Infos zum Schiff, der Besatzung sowie der geplanten Reiseroute.

Welche Leistungen sind im Reisepreis enthalten?

Ich formuliere es mal ganz salopp: Man hat Full-Service gebucht, aber ohne Cocktailempfang, Bingo, Animation und Zimmerservice. Es gibt nicht mehrere Restaurants an Bord, man speist mit dem Kapitän, den Offizieren sowie dem Chief (das ist der Chefmaschinist) in der Offiziersmesse. Die übrige Besatzung nimmt ihre Mahlzeiten in der Mannschaftsmesse ein.

Will man auf das Frühstück nicht verzichten, ist zeitiges Aufstehen gefragt. Kapitäns-Dinner wird ebenfalls nicht geboten, und deshalb ist weder das Cocktail-Kleid noch der Smoking angebracht. Die Abendgarderobe kann man getrost zu Hause lassen. Aber dafür hat man direkten Kontakt zur Besatzung.

Man bewohnt, je nach Buchung, eine Einzel- oder Doppelkabine mit eventuell verstelltem (Container-)Blick nach draußen. Einen Aufzug gibt es auf kleineren Schiffen nicht. Beintraining für die teilweise fünf bis sechs Decks ist angesagt.

Sollte man Nichtraucher sein, dann sei vorbereitend angemerkt, dass die meisten Seeleute nicht nur die Schornsteine rauchen lassen ... und das Schiff ist nun mal ihr Zuhause. Toleranz ist gefragt.

Wie kommt man zum und dann auf das Schiff?

Hier sollte man wieder unterscheiden zwischen Buchung über eine Reiseagentur oder die Reederei.

Buchung über Reiseagentur:

Schriftlich erhält man einen unverbindlichen Abfahrtstermin und die Angabe des Hafenterminals. Einen Tag vor Auslaufen des Schiffes folgt die Information, an welchem Hafenterminal man sich einfinden muss. Sollte man an einem Wochenende auf das Schiff wollen, sich aber am Fahrplan kurz vor der Anreise etwas geändert haben, ist die Reiseagentur geschlossen. Daher sollte man sich besser vorher erkundigen, wie in diesem Fall zu verfahren ist. Bei Frachtschiffreisen gibt es nämlich keine genauen Abfahrtzeiten bis kurz vor der Abreise. Änderungen sind immer möglich und dann ist es wichtig, Kontakt zur Reiseagentur zu halten.

Buchung über die Reederei:

Hier ist man immer in direktem telefonischen Kontakt und es wird ein paar Tage vor Auslaufen angeraten, noch einmal kurz nachzufragen, ob sich am Fahrplan etwas ändern wird.

Bei unserer letzten Reise hatten wir uns schon auf Norwegen eingestellt, da dies bereits seit über einem Jahr das Ziel unseres Schiffes MS NORRLAND war. Aber es hat uns nicht wirklich gewundert, als wir einen Tag vor Abreise von unserem netten Reeder Jürgen Ohle erfuhren, dass unser Zielhafen Riga in Lettland sein wird. So ist das nun mal, das kann passieren. Für den Frachtschiffreisenden ist der Weg das Ziel.

Man muss bei Änderungen auch immer bedenken, dass hier nicht der Passagier die ausschlaggebende Rolle spielt, sondern Ladung und Zielhäfen der Container.

Die gesamte Frachtschifffahrt unterliegt einem enormen Termindruck. Zeit ist Geld!

Wir haben am Tag unserer geplanten Abfahrt telefonisch die Information über das Terminal und die Uhrzeit erhalten, zu der wir auf »unser« Schiff konnten.

Anfahrt mit dem Pkw

Man kann nicht direkt am Schiff parken. Es empfiehlt sich daher eine Anreise mit dem Pkw nur, wenn das Ende der Reise zum gleichen Hafen zurückführt. Am besten man erkundigt sich bei der Reiseagentur nach Parkmöglichkeiten. Einige Reederein können sogar kostenlose und bewachte Parkplätze innerhalb des Hafengeländes anbieten, da sie über die nötigen Kontakte zu den Hafenterminals verfügen.

Wir haben mit unseren beiden Reedereien auch dabei viel Glück gehabt.

Bei einer längeren Anreise sollte man auf jeden Fall eine Übernachtung vor und eventuell nach dem geplanten Abreisetermin einkalkulieren, dann erlebt man auch keine bösen Überraschungen. Ein Containerschiff kann nicht auf seine Passagiere warten, und wer will schon gern »sein« Schiff auslaufen sehen, ohne selbst an Bord zu sein?

Auch bei anderen Verkehrsmitteln sei gesagt: immer genug Zeit mit einplanen und auch eine Taxifahrt ins Hafengebiet. Die wenigsten öffentlichen Verkehrsmittel fahren direkt an bzw. schon gar nicht in das Hafengelände.

Das Einchecken an Bord

Am Eingang des Hafenterminals muss man sich anmelden. Dafür sind die Reisebestätigung, der Reisepass und die Angabe des Schiffsnamens erforderlich. Die meisten Terminals (ob Hamburg oder Bremerhaven) verfügen über einen eigenen Shuttle-Service, der die Passagiere direkt zum Schiff bringen kann. Entweder man wird dort an der Gangway schon erwartet oder meldet sich auf der Brücke des Schiffes selbst an. Dort folgt eine kurze Begrüßung (es gibt jedoch keinen Empfangscocktail) und man wird zu seiner Kabine gebracht. Dort liegt meistens eine Kurzinfo, die an die Passagiere gerichtet ist, falls man nicht alles Wissenswerte schon von einem der Besatzungsmitglieder erfahren hat.

Wir haben immer direkt nach Sonnenstühlen gefragt. Sie haben richtig gelesen!

Es ist ja nicht so, als ob man hier auf alle Vorzüge eines Kreuzfahrtschiffes verzichten muss. Zumindest was die Sonnenstühle betrifft, haben wir auf allen vier Reisen darüber verfügen können, ohne auch nur einmal um 6 Uhr morgens, mit einem Handtuch bewaffnet, »reservieren« zu müssen. Es gab auf unseren Schiffen auch sonst keine Passagiere. Wir beide waren die einzigen Passagiere an Bord. Herrlich! Urlaub total.

Am Tag des Eincheckens wird durch einen der Offiziere eine Sicherheitsunterweisung durchgeführt. Man wird mit allen Maßnahmen in Notfällen vertraut gemacht. Dabei erfährt man zum Beispiel die Angabe des Decks, auf dem sich alle an Bord einfinden müssen, den Aufbewahrungsort der Rettungswesten sowie den Platz der Passagiere im Rettungsboot. (Sieht aus wie ein kleines orangefarbenes U-Boot.) Dieses wird bei Bedarf im freien Fall zu Wasser (Fallhöhe circa 10 Meter) gelassen. Wir haben das, Gott sei Dank, noch nicht erleben müssen.

Wie sieht eine Kabine aus?

Erwarten darf man keinen Luxus. Die Kabinen auf einem Containerschiff sind einfach und zweckmäßig. Die Maße der Doppelbetten (alle Betten sind übrigens mit einer Holzumrandung versehen, damit man bei Seegang nicht herausfällt) sind maximal 1,40 auf 2,00 Meter, teilweise nur 1,20 Meter breit. In den Einzelkabinen ist das Bett 0,80 bzw. 1,00 auf 2,00 Meter. Dann gibt es noch eine Eckcouch, einen Tisch, einen Kleiderschrank, meistens einen Kühlschrank und viele kleine Schränke. Alles ist fest mit dem Boden verschraubt. Teilweise verfügen die Kabinen über einen Fernseher und ein Radio. Bedenken sollte man dabei aber, dass auf See kaum oder kein Empfang möglich ist. Ein mitgenommener Weltempfänger kann hier sehr nützlich sein. In der Offiziersmesse kann man auf Nachfrage Videos bzw. DVDs aus dem Bordbestand anschauen. Die Klimaanlage in der Kabine ist leicht zu bedienen. Es gibt nur eine Kalt- und eine Warmstellung.
Das Bad besteht aus einer Toilette, einer Dusche, einem Waschbecken und einem Spiegelschrank (war auf all unseren Feederschiffen so).
Handtücher werden gestellt, einen Fön jedoch gibt es nicht.
Es gibt auch keinen Kabinen-Service auf Feederschiffen. Die Kabine ist gereinigt, wenn man eincheckt. Wenn man zu einem späteren Zeitpunkt selber seine Kabine bzw. das Bad putzen möchte, ist das durchaus möglich. Reinigungsmittel und auch einen Staubsauger erhält man auf Anfrage bei der Besatzung. Will man zusätzlich ein paar Sachen waschen, ist das ebenfalls machbar. Hier erteilt die Besatzung gerne Auskunft, wann es zeitlich am besten passt und auf welchem Deck man die Waschmaschine und den Trockner findet.

Wo isst man auf einem Frachtschiff?

Man nimmt seine Mahlzeiten in der Offiziersmesse ein. Das hört sich toll an und man wäre in Versuchung, die elegante Garderobe dafür vorzusehen. Aber weit gefehlt, man befindet sich auf einem Arbeitsschiff. Wir haben während aller Reisen nicht einmal den Kapitän bzw. die Offiziere in schmucken Zweireihern mit goldenen Streifen an den Ärmeln gesehen. An Bord laufen alle, egal wer es von der Besatzung ist, mit Arbeitsanzügen, Jogging-Hosen, T-Shirts, Jeans und Sweatshirts herum. Auch die guten Birkenstocks sind weit verbreitet und werden gerne getragen. Also, beim Packen der Koffer ruhig zu den bequemen und praktischen Sachen greifen.

Essenszeiten an Bord

Disziplin ist angesagt. Es gibt feste Essenszeiten, die auf fast allen deutschen Schiffen eingehalten werden:

Frühstück:	07.30 Uhr	(gähn – doch recht früh, oder?)
Kaffeepause:	10.00 Uhr	(aber wirklich nur Kaffee, kein zweites bzw. Langschläferfrühstück)
Mittagessen:	11.30 Uhr	(was es gibt, kommt auf den Koch an, aber meistens Suppe, Hauptspeise und Nachspeise, sonntags auch mal ein Eis)
»Teatime«:	15.00 Uhr	(nur Kaffee, vielleicht ein paar Plätzchen, sonntags sogar Kuchen)
Abendbrot:	17.30 Uhr	(Brot, Aufschnitt, Käse, aber auch eine warme Kleinigkeit wird gereicht)

Wer ständig zu spät kommt, wird entweder vom Kapitän »nett gerügt« oder erhält vom Koch mit dem Essen auch einen leicht säuerlichen Blick. Das hat seinen Grund, immerhin hat der Koch keinen freien Tag, und somit würde man seine wenigen Pausenzeiten verkürzen und seinen Zeitplan für die Vorbereitung der Folgemahlzeiten durcheinanderbringen.
Deshalb hier ein Hinweis: Wenn man einen Landgang plant, sollte man auch dem Koch Bescheid geben. Am besten gleich mit der Information, wann man wieder zurück sein wird. Er dankt es Ihnen.

Gibt es Getränke an Bord?

Sollte man auf sein abendliches Bier oder den Genuss von Wein nicht verzichten wollen, hat man zwei Möglichkeiten. Entweder man bringt selbst etwas mit an Bord oder man fragt den Kapitän. Er verfügt als Einziger an Bord über die alkoholischen Getränke und auch die Tabakwaren. Man sollte ihn fragen, was er im Angebot hat, und kann es bei ihm kaufen. Ebenso Mineralwasser oder ähnliche Erfrischungsgetränke. Nur Kaffee oder (meist schwarzer) Tee zu den Mahlzeiten sind im Reisepreis eingeschlossen.

Was packe ich für eine Frachtschiffreise in den Koffer?

Aus meiner Erfahrung heraus sind es wetterfeste Jacken, bequemes Schuhwerk, sportliche Kleidung und auch die Jeans sind angebracht. Im Sommer die Sonnenschutzlotion nicht vergessen. Weiterhin sind Dinge für den Zeitvertreib sinnvoll: Bücher, Weltempfänger, Kreuzworträtsel oder auch Spiele. Alles je nach Bedarf.
Weiterhin sollte man Informationen über das Land bzw. die Länder mitnehmen, die man bereisen wird. Landkarten, die den Weg aus dem Hafen in die Stadt beinhalten, sind unentbehrlich. Bei Nichtvorliegen kann man natürlich auch den Kapitän fragen, wie man am besten aus dem Hafen in die Stadt kommt.
Dann sollte man an einen Fön, Arzneimittel (es gibt keinen Arzt und auch keine Apotheke an Bord) und generell alles denken, was zu den persönlichen Bedürfnissen gehört.
Auch ein Handy ist sinnvoll, damit man bei den Landgängen erreichbar ist. Auf See hat man jedoch selten Empfang (nur in Küstennähe).

Was ist, wenn man seekrank wird?

Ich war bis dato davon überzeugt, überhaupt nicht seekrank zu werden. Aber dann kam der Tag auf der Nordsee mit etwa fünf bis sechs Meter hohen Wellen. Das Schiff rollte und stampfte (soll heißen: legte sich abwechselnd auf die rechte und linke Seite und zudem ging es vorne die Wellenberge rauf und wieder runter). Kurz und gut: Ich wollte »sterben«. Es ging mir sehr schlecht. Mein Mann riet mir, mich hinzulegen. Erstens war ich aber nicht in der Lage, von meinem Stuhl aufzustehen, und zweitens war ich auch der festen Meinung, dass es dann noch schlimmer würde. Aber mein Mann, selber früher zur See gefahren, hat auf mich eingeredet und mich dann ins Bett verfrachtet. Was soll ich sagen? Von da an ging es mir immer besser, ich schlief ein, und als ich aufwachte, war die See wieder ruhig.

Fazit: Meine Reisetabletten hatten nicht helfen können, aber der Rat meines »Seemannes«, mich einfach hinzulegen. Nur Kreuzfahrtschiffe verfügen über Stabilisatoren, ein Frachtschiff »passt sich dem Seegang« an.

Was macht man während der Zeit auf See?

Es gibt mehrere Möglichkeiten:

Entweder Erholung total, wenn man zum Beispiel mit seinem Sonnenstuhl sich ein nettes Plätzchen sucht und dann hört, wie sich das Schiff kraftvoll durch die Wassermassen pflügt. Auf der Back ganz vorn hat man das Gefühl, auf einem großen Segelschiff zu sein. Kein Motorengeräusch ist zu hören. Dabei kann man wunderbar entspannen oder lesen.

Oder man geht mal auf die Brücke und hält dort ein Schwätzchen mit dem wachhabenden Offizier falls dieser gerade Zeit hat) und lässt sich »seemännisch fortbilden«, zum Beispiel durch Einweisung in die Navigation etc.

Oder man lässt sich vom Chief den gewaltigen und sich teilweise über zwei bis drei Decks erstreckenden Schiffsdiesel im Maschinenraum erklären.

Auf Kreuzfahrtschiffen gibt es diese Möglichkeiten aufgrund von Sicherheitsvorschriften (ISPS) nicht. Aber das sind für Frachtschiffreisende die Highlights und daher unentbehrlich.

Mein Mann und ich haben auf der Ostsee von der Brücke aus aufgrund der 360° Rundumsicht schon die wundervollsten Sonnenuntergänge miterleben können – unbeschreiblich schöne Augenblicke.

Wenn man eine Passage bucht, die durch den Nord-Ostsee-Kanal führt, dann ist das aus meiner Erfahrung etwas ganz Besonderes. Erst die Schleusenfahrt und danach kommt es einem so vor, als ob man aus einem fahrenden Hochhaus rechts und links auf die Landschaft schauen kann. Oder anders gesagt, man fährt gemächlich an der wundervollen Natur, den Höfen und Feldern vorbei. Auch ohne Fernglas hat man dabei einen wunderbaren Blick auf alles, was sich am NOK befindet. Sehr zu empfehlen!

Wie ist das mit der Geräuschkulisse?

Wenn das Schiff im Hafen liegt, werden Container gelöscht (entladen) und geladen. Das ist ein Vorgang, der teilweise mit einem lauten dumpfen Aufsetzgeräusch verbunden ist. Auch schwankt das Schiff dann unter Umständen leicht nach rechts und links. Das muss man wissen, denn es werden teilweise mehrere hundert Container gelöscht und wieder geladen. Wenn man nachts in einen Hafen einläuft und das Schiff festgemacht hat, beginnen die Lade- und Löscharbeiten mit den Containerbrücken. Da kann man schon mal unliebsam geweckt werden. Das ist halt so.

Wenn der mächtige Schiffsdiesel angelassen wird, ein leichtes Vibrieren durch den gesamten Schiffsrumpf geht und die Fahrt beginnt, dann ist das für mein Empfinden das schönste Geräusch. Besser noch als Musik. Bei dem anhaltend leichten Schaukeln während der Fahrt auf See und dem sonoren Wummern des Diesels geht es mir immer richtig gut.

Wie ist das mit dem Landgang?

Am Zielhafen angekommen, ist Eigeninitiative gefragt. Es gibt keine Reiseleitung, die den Passagieren die Tagestouren anbietet. Auch kann es sein, dass man erst nachts ankommt oder nur über ein paar Stunden Landgang verfügen kann.

Auf jeden Fall führt der erste Weg auf die Brücke, da man nur dort die Informationen über die Liegezeit und das voraussichtliche Auslaufen (also Ablegen) des Schiffes erhält. Aber das Wichtigste ist, sich vor dem Landgang abzumelden und nach Rückkehr wieder anzumelden. Das macht man bei der Gangwaywache. Da wird man ein- und wieder ausgetragen.

Ausgestattet mit der Aussage, wann man wieder zurück an Bord sein soll und dem Austausch der Handy-Nummern für den Fall, dass sich etwas am Auslauftermin ändert, macht man sich auf den Weg. Man muss zunächst zum Ausgang des Hafenterminals (Gate) und sich dort ausweisen.

Hier ein Tipp aus eigener Erfahrung: In Riga, Rotterdam und auch in St. Petersburg sind die Wege zum Gate teilweise bis zu sechs Kilometer lang. Am besten fragt man den Kapitän, ob man mit dem Hafenagenten bis dorthin mitgenommen werden kann oder eventuell jemand von der Besatzung in die Stadt fährt.

Wir haben uns für die jeweiligen Städte einen Besichtigungsplan gemacht und dabei das zeitliche Limit nie aus den Augen verloren. Denn das Schiff wartet nicht. Sollte man die Zeit vergessen oder zu spät kommen, dann könnte da, wo das Schiff festgemacht war, nur noch ein verlassener Kaiplatz zu sehen sein …

Habe ich Ihr Interesse geweckt? Wenn ja, dann probieren Sie es doch einfach mal aus. Buchen Sie eine »Schnupperreise«. Entweder Sie sagen nach der Rückkehr, dass es nicht Ihr »Ding« ist, oder Sie sind »süchtig« nach dieser Art zu reisen und können es kaum erwarten, wieder mit einem Containerschiff in See zu gehen.

Die häufigsten nautischen Fragen

Erster Offizier Udo Wölms peilt die untergehende Sonne.

Woher kennt man die Ausdehnung eines Eisberges unter Wasser?
Die Geometrie von Eisbergen folgt bestimmten Regeln; so hat auch ein Tafeleisberg unter Wasser senkrechte Flanken. Unregelmäßig geformte Eisberge folgen unter Wasser weitgehend ihrer Überwasserform. Außerdem sind helle Verfärbungen des Wassers Anzeichen für »Nasen«, die unter Wasser einen Eisberg vergrößern. Und der Sicherheitsabstand beim Passieren von Eisbergen ist meistens größer, als es den Anschein hat: Die Distanzen werden oft unterschätzt.

»Es gibt keine dummen Fragen – höchstens dumme Antworten.«
(unbekannt)

»Navigation ist, wenn man trotzdem ankommt.«
(Seemannsweisheit)

Wie misst man die Wellenhöhe?
Die Wellenhöhe kann nur auf wenigen Spezialschiffen gemessen werden. Die Angaben über die Höhe von Windsee und Dünung auf Kreuzfahrtschiffen oder Frachtschiffen sind Schätzungen der Nautiker, die Genauigkeit hängt im Wesentlichen von der Erfahrung – und vom Augenmaß ab.

Was bedeutet der schwarze Ball am Vormast?
Es handelt sich um den Ankerball, einen Signalkörper von 60 cm Durchmesser. Dieser Ankerball zeigt an, dass das Schiff am Anker liegt und folglich anderen Fahrzeugen nicht ausweichen kann.

Kann man mit dem Echolot nach vorne »sehen«?
Die herkömmlichen Echolote bestehen aus einem Sender/Empfänger unter dem Bug des Schiffes. Die Abstrahlung der elektromagnetischen Wellen geschieht nahezu senkrecht Richtung Meeresboden, so dass nur die Wassertiefe unter dem Schiff dargestellt wird.

Wer »steuert« das Schiff, wenn der Kapitän andere Dinge zu tun hat?
Drei Wachoffiziere lösen sich im Vier-Stunden-Rhythmus ab; während ihrer Wache sind sie für die sichere Schiffsführung voll verantwortlich. Der Kapitän übernimmt normalerweise nur in besonderen Fällen (Ein- und Auslaufen, schwierige Manöver) das Kommando auf der Brücke. Wenn der Kapitän andere Verpflichtungen wahrnimmt, herrscht auf der Brücke also »Routine«. Der Kapitän kann sich bei Verhinderung auch durch den Leitenden Offizier vertreten lassen.

Wie weit ist der Horizont entfernt?
Die Entfernung des Horizontes ist abhängig von der Augenhöhe (d. h. der Höhe über dem Wasser) des Betrachters. Bei einer Augenhöhe von zwölf Metern ist der Horizont 7,3 Seemeilen entfernt, bei einer Augenhöhe von zwanzig Metern 9,4 Seemeilen.

Was ist eine Seemeile?
Eine Seemeile ist der 60. Teil eines Breitengrades (oder der 21.600. Teil des Erdumfanges) und entspricht 1.852 Meter. Die Seemeile ist unterteilt in zehn Kabellängen zu je 185 m.

Wie wirken die Stabilisatoren?
Die Stabilisatoren bestehen aus einem Paar unter Wasser seitlich am Schiffsrumpf angeordneter »Flossen« von ca. fünf Metern Länge. Bei Rollbewegungen des Schiffes wird der Anstellwinkel

der Flossen elektrohydraulisch verändert, so dass auf der eintauchenden Seite des Schiffes zusätzliche Auftriebskräfte entstehen und die Rollbewegung sehr wirksam gedämpft wird.

Wie lang ist die Ankerkette?
Die Ankerkette ist üblicherweise ca. 300 Meter lang. Sie ist unterteilt in zehn Schäkel zu je etwa 30 Metern. Damit kann in Wassertiefen bis ca. 100 Meter geankert werden, da die ausgestreckte Ankerkette etwa der dreifachen Wassertiefe entsprechen soll.

Was bedeuten die goldenen Ärmelstreifen der Nautischen Offiziere?
- Ein Streifen: Er kann lesen
- Zwei Streifen: Er kann lesen und schreiben
- Drei Streifen: Er kann lesen, schreiben und rechnen
- Vier Streifen: Er kann das alles nicht – kennt aber jemanden, der lesen, schreiben und rechnen kann!

Wie lang ist die Stoppstrecke z. B. eines 120 Meter langen 8.000-Tonners?
Der »Bremsweg« bei einem Manöver von »voll voraus« auf »voll zurück« beträgt etwa 2,9 Kabellängen (537 Meter). Wesentlich kleiner ist jedoch der Drehkreis mit Hartruderlage, der lediglich 1,7 Kabellängen (315 Meter) beansprucht und daher das günstigere Manöver im Notfall darstellt.

Gibt es noch einen Sextanten an Bord?
Auch wenn die Ortsbestimmung heutzutage mit Hilfe elektronischer Systeme (GPS, Radar) durchgeführt wird, sind für Notfälle, z. B. durch kompletten Stromausfall, immer noch Sextant, Magnetkompass und nautische Tafelwerke an Bord. Die Nautiker sind im Umgang damit ausgebildet.

Gibt es weibliche Kapitäne?
Auch Frauen stehen heutzutage auf der Brücke von Seeschiffen als Wachoffiziere und Kapitän ihren »Mann«, ihr Anteil ist jedoch noch gering. Die korrekte Anrede wäre übrigens »Frau Kapitän«.

Wie hoch sind die Hafenkosten für ein Schiff?
Diese Frage ist nur schwer zu beantworten, weil sich die Kosten von Hafen zu Hafen beträchtlich unterscheiden; große und bekannte Häfen sind oft auch sehr teuer. Die Hafenkosten setzen sich zusammen aus Liegegebühren, Kosten für Schlepper, Festmacher, Lotsen, Frischwasser, behördliche Abfertigung und die Dienste der örtlichen Agentur. Die Größenordnung beträgt stets mehrere tausend bis -zigtausend Euro.

Woher kommt das Trinkwasser an Bord?
Die Tanks des Schiffes fassen oft nur einen Dreitagesvorrat, so dass während der Reise ständig Frischwasser aus Seewasser produziert wird. Dafür stehen ein Verdampfer und eine Osmose-Anlage zur Verfügung. Das erzeugte Wasser ist erstklassig und hat Trinkwasserqualität.

Haben Sie, Herr Kapitän, schon einmal einen richtigen Sturm erlebt?
Stürme gehören zur beruflichen Routine eines jeden Seemannes. Je nach Fahrtgebiet des Schiffes und Jahreszeit treten Stürme mehr oder weniger häufig auf. Sie bedeuten, abgesehen von lästiger Schaukelei, normalerweise keinerlei Gefahr für Schiff, Passagiere und Besatzung. Schiffe sind selbst für größte Belastungen durch Wind und Seegang ausgelegt. Orkane mit mehr als zehn Windstärken und Wellenhöhen von mehr als zehn Metern sind noch relativ selten, ihre Zahl nimmt jedoch infolge der allgemeinen Klimaveränderung allmählich zu.

Passagier Dr. Ulrich Schrader bei der Längenbestimmung mit einem Sextanten.

Welche Bedeutung haben die Flaggen des Schiffes?
Früher dienten die Flaggen zur Übermittlung von Informationen, im Zeitalter des Sprechfunks werden sie weitgehend aus Tradition und Höflichkeit gesetzt. Man unterscheidet Heimatlandflaggen, Gastlandflaggen, Reedereiflaggen, Chartererflaggen und Signalflaggen. Die Flaggen werden am vorderen Signalmast (Gaffel) oder achtern (am Stock) gesetzt, jedoch nur im Hafen oder in Küstennähe.

Stimmt es, dass Seeleute in jedem Hafen eine Braut haben?
Das trifft nicht zu, denn wir laufen ja gar nicht jeden Hafen an …

Warum trifft man auf offener See so wenig andere Schiffe?
Natürlich sind zu jedem beliebigen Zeitpunkt tausende von Schiffen auf den Weltmeeren unterwegs. An den »Engstellen« der Weltschifffahrt, z. B. dem Ärmelkanal, der Straße von Gibraltar oder der Malakka-Straße, kann man stets auch sehr viele Schiffe sehen. Darüber hinaus »fächern« sich die Kurse der Schiffe aufgrund unterschiedlicher Ziele jedoch auf, sobald sie die Küstengewässer verlassen haben. Und bereits bei einem Abstand von ca. 15 Seemeilen zwischen den Schiffen sind diese optisch nicht mehr wahrzunehmen.

Kann man auf dem Radar auch Wale sehen?
Theoretisch ja – praktisch nein. Das Radar bildet Ziele über der Wasserlinie als Punkte auf dem Radarschirm ab. Bei guten Bedingungen werden selbst kleinere Objekte, z. B. schwimmende Fässer, vom Radar erfasst und dargestellt. Da ein Wal jedoch jeweils nur für einige Sekunden auftaucht und die Radarstrahlen reflektiert, wird auch sein »Echo« auf dem Bildschirm immer nur sehr kurz zu sehen sein. Man müsste also genau im richtigen Moment den Radarmonitor beobachten, um den Wal zu sehen.

Mit welchen Methoden wird das Schiff heutzutage navigiert?
Auf hoher See wird die Schiffsposition zuverlässig und genau durch Satellitennavigation mit GPS (Global Positioning System) festgestellt. In Küstennähe (bis ca. 20 sm) kommt hauptsächlich das Radar zum Einsatz.
Optische Peilungen mit dem Peilkompass werden gelegentlich zusätzlich eingesetzt. Elektronische Hyperbel-Navigationsverfahren (Decca, Omega, Loran) spielen hingegen heute keine Rolle mehr. Die Astronomische Navigation (Beobachtung von Gestirnen mit dem Sextanten) ist heute ein Navigationsverfahren für den Notfall und wird wegen hoher Ungenauigkeit nicht mehr regelmäßig angewendet.

Was bedeuten die Abkürzungen vor dem Schiffsnamen, z. B. »MS«?
Zur Unterscheidung der Schiffe hinsichtlich ihrer Antriebsart werden Abkürzungen verwendet, die dem Schiffsnamen vorangestellt werden. So steht beispielsweise »MS« oder »MV« für Motorschiff.
TS – Turbinenschiff, NS – Nuklearschiff (durch Atomreaktor angetriebenes Schiff, sehr selten), GTS – Gasturbinenschiff, SY – Segelyacht, MY – Motoryacht, HMS – »Her Majesty Ship« (Kriegsschiff einer Monarchie)

Gibt es noch einen Funker an Bord?
Der Beruf des Funkoffiziers existiert nicht mehr. Das 1995 eingeführte GMDSS (Global Maritime Distress and Safety System) besteht aus modernen, automatisierten Komponenten, die auch von Laien bedient werden können. Man unterscheidet Satellitenkommunikation (für Fax, Telefon und E-Mail) sowie Hochfrequenzfunk (Sprechfunk und Telex). Der Morse-Kode wird heute in der Seefahrt nicht mehr angewendet.

Wie werden Schiffszusammenstöße auf See verhindert?
Ähnlich wie im Straßenverkehr gibt es »Vorfahrtsregeln« (Rules of the Road), die die Ausweichpflicht der Schiffe untereinander festlegen. So ist z. B. ein Motorfahrzeug einem Segler gegenüber ausweichpflichtig, und auch auf See gilt generell: rechts hat Vorfahrt.

Wer regelt den Verkehr auf hoher See?
Anders als im Luftverkehr ist der Seeverkehr nicht durchgehend geregelt und überwacht. Außerhalb festgelegter Verkehrstrennungsgebiete (mit »Einbahnverkehr«) in den Küstenzonen wird der Kurs des Schiffes bei der nautischen Reiseplanung durch den Kapitän bestimmt. Von diesem Kurs darf auch jederzeit abgewichen werden, sofern die Schiffssicherheit es erlaubt.

Was versteht man unter Dünung?
Dünung ist die Bewegung einer Meeresoberfläche, die nicht durch den aktuellen Wind hervorgerufen wird. Auf den Ozeanen kommt das Meer zwischen zwei Stürmen nie ganz zur Ruhe und die durch Wind erzeugten Wellen setzen sich als Dünung fort, oft über einen langen Zeitraum und eine große Distanz.

Gibt es ein zuverlässiges Mittel gegen Seekrankheit?
Das beste und garantiert erfolgreiche Mittel gegen Seekrankheit ist und bleibt … ein Waldspaziergang!

(Zusammengestellt von Kapitän Thilo Natke)

Glossar

Maritime Fachbegriffe

achtern – hinten

Ankerlieger – vor Anker liegendes Schiff

Ankerspill – Vorrichtung zum Herablassen und Aufhieven der Anker

anmustern – Eintragung eines neuen Besatzungsmitgliedes in die Musterrolle

auf den Haken nehmen – Schleppverbindung herstellen

ausflaggen – ein Schiff in einem anderen Staat registrieren lassen (z. B. wegen Steuervorteilen oder geringer Betriebskosten)

Ausklarierung – behördliche Abfertigung vor dem Auslaufen

außenbords – außerhalb des Fahrzeugs

Back – Aufbau auf dem vordersten Teil des Schiffes

Backbord – links an Bord bzw. links außerhalb des Bootes oder Schiffes, von achtern nach vorn gesehen

Barge – Schute; flaches, offenes Wasserfahrzeug

Barkasse – größeres Motorboot

Beaufort – Sir Francis, britischer Admiral und Hydrograph, entwickelte 1806 die nach ihm benannte Beaufort-Skala als Hilfsmittel zur Abschätzung der Windstärke nach beobachteten Wirkungen

Bilge – Raum im untersten Teil des Bootes/Schiffes, in dem sich Wasser und Ölreste sammeln können

Brecher – Woge mit überstürzendem Kamm, Sturzsee

Brücke – Kurzform für Kommandobrücke

Brückendeck – auf Großschiffen dasjenige Deck, das sich in gleicher Höhe der Brücke befindet und an sie anschließt

Brückennock – äußerstes seitliches Ende der Brücke

Bug – vorderer, meist spitz zulaufendes bzw. sich verjüngender Anfang eines Schiffes

bunkern – Übernahme von Treibstoff, Wasser und anderen Vorräten für die Reise

Davit – einfacher Kranarm, meist für kleinere Lasten

Dwarssee – See, die quer auf das Schiff trifft

fieren – kontrolliertes Nachgeben eines Taues

Flaute – ganz schwache Luftbewegung oder Windstille

Flunken – »Arme« bzw. Schaufeln des Ankers

fluten – voll Wasser laufen lassen

gieren – nach Steuerbord oder Backbord vom Kurs abkommen

Glasen – Schlagen der Schiffsglocke zur Anzeige der Uhrzeit

Heck – hinterer Teil des Schiffes

hieven – hochziehen oder hochwinden

Kaventsmann – Einzelne Welle von über 10 m, die plötzlich auftritt und zu schweren Verwüstungen oder zum Untergang eines Schiffes führen kann, abgeleitet von Konventsmann (Mönch), den man sich dickleibig vorstellte

Kennung – Kenntlichmachung eines Leuchtfeuers durch verschiedene Lichterscheinungen (Unterbrechungen, Blitze, Farben)

Kettenstopper	1) ein Kettenende mit eingespleißtem Ende aus Webleingut zum Anstoppen von Stahldrahtleinen; 2) Einrichtung zum Sichern der Ankerkette
Kiellinien fahren	genaues Hintereinanderfahren mehrerer Schiffe
Kimm	Seemännischer Ausdruck für Horizont. Auf See der natürliche Horizont, d.h. die sichtbare Linie, in der sich Himmel und Wasser treffen.
Kimmgang	Zone der stärksten Rundung am Schiffskörper
Klüse	Vorrichtung zum Führen einer Leine von einer festen Stelle an Bord (Poller oder Spill) zu einem festen Punkt (Poller) an Land oder zu einem Schlepper Es gibt Klüsen mit Rollen um die Leinen zu schonen. Diese finden nur bei Kunststoffleinen Anwendung.
koppeln	Berechnung eines Schiffsortes aus Kurs und Distanz (graphisch oder rechnerisch möglich) und seine Darstellung in der Seekarte
Krängung	seitliche Neigung des Schiffes
Kreiselkompassanlage	Elektromechanische Kompassanlage, arbeitet hoch genau. Der Schiffskurs lässt sich auf beliebig viele angeschlossene Geräte übertragen wie z.B.: Selbststeueranlage und Radar
Kümo	Küstenmotorschiff
Kurs absetzen	in die Karte zu steuernden Kurs eintragen
laschen	Sichern von Ladung gegen verrutschen oder kippen mit Hilfe von Pallungen und Drähten. Auf Containerschiffen werden Laschstangen und Staustücke verwendet.
Lee, Leeseite	dem Wind abgewandte Seite
lenzen	leeren, leer machen (von lenz = leer)
Lenzpumpe	Pumpe zum Entleeren eines Behälters oder Tanks
Linie	seemännisch u.a. für Äquator
Lotsenleiter	Seeleiter zum Anbordkommen des Lotsen
Lukensüll	aufgesetzter Lukenrand
Luv, Luvseite	dem Wind zugewandte Seite
Maschinenfahrstand	Leitstand für den Maschinenbetrieb
Meilenfahrt	Erprobungsfahrt längs der Küste zur Messung der Schiffsgeschwindigkeit
Mooringwinde	Winde, die selbsttätig den Zug auf den Festmacher(draht) verstärkt oder verringert
MS	Motorschiff
Nautik	Wissenschaft von der Schiffsführung
Packeis	Auch Treibeis, Drifteis oder Eistreiben, massenhaftes Treiben von Eisschollen und -bergen im strömenden Wasser
Pall	Sperrklinke an einem Spill oder einer Winde, die eingelegt das Zurückschlagen verhindert
peilen	1. Richtung bestimmen; 2. Füllstand eines Tanks oder Behälters feststellen
Pier	Anlegestelle
Poller	Einfach- oder Doppelpfosten aus Eisen zum Festmachen von Trossen
Reling	Brustwehr, die um das Deck läuft
RO/RO-Schiff	Frachtschiff, bei dem die Ladung über Bug-, Seiten- oder Heckpforten bzw. -rampen direkt an und von Bord gerollt werden kann. Diese Schiffe (häufig Fähren) haben ein oder mehrere geschlossene Decks, die normalerweise nicht unterteilt sind und im Allgemeinen über die ganze Länge des Schiffes laufen.
RO/RO-LO/LO-Schiffe	Mehrzweckschiffe, die in der Regel für den Transport von Projektladung inklusive Schwergutladung eingesetzt werden können. Die Ladung kann sowohl über die Heckrampe an Bord gefahren als auch mit Hilfe des Schwer-

	gutgeschirrs an Bord gehoben werden. Dieser Schiffstyp verfügt über große Laderäume und Trailerspuren.
rechtweisender (rw-)Kurs	der Kurswinkel zwischen dem geografischen Norden und dem Sollkurs in der Seekarte
Schäkel	Eiserner Schraubbügel zum Verbinden von Tauen oder Ketten
Schanzkleid	feste Bordwandverlängerung um ein freies Deck
Schlingerkiel	im Kimmgang angebrachte Längsversteifung des Schiffsrumpfes
Schott	Wasserdichte Trennwand im Schiff
Selbststeueranlage (Autopilot)	Steuerautomatik zum Ersetzen des Rudergängers
Sliphaken	Haken, der sich mit einem Griff lösen lässt
Spant	Querversteifung, mit einer Rippe vergleichbar, hält die Außenhaut des Schiffes zusammen
Spill	Winde zum Hieven von Tauen und Trossen
Stampfen	Schiffsbewegung um die horizontale Querachse
Steuerbord	rechts an Bord bzw. rechts außerhalb des Bootes oder Schiffes, von achtern nach vorn gesehen
Steven	der balkenartige aufrechte Endträger des Schiffes vorn und hinten
Stropp	Anschlagmittel, Tauwerk mit beidseitigen Ösen bzw. Schlingen
trimmen	in eine gewünschte Lage bringen
törnen	etwas drehen
Trosse	starkes Tau
Typhon	mit Druckluft betriebenes Schallsignalgerät
Verholen	Bewegen des Schiffes von einem Lade- oder Löschplatz zum anderen
Vorpiek	dreieckiger kleiner Raum ganz vorne im Schiff am Boden
wahrschauen	jemanden warnen